한국자본주의 발전모델의 형성과 해체

이 책은 성공회대학교 사회문화연구소가 한국학술진흥재단의 지원으로 수행하고 있는 1999년 중점연구소 지원과제 "한국자본주의의 발전과 사회구성의 변화(1999~2001, KRF-99-005-C00020)" 가운데 제1세부 과제(99-005-C00036) 중 1차년도 연구(1945년 이후 한국 자본주의 분석 : 역사와 방법론적 고찰)의 성과물입니다.

한국자본주의 발전모델의 형성과 해체

Economic Development in Korea : Institutions and History

김진엽 편

나눔의 집

'한국사회 재인식' 시리즈를 내면서

IMF 경제 위기를 계기로 그간 고도 성장기를 통해 누적되어 온 사회적 문제들이 전면적으로 표출되면서, 기존의 한국 사회체제의 근본적인 혁신이 절박하게 요구되고 있다. 그러나 이를 위한 새로운 사회체제에 대한 대안은 거의 부재한 상태이며, 소모적인 갈등과 비전 없는 충돌만이 격화되고 있다. 국내외에 걸쳐 무수히 많은 논쟁이 진행되고 다양한 견해들이 제시되고 있지만, 때로는 혼란을 가중시키기까지 하고 있다. 이에는 이론적 편향이나 이념적 편견이 작용하는 등 여러 가지 이유가 있을 수 있으나 대부분의 연구들이 경제, 정치, 사회 영역 등 여러 연구영역에서 개별적으로 진행됨으로써 종합적 인식이 어려울 뿐 아니라, 한국 사회의 과거 발전과정에 대한 역사적 고찰 또한 부족하다는 사실에 기인한다.

이를테면 1997년 몇몇 아시아 국가들과 함께 진행된 한국의 경제 위기는 학계뿐 아니라 정책당국간 혹은 국제기구들간에 뜨거운 이론적·정책적 논쟁을 유발시켰다. 그러나 이러한 논쟁들이 구체적 사실에 의해 충분한 뒷받침을 받는 경우는 드물었다. 한 사회의 구체적 문제를 파악하기 위해서는 무엇보다도 그 사회의 역사적 발전과정에 대한 진지한 고찰이 선행되어야 한다. 이 같은 문제의식에서 '한국사회 재인식' 시리즈는 한국 사회의 산업화와 근대화 과정, 그리고 민주화 과정에 대한 역사적 연구를 그 출발점으로 삼으면서, 이에 대한 현실적·구체적 분석을 시도하고자 한다.

한편 한국 사회가 유례없는 경제적 성과를 성취하였음에도 불구하고,

그 이면에 권력집중, 정경유착, 사회적·지역적·계급계층적 불균등 발전 등 무수한 정치적·사회적 문제를 누적시켜 왔기 때문에, 이에 대한 통합적인 이해가 대단히 어렵다는 사실을 주목할 필요가 있다. 국내외를 막론하고 한국 사회에 대한 평가가 매우 단편적이고 특정 일면만을 강조하는 경향이 있는 것도 이러한 사실과 무관하지 않다. '한국사회 재인식' 시리즈가 애초부터 학제간 통합 연구로 기획된 것은 바로 이러한 문제의식에서 출발한 것이다.

이러한 문제의식이 새로운 것은 물론 아니다. 1980년대에 사회운동진영이 군부독재의 '혁명'적 타도라는 과제를 중심으로 움직이는 동안, 인문사회과학계는 '아카데미즘의 자기 반성'이라는 각도에서 한국 근현대사, 한국 경제사, 한국 정치사, 한국 사회사, 한국 지식사 등 한국 사회에 대한 전반적 '재인식'이라는 과제에 천착하였다. 그것이 이른바 사회구성체 논쟁, 이념 논쟁, 한국 자본주의 논쟁, 한국 사회성격 논쟁 등으로 표출되었다. 돌이켜 보면 이러한 논쟁들은 사회운동과 직간접적으로 연결되면서 급진적 용어와 담론으로 포장되어 있었다. 그러나 그러한 논쟁은 학문적으로 과거의 협애화된 인식 지평과 분절화된 연구를 뛰어넘어 '일관되고 총체적인' 관점에서 한국 사회의 경제적·정치적·사회적·지적 궤적을 분석하는 과제를 안고 씨름한 것이라고 생각한다. 즉 한국 사회에 대한 총체적 '재인식'이 중심적인 과제였던 것이다.

그러나 1987년 6월 민주항쟁의 격정이 6·29선언과 사회운동 진영의 자기 분열로 잦아들게 되고, 뒤이은 현실 사회주의 국가들의 붕괴 충격으로 지적 혼란이 가중된 상태에서, 그리고 1991년 5월의 새로운 분출마저도 출구를 찾지 못하고 '산화'해 버린 이후, 1980년대의 학문적 과제는 '중단'되었던 것이 아닌가 생각한다. 다시 말해 한국 근현대사의 일관된 사회과학적 재인식의 과제는 거의 해결되지 않은 채 미완의 과제로 남겨져 있다. 10여 년간 침묵의 시간이 흐른 지금, 우리는 1980년대의 '남겨진 학문적 과제'가 다시금 계승·천착되었으면 하는 '작지만 그러나 소중한' 바람으로 이 '한국사회 재인식' 시리즈의 첫 걸음을 내딛는다.

이러한 발걸음은 한국학술진흥재단의 중점연구소 지원에 의한 장기 연구 작업에 토대를 두고 있다. 전국의 대학 연구소들과의 경쟁에서 성공회대 사회문화연구소는 '재수(再修)'하여 지원을 받을 수 있었다. 1999년 말부터 총 6년 간에 걸쳐 진행되는 이 연구 작업은 한국 자본주의 발전에 따르는 사회구성의 변화 탐색과 대안 모색을 대주제로 하여, 다음과 같이 경제·정치·사회의 세 가지 세부 주제영역으로 기획되어 있다.

전체 주제 : 자본주의 발전과 사회구성의 변화―자본주의, 민주주의, 시민사회의 구조 변화
　제1세부 과제 : 한국 자본주의 발전모델의 구조와 동학
　제2세부 과제 : 한국 민주주의의 구조와 동학
　제3세부 과제 : 한국 시민사회의 구조 변화와 사회정책

세부과제별로 연구는 각 2년씩 세 단계로 나뉘어 추진될 예정인데 제1단계는 '역사적 연구작업', 2단계는 '담론 분석', 3단계는 대안 분석에 초점을 맞추고 있다. 1단계와 2단계는 각각 사회 체제의 중요한 두 구성부분 즉, 물적인 토대와 현상, 그리고 그 이데올로기적 표현으로 형상화된 체제 이념을 다룬다. 건국 이후 현재까지 기본적 사회질서를 규정해온 지적 담론에 대한 철학적 성찰과 사회경제적, 사회구조적 토대에 대한 이 같은 연구결과를 기초로 하여 3단계에서 한국 사회의 대안적 패러다임을 모색하는 것이 가능해진다. 따라서 이 연구프로젝트의 최종 목표는 건국 50년 간의 담론을 심층적으로 분석하여 각 담론들 간의 연관관계를 논리화하고 범주화하면서 쟁점과 기본적인 모순을 추출하고 이를 문명사적 관점에서 재조명하여 구체적인 대안을 도출하는 것이다.

이와 같은 과제를 수행하는 데에는 연구의 관점이 중요하다는 점을 간과할 수 없다. '위로부터의 개혁'이 가질 수밖에 없는 한계를 감안할 때, '밑으로부터의 개혁'을 어떻게 결합시킬 수 있는가 하는 실천적 고민과 더불어, 이를 분석하고 대안을 제시하는 연구작업의 가능성을 확보하는 것이 중요한 과제일 것이다. 그래서 이 연구 시리즈는 기존의 권력엘리트나 정책입안자 혹은 국가의 관점에서 벗어나 사회운동의 눈으로, 혹은 시민사회나 NGO의 눈으로 '밑으로부터' 문제에 접근하는 시각을 견지하고자 한다. 이를 통하여 우리는 이 일련의 연구가 한국 사회의 지속적 발전과 민주주의의 심화 및 확산에 다소나마 기여할 것을 희망한다.

현재 이 연구 프로젝트에는 각 세부과제별 2명씩 총 6명의 전임 연구교수들과 30여명의 비상근 공동연구원이 참여하고 있다. 이번에 출간되는 세 권의 연구서는 세 가지 세부연구 주제영역의 1차년도 연구성과인 셈이다. 이 연구는 성공회대학교 사회문화연구소에서 주관하고 있지만, 성공회대 외부의 관련 연구자들이 대거 참여하고 있다는 점에서, 단순히 성공회대만의 프로젝트는 아니다. 이 연구 프로젝트의 또 다른 특징 한 가지는 한국 사회체제의 발전 방향에 대한 대안적 전망을 제시하기 위해 경제학, 정치학, 사회학 및 여타 사회과학 분야 전반을 최대한 아우르는 학제간 통합연구를 지향하고 있다는 점이다.

아울러 '한국사회 재인식' 시리즈는 학술진흥재단의 중점연구소 지원에 의한 연구 프로젝트에서 그 출발의 계기를 마련했지만 그것이 단순히 이 연구 프로젝트의 결과를 발표하는 데에서 그치지는 않을 것이다. 한국사회의 심층적인 문제분석과 대안적 체제의 모색이라는 과제는 단순히 일회적 연구로 끝날 성질이 아니기 때문이다. 우리 사회를 새롭게 바라보고 구체적으로 대안을 모색하는 토론을 활성화하고 그 지평을 확대하는 데 도움이 되는 연구들을 지속적으로 추진하고자 한다.

끝으로 이 연구프로젝트가 시작되기까지 전임 연구소장이었던 이종구

교수의 열성과 노력이 무엇보다 컸음을 밝히고 고마움을 표하고자 한다. 또한 성공회대학교의 전임 이재정 총장과 현 김성수 총장 이하 여러 교수들이 성원하고 동참함으로써 현재까지 견결하게 진행될 수 있었다고 생각하며 감사의 말씀을 드린다. 각 세부영역을 책임진 세 명의 연구책임자(김진업, 조희연, 이영환 교수), 그리고 각 분야 연구의 실질적인 진행을 담당한 여섯 명의 연구교수(경제영역—오유석, 이경미 박사, 정치영역—조현연, 이광일 박사, 사회영역—심상완, 김정석 박사), 그리고 사회영역을 담당하다가 ILO 연구원으로 옮긴 김영순 박사와 그 외 많은 공동연구진들과 연구보조원들에게도 수고에 감사를 드린다. 빠듯한 일정에도 불구하고 출판작업을 흔쾌히 승낙해주신 도서출판 나눔의집 직원들에게도 감사드린다. 아무쪼록 이 연구 시리즈가 한국의 사회과학이 회피할 수 없는 '80년대의 남겨진 연구과제'들을 복원하여 천착하는 계기가 되었으면 한다.

2001. 8. 6
이영환
성공회대 사회문화연구소 소장

책머리에

한국경제의 희망을 찾아서…

"우리 사회의 새로운 발전 방향을 찾아보자!"
"민주적 참여의 이론적 기초를 세우자!"

성공회대학교 사회문화연구소가 더 이상 미룰 수 없는 이 일을 연구주제로 삼아 10년에 걸친 연구사업을 기획한 지도 어느덧 3년이 흘렀다. 자본주의, 민주주의, 시민사회라는 세 측면에서 연구자들 개개인의 학문영역을 과감히 벗어나 통합연구를 위하여 땀흘린 시간이었다. 연구는 역사, 정책과 이념, 그리고 대안연구의 세 단계로 구분되어 있으며, 이 책은 그 중 첫 번째 단계인 한국 자본주의 발전의 역사를 다루는 연구의 첫 번째 성과물이다.

1997년에 닥친 한국의 경제 위기는 학계뿐 아니라 정책당국간, 그리고 국제기구들간에 뜨거운 이론적·정책적 논쟁을 유발시켰다. 그러나 외국 채권자와 금융투자가의 시각에서 촉발된 이러한 논쟁은 한국사회의 발전에 대한 진지한 고찰을 담을 수 없었다.

고도 성장기를 통해 누적되어 온 사회경제적 문제들이 전면적으로 표출되었고 기존의 한국 경제체제를 전면적으로 혁신해야 한다는 요구가 절박하였다. 그 해결책과 새로운 사회 체제에 대한 대안이 강구되지 못한 채 IMF의 이념과 정책기조만이 '글로벌 스탠다드'라는 이름으로 우리 사회를 지배하였다. 그러나 그 결과는 결코 만족스럽지 못하며 앞으로의 전망도 밝지 않다.

진정한 사회발전의 대안은 사회통합의 이념을 담고 있어야 한다. 이러한 이념은 다수 국민대중의 삶의 요구와 역사적 경험에 기반하여 그들의 동의와 적극적 참여를 끌어낼 수 있을 때 비로소 실현될 수 있다. 기득권 세력의 관점에서 벗어나 '시민사회의 눈'으로, '국민대중의 눈으로', 그리고 '노동자의 눈'으로 '아래로부터' 문제에 접근하려는 시도가 필요한 것이다. 강조하건대 이것은 단순히 이데올로기적 필요 때문이 아니다. 대중의 민주적 참여, 즉 우리가 민주주의적 동원이라고 부르는 것에 의해서만 사회적 비용을 최소한으로 줄이면서 우리 사회의 발전을 기대할 수 있기 때문이다.

우리가 이 책에서 담으려고 했던 것이 바로 이러한 관점이었다. 기존의 많은 연구들이 그러하듯이 IMF와 금융자본가의 진단과 해법을 그대로 받아들였다면 손쉽게 외양은 좋은 결과물을 낼 수 있었을지도 모른다. 그러나 우리는 그 화려한 외양 안에 국민의 열정과 참여를 끌어낼 수 있는 대안이 존재하고 있다고는 믿지 않는다. 외국의 이론이 바뀔 때마다 우리는 우리 안에 있는 발전의 잠재력을 부정하지 않았던가.

물론 우리는 이 책에 담긴 연구의 완성도가 높다거나 또 전적으로 새로운 것이라고도 생각하지 않는다. 따라서 외부의 비판을 겸허하게 받아들일 것이다. 다만 우리는 앞으로도 7년을 더 헤쳐 나가야 할 여정에 하나의 이정표를 세웠다고 생각한다. 아직도 엉성하기만 한 방법론이 더욱 정교해지고 기초 자료들이 정리된다면 우리 연구는 가속도가 붙을 것이다. 첫 해의 열매가 부실해도 소중한 이유가 여기에 있다.

책의 구성은 다음과 같다. 제1부는 역사와 제도적 관점을 강조하는 우리 연구의 방법론을 담고 있으며 신영복·김진업·정태인이 공동집필했다. 제2부는 시기별로 한국자본주의의 축적체제를 제도론적 시각에서 재구성하려고 했다. 2부의 집필에는 조석곤·오유석(4장), 유철규·이경미(5장), 임휘철(6장), 정태인·유철규(7장)가 참가했다. 그리고 결론과 다음 단계의 연구를 위한 계기를 제공하는 제3부는 정태인이 집필했다. 이번 책을 직접 쓰지는 않았지만 2차년도 연구에 참가하고 있는 공동연구자들(김기원, 김상조, 김태승, 송홍선, 이상영, 전병유, 주현, 황덕순)도 처음부터 토론에 적극적으로 참여하였다. 이 자리를 빌어 귀중한 시간과 도움말을 아끼지 않은 모든 분들께 감사의 마음을 전한다.

사회연구문화연구소 전 소장인 이종구 교수와 현 소장인 이영환 교수의 노력이 없었다면 이 책이 제대로 모습을 갖추기란 불가능했을 것이다. 이 기회에 고개 숙여 새삼스러운 고마움을 표한다.

아무리 의욕이 넘친다고 해도 물질적 지원이 없었다면 이 연구는 삶의 빈곤을 반영할 수밖에 없었을 것이다. 그런 점에서 학술진흥재단의 대학중점연구소 지원사업은 우리의 든든한 후원자였다. 학술진흥재단 이사장 이하 전 직원에게 감사의 말씀을 드린다.

그리고 우리 자본주의 연구팀과 더불어 중점연구소 지원사업을 함께 수행하고 있는 민주주의 연구팀과 시민사회 연구팀의 동료들에게도 격려와 감사의 말씀을 드린다.

끝으로 이 책의 출판을 위해 최종원고를 마무리할 때까지 헌신적인 노력을 해 준 연구조교 고윤남군과 기꺼이 출판을 맡아 주신 나눔의집 출판사에게도 감사드린다.

2001년 7월 10일

김진업

차 례

제 1 부

한국자본주의 분석방법

한국자본주의 분석 방법

1980년대 말이래 세계 경제학계에서 '사회주의 몰락' 과 '동아시아의 기적' 은 초미의 관심사였다. 이 역사적 현상, 거대한 현상을 설명하기 위해서는 경제학 전반을 꿰뚫는 새로운 이론이 필요했고 특히 국가와 시장의 역할에 관해서 많은 천착이 이뤄졌다.

더욱이 '동아시아의 기적' 이 1997년 '동아시아의 위기' 로 급반전하면서 논쟁은 더욱 흥미로워졌다. 거칠게 얘기한다면 이제 사회주의와 동아시아 모두 '시장의 부재' 또는 '시장의 미비' 때문에 몰락했다고 설명하면 그만일지도 모른다. 실제로 동아시아에서 IMF가 내린 처방이나 한국의 정책당국자와 경제학자들이 되뇌는 약방문은 이 범주를 크게 벗어나지 못했다. 그러나 현실은 그리 간단하지 않았다. 약방문은 최소한 이론적으로 볼 때 '동아시아의 기적' 과 '동아시아의 위기' 를 동시에 설명할 수 있어야 한다. 기적이 일어나던 시기에는 시장이 잘 작동하다가 위기가 올 즈음에 시장을 마비시키는 국가의 전횡이 있었다는 식의 '분석' 은 그야말로 사후약방문에 불과할 것이다.

한편 1980년대 후반, 한국에서도 좀처럼 보기 힘든 대논쟁이 있었다. 좌파 사회과학을 중심으로 이뤄진 이른바 '사회구성체논쟁' 의 핵심은 한국사회의 성격은 무엇인가, 또 어떠한 '사회변혁' 의 노선을 택할 것인가였다. '사회주의의 몰락' 과 '동아시아의 기적' 이라는 역사적 대사건에 밀려 이 논쟁은 수명을 다했지만 당시에 쏟은 이론적 에너지는 먼 훗날 역사학자들이 화석으로 연구하기에는 아까운 것이었다. 경제학 분야에서만 보더라도 한국경제의 '종속성'과 '독점성' 문제는 오늘 이 시점에도 '경제개혁'의 핵심적인 쟁점이다. 자본시장개방과 재벌개혁의 문제가 바로 그것이다. 이렇듯 '동아시아의 위기'는 이러한 논의가 부활할 만한 여건을 제공할 수도 있었겠지만 현실은 정반대였다. 사실 이 논쟁이 생산적으로 발전하지 못했던 것은 교조주의적 전거의 과잉과 실증의 부재였지 문제의식이 잘못됐기 때문이 아니었다.

우리는 이 시점에서 두 논쟁을 다시 돌아볼 절실한 필요를 느낀다. 국제적 논쟁이 가져온 다양한 이론은 우리에게도 소중한 자원이다. 만성 골수성 백혈병을 치료하는 데 신약 글리벡을 굳이 외면할 이유가 없는 것과 마찬가지이다. 그러나 글리벡의 임상 결과는 아직 확실하지 않고 더우기 한국경제가 골수성 백혈병인지도 의문이다. 실제로 IMF의 글리벡을 맞은 사회주의권 국가들이 10년 넘게 혼수상태에 빠져 있는 것은 진단 자체가 잘못됐기 때문인지, 아니면 환자가 의사의 지시를 제대로 따르지 않았기 때문인지 명확하지 않다. 어쨌든, 특히 동아시아의 경제를 다루면서 나온 다양한 가설들은 우리가 꼼꼼히 챙겨봐야 할 것들이다.

사회구성체 논쟁은 환자를 가장 가까이서 지켜본 사람들의 임상기록이라고 할 만하다. 환자를 잘 아는 의사라면 같은 성분의 처방을 내리더라도 투약의 순서와 강도를 제대로 짚어낼 수 있을 것이다. 사회구성체 논쟁의 '올바른' 진단을 적절한 처방전으로 연결할 수 있도록 구체화할 수 있다면 이론뿐 아니라 현실에서 획기적인 발전을 꾀할 수 있을 것이다. 국제 논쟁의 자원을 섭렵하여 국내 논쟁의 핵심 쟁점을 재조명함으로써 우리의 방법론을 구축하는 것이 1부의 과제이다.

제1장

동아시아의 기적과 위기 — 국제논쟁의 검토

1960년대 이래 지속되었던 한국경제의 고도성장과 산업화 과정은 그 자체로 근현대에 걸쳐 세계적으로도 유례를 찾기 어려운 현상으로 주목받기에 충분하다. 그러나 한국경제의 급속한 산업화가 세계적으로 관심을 끌었던 또 다른 이유는 한국이 포함된 특정한 지역, 즉 동아시아 지역의 전반적이고 지속적인 고도 성장과 국민 생활 수준의 개선이었다. 다시 말해 한국의 산업화는 동아시아 지역에서 일어난 산업화의 일부로서 의미를 부여받을 수 있다. 만약 한국만의 산업화였다면 단순히 냉전의 최첨단 지역으로서 특수한 지정학적 지위와 그에 따른 예외적인 서방자본의 지원과 유입을 강조하는 것에 그쳤을지도 모른다. 이 때문에 한국의 산업화 과정을 이해하기 위해서는 '동아시아 현상'과 '동아시아론(論)'을 검토할 필요가 있는 것이다. 한국의 경제기적은 '동아시아 현상'의 한 형태이기 때문이다.

동아시아 현상은 1965년부터 1990년 사이 동아시아의 23개 경제(혹은 국가)가 선진국과 개도국을 포함한 세계의 어떤 다른 지역에 비해서도 월등한 경제적 성과를 보여 주었다는 사실을 지칭한다. 이 기간 동아시아 주요 지역의 연 경제성장률은 세계경제 성장률의 2배를 훨씬 넘었는데, 이 때문에 이들 지역은 세계의 성장 중심(the world's growth centre; UN, 1996)으로 인식될 정도였다. 이 경제적 성과의 대부분은 8개국에 집중되어 있었는데, 일본과 홍콩, 한국, 싱가포르와 대만 그리고 남동아시아 지역의 인도네시아, 말레이시아, 태국이 그들이었다.

물론 2차 세계대전 이후 1950년부터 1973년까지 서유럽에서도 동아시아에 필적할 만한 수준의 고도성장이 있었음을 발견할 수 있다. 그러나 서유럽지역과 동아시아 지역의 산업화는 그 성격이 다르다. 무엇보다도 서유럽 지역은 19세기 후반과 20세기 초에 이미 급속한 경제성장을 뒷받침할 수 있는 정치적, 법적, 금융적 하부구조를 갖춘 지역이었으므로 고투자와 신기술 도입의 사회적 장애를 해소하는 것으로 성장은 빨라질 수 있었다. 그리고 투자와 (사회적)임금을 둘러싼 사회적 차원의 노사합의가 이 장애를 해소하는데 크게 기여할 수 있었다(Eichengreen, 1996). 그러나 동아시아 지역의 국가(경제)는 일본을 제외한다면 고도성장을 위한 사회적 기반을 갖추고 있었다고 할 수 없는 개발도상국들로 구성되어 있었다. 따라서 성장을 위한 사회적 하부구조 자체의 창출까지 포함하는 경제 발전의 문제를 다루는데 있어서 서유럽지역은 좋은 모델이 될 수 없다. 1980년대 세계경제 상황이 악화되면서, 동아시아지역의 고도성장은 동아시아 외부에 본격적인 경제정책 논쟁을 야기시키게 되는데, 초기에 서구의 연구자들은 기본적으로 동아시아 현상을 시장에 의한 산업화(market-oriented industrialization)로 바라보려고 했다. 그러나 10여 년간의 연구성과가 쌓이고 논쟁이 진행되면서 자연스럽게 동아시아지역에서 급속한 자본축적을 뒷받침해 왔던 정책 개입의 중요성이 부각되었다. 이로 인해 동아시아 현상에 대한 단순한 자유시장론적 해석은 더 이상 설득력을 갖지 못하게 되었으며, 대부분의 연구자들은 정도의 차이가 있지만 국가 개입이 동아시아의 산업화에 대해 어떤 형태로든 긍정적인 역할을 했다는 점을 받아들이게 되었다(Wade, 1996).

초기의 단순한 시장론적 해석이 설득력을 상실함과 동시에, 역설적이게도 신고전파 발전론과 가장 극단적으로 대립했던 종속이론 등 신마르크스주의 계열의 발전론 또한 설득력을 잃게 되었다. 신고전파 발전론이 동아시아 현상을 시장논리로 설명할 수 없었던 반면, 종속이론은 선진국과 개발도상국 (혹은 제국주의와 피지배국)간의 구조적인 불평등 관계의 재생산 메커니즘에 초점을 둠으로써 '세계적 저발전 구조' 속에서 동아시아의 지속적 산업화와 생산성의 향상이라는 따라잡기(catch-up) 현상을 이론내에 포괄할 수 없었다. 결국 지난 20~30년간 진행된 동아시아 현상은 경제발전론에서 각각 극단을 차지했던 두 가지 이론 모두를 퇴조시키는 한 가지 중요한 요인이었다고 할 수 있다.

동아시아의 산업화가 허구가 아니라 실체를 가지고 있다는 사실과 국가 개입이 긍정적 역할을 담당했다는 점을 이론전개의 전제로 삼게 되었다는 점에서, 1997/98년의 동아시아 경제위기 이전까지 동아시아 연구는 넓은 의미에서 수렴하고 있었으며, 논쟁의 초점은 지배적인 서구 경제이론의 관점에서 이단적(heterodox)인 경제정책의 효과와 하나의 발전 모델로서 동아시아의 산업화 경험이 일반성을 가질 수 있는가로 집중되어 있었다. 그러나 시장의 힘을 우위에 두는 관점과 국가(정책)개입의 역할을 우위에 두는 관점은 본질적으로 다른 자본주의 경제관을 깔고 있는 것이기 때문에, 이러한 수렴은 표면적인 것일 뿐이다. 1997/98년의 동아시아 경제위기는 일견 수렴하는 것처럼 보였던 시장주의적 관점과 발전 국가적 관점간의 차이를 부각시키는 계기가 되었다.

1. 동아시아의 성장 메커니즘에 대한 기존 연구[1]

동아시아의 성장 메커니즘을 둘러싸고 진행된 연구성과를 ① 급속한

---

1) 이 절은 전병유(1998)에 많은 부분을 의존한다.

자본축적의 핵심 조건으로서의 투자 동원, ② 투자를 위한 자원을 동원할 수 있게 해 준 수단이며 정책으로서의 금융, ③ 투자 대상과 규모를 사후적(혹은 사전적)으로 정당화해줄 뿐 아니라 지속가능하게 해주는 조건으로서 수출을 차례로 검토하고자 한다.

1) 투자 동원과 투자 조정

동아시아 경제 정책에서 나타나는 특징은 투자에 대한 국가 개입인데, 경제계획 등을 통해 국가가 투자 대상과 규모에 직접 개입하는 경우, 국내 민간 기업의 투자 환경을 국가 주도로 개선하는 경우, 친투자적(pro-investment) 거시 경제적 조건의 정책적 창출 등 다양한 형태가 나타나고 있다.

발전을 "주어진 자원과 생산 요소의 최적 결합을 발견하는 것이 아니라, 감추어지고 흩어져 있으며 나쁘게 사용되고 있는 자원과 능력들을 발전의 목적을 위해 불러내고 편입하는 것"(Hirschman, 1958: 5)으로 파악한다면, 발전은 도약(take-off)을 위한 투자에서 온다. 개발도상국의 일반적 조건에서 설비투자의 사회적 이익은 사적 이익보다 크기 때문이다(De Long and Summers, 1993). 60년대까지의 초기 발전경제학은 경제 발전에서의 투자의 중요성(투자에서의 규모의 경제와 투자간 보완성의 문제)에 주목했다.[2] 그러나 이들 초기 발전경제학에서는 국가 개입에 단

---

2) 로젠슈타인-로단(Rosenstein & Rodan, 1943)의 '소득 효과를 통한 투자간의 전략적 보완성', 플레밍(Fleming, 1955)의 '중간재 생산의 규모의 경제에 따른 수직적 외부 경제', 시토프스키(Scitovsky, 1954)의 '시간 간격을 두고 나타나는(intertemporal) 투자의 상호 의존에 따른 금전적 외부성, 허쉬만(Hirschman, 1958)의 '전후방 연관 효과를 통한 투자의 보완적 효과', 미르달(Myrdal, 1957)의 '순환적이고 누적적인 인과관계' 등은 국가가 계획을 통해서 산업간 상호 수요를 만들어 주고 규모의 경제를 달성하게 하는 빅 푸쉬(big-push) 이론의 기초를 제공하였다.

순한 상호 전략적 보완 관계 이상의 복잡한 요소들이 개입되어 있었다는 점이 소홀히 다루어 졌다(Krugman, 1992). 국가가 투자 계획의 역할을 담당하여 일단 생산능력을 투자계획을 통해서 높인다고 해서 생산, 고용, 소득 등의 문제, 즉, 행위와 제도적 문제들이 저절로 해결되지 않기 때문이다(Datta-Chaudhuri, 1990: 27). 이후 경제 이론의 발전은 투자 계획을 집행하기 위한 제도 공급 능력에 주목한다. 투자의 의사 결정과 투자의 효율적 집행을 위해서는 정보와 인센티브의 문제(Stiglitz, 1992; 1994), 불확실성의 문제(Pyndyck, 1991), 기대 효과(자기충족적 기대) 및 경로의존성(Krugman, 1991) 등 다양한 문제들을 해결할 수 있는 제도가 공급되어야 한다.

스티글리츠(Stiglitz, 1992)는 규모수익 체증과 외부 경제가 경제 발전에서 핵심이었다면, 계획은 이 문제를 해결할 수 있었을 것이라고 보았다. 그러나 그는, 계획의 실패가 정보와 인센티브의 문제에서 나왔으며, 많은 정부들이 프로젝트를 발굴하고, 프로젝트 관리자들에게 동기를 부여하는 데 실패하였다고 주장한다. 특히 스티글리츠(Stiglitz, 1997)는 발전도상국일수록, 정보의 불완전성 문제가 충만해 있다고 본다. 이는 발전도상국의 경우 정보의 생산과 유포를 위한 제도들(특히 시장들)이 취약하고, 급속한 성장은 급속한 변화를 특징으로 하기 때문에 정보를 수집하고 확산시키는 능력에 커다란 부담이 되기 때문이다(Stiglitz, 1997: 73). 그는 정보 문제에 대한 제도적 해결책은 금융 제도에서 찾을 수 있다고 보았으며, 동아시아 발전 모델의 의의는 국가에 의한 금융 제도의 관리를 통해서 이러한 정보 실패의 문제를 해결하였다는 점에 있다고 분석하였다.

크루그만(Krugman, 1991)은 투자 조정에 있어서 예상과 자기충족적 기대의 문제를 제기하였다. 규모의 경제 및 외부 효과의 존재에 기인한 복수균형으로부터 탈출하는 데 있어서 이른바 '역사'(초기 조건 또는 경로의

존성)뿐만 아니라 (다른 기업의 투자에 대한) 예상과 자기충족적 기대가 중요한 역할을 하는 모델을 제시하고 있다. 이러한 모델은 발전을 위한 정부 개입이 투자와 관련된 예상을 조정하는 데 있다는 함의를 가진다.

파인딕(Pyndyck, 1991), 그리고 서번과 솔리마노(Serven and Solimano, 1993)는 투자에 있어서 불확실성을 제거하는 문제가 매우 중요하다고 보고 있다. 이는 대부분의 투자 지출이 비가역적이기 때문에(irreversible), 잠긴 비용(sunk cost)이 되며, 자본은 일단 장착되면 기업 또는 산업 특수적인 것이 되어서 다른 활동에 (적어도 상당한 비용을 치르지 않는 이상) 생산적인 목적으로 사용할 수 없기 때문이다. 테일러(Taylor, 1983)는 개발도상국에서 투자에 대한 정부 개입의 목적은 능력 사용을 증대시키고, 동물적 본능이 투자를 촉진하게 하는 신뢰의 환경을 조성하는 데 있다고 주장한다.

제도경제학적 관점에서는 거래비용의 문제에 관심을 집중하기도 한다. 투자 조정에 있어서 가장 중요한 기능은 개별 기업이 위험 때문에 혼자 하지 못하는 활동을 기업이 참여할 수 있도록 해야 한다는 것이다. 특히 투자가 대규모이고 상호 의존적일 경우, 이들은 동시에 이루어져야 하는데, 국가가 이를 조정하는 것은 시장보다 거래비용을 줄일 수 있기 때문이다(Chang, 1994).

동아시아의 경제 성장은 이러한 복잡한 요소들에 관한 새로운 경제 이론들을 위해 풍부한 검증 자료를 제공하였다. 동아시아 경제는 우선 투자간 상호보완성 또는 규모의 경제 문제를 대외지향을 통해서(수출산업화를 통해 세계 시장을 활용함으로써) 해결하였고[3], 투자의 불확실성 문

---

3) 스티글리츠(Stiglitz, 1994)는 대외 개방을 통해서 규모의 경제에 따른 시장 실패 문제는 극복할 수 있다고 주장하면서 빅 푸쉬(Big-Push) 이론을 비판하고 있다. 대부분의 동아시아 국가들에서 초기 도약을 책임지던 산업들—섬유, 신발, 완구 등—은 규모의 경제나 조정의 실패 문제를 겪지 않았다는 점을 강조하고 있다. 물론, 그도 광범한 중간 투

제는 정부가 개입하여 투자의 위험을 (인플레 정책이나 구제 금융 등으로) 사회화해 주었으며, 기업간 투자의 예상과 기대의 문제도 정부와 기업간 투자 조정을 통해서 해결하였으며(때로, 과잉 기대의 창출로 인한 투자 조정의 실패가 나타나기도 하였지만), 정보의 문제는 정부와 기업간의 밀접한 협의를 통해서 해결했고, 투자 인센티브 문제는 조건부 지대(contingent rent)의 창출과 성과에 기초한 경합(contest)을 통해 해결하였다.

스티글리츠의 이론을 상당정도 받아들인 세계은행의 '동아시아의 기적' (1993)에서는 이를 '조정의 실패' 라는 개념으로 파악하였다(World Bank, 1993: 79-103). 조정의 실패는 크게 두 가지로 나누어서 '자본시장에서의 정보 부족에 따른 시장의 부재' 와 '외부 효과, 상호보완적 투자, 규모의 경제' 로 파악하고 있다. 그러나 세계은행(1993)도 외부 효과 자체보다는 정보와 인센티브의 문제를 더 중요한 문제로 받아들였고[4], 동아시아에서는 이 문제를 정부와 기업간의 밀접한 협조적 관계를 통한 투자 조정 및 경쟁과 협력을 결합하는 경합(contest)의 창출로 해결했다고 본다.

스티글리츠나 세계은행(1993)의 주장은 국가는 개입하되 시장(특히 세계 시장)을 활용하고 비시장적 금융 제도에 의존했다는 주장이다. 그러

입의 확보 문제에 있어서는 정부 개입이 필요하다는 점은 인정하고 있다.

4) 스티글리츠(Stiglitz, 1994)는 산업에 규모 수확 체증이 존재하는 경우, 정부 개입을 통해서 산업을 합리화하기 위해 정부가 개입해야 한다는 주장은 설득력이 없다고 보았다. 자연적인 시장의 힘이 정부 개입 없이 산업을 합리화할 것(자연 독점)이라고 보았기 때문이다. 일본 정부는 철강 산업의 독점을 인정했을 뿐만 아니라, 혼다의 자동차 진입 제한 정책은 일본 정부의 최대의 실패작이었을 수 있다는 사실이 이의 증거로 제시된다. 단, 자본 부족과 결합된 규모 수확 체증이 중소기업의 성장을 저지할 때, 또 자본시장이 불완전하여, 현재의 생산이 경험을 축적하여 미래의 비용을 낮출 수 있음에도 자본시장이 불완전하여 그 효과를 획득하지 못할 경우에 수확 체증 산업은 유치산업으로서 보호받을 가치가 있다고 주장한다.

나, 한국의 경우를 보면 적절치 않아 보이는 부분이 있다. 즉 국가가 시장을 활용한 측면 이상으로, 국가가 기업의 투자 활동 자체를 창출하고 직접 감시했던 측면도 크기 때문이다. 정부가 시장을 활용하면서도 직접적인 감독을 동시에 수행한 것이 한국적인 모델의 특징이라고 볼 수 있다. 이 때문에 웨이드(Wade, 1990) 등은 정부의 정보 부족 문제는 그렇게 중요하지 않았다고 본다. 후진국일수록 혁신의 첨단을 걷는 선진국에 비해 정보 부족의 문제는 덜 심각할 수 있다는 것이다. 이들에 따르면, 동아시아에서는 투자에서 승자를 선별했던 것이 아니라 창출하였기 때문에 정보의 문제는 심각하지 않았다. 로드릭(Rodrik, 1995a)은 이 주장에 대해 잠재적인 비교우위를 가지지 않은 산업에서 성공적인 수출업자를 육성한다는 것은 자원을 낭비하는 정책이 될 수 있다는 점을 지적했다. 그러나, 웨이드(Wade, 1990)의 주장이 하나의 모델로서 만들어지기에는 적합하지 않을지라도 객관적인 묘사일 수는 있을 것이다. 한편 기술과 관련한 외부경제 및 국가의 개입 방식에 관해서는 박과 웨스트팔(Pack and Westphal, 1986)과 웨스트팔(Westphal, 1990)이 잘 정리하였다.

2) 금융제도-금융정책

제도적 측면에서 가장 많은 논란을 빚고 있는 부분이 금융제도와 정책 영역이다. 웨이드(Wade, 1996)가 강조한 바에 따르면 투자와 이윤간의 선순환적 연계(부가가치 중 이윤으로 분배되는 부분이 매우 높았지만, 이윤의 대부분이 소비되거나 개인에게 분배되지 않고 다시 투자되었다는 것)가 나타났다. 금융은 사적인 자본축적의 대상으로서 산업이 아니었다. 저축을 동원하여 투자로 전환하는 기능과 정보를 수집하고, 투자를 감시하고 감독하는 기능이라는 금융의 두 가지 기능 중에서 두 번째 기능은 정부의 기능이었다(재정의 금융화).

금융에 의한 재정의 역할 대체는 일본이나 대만에 비해서 한국에서 크게 나타났다. 헬만과 머독(Hellmann and Murdock, 1997)은 조세정책 대신에 금융정책을 쓰는 이유를 금융정책이 우수한 지배구조(governance structure)를 제공한다는 사실을 지적한다. 또한 이들은 정책금융은 겉으로 명확히 드러나지 않는 은밀한 보조 수단이라는 점을 들고 있다. 특정 기업이 정책금융을 받을 때, 보조의 정도는 보조받은 기업이 실패할 때까지는 잘 알려지지 않는다는 점 때문에 정부는 재정정책보다 금융정책을 사용할 유인이 생긴다는 것이다. 대부자로서 은행은 기업들이 대부자금을 갚을 수 있는지 끊임없이 감시할 필요가 있다. 단순히 보조금이나 세금 혜택을 주는 정부 기관보다 은행의 경우 기업에 대한 감독 통제의 인센티브가 높으며, 또한 은행은 정부보다 기업에 대한 정보가 많기 때문에 은행은 이 정보를 행사할 인센티브도 가지게 된다. 결국, 시장 실패 때문에 보조금을 주어야 한다고 할 때, 이를 재정보다 금융을 통해서 하는 것이 기업을 감시하는 데 효율적이라는 것이다. 그러나, 존슨 (Johnson, 1982)의 경우는 정책 집행이라는 면에서 조세정책이 보조금보다 우월한 측면이 있음을 보여주고 있다. 그는 일본의 국세청 관리의 주장을 인용하여, 조세정책의 경우 기업이 정부가 원하는 것을 한 다음에 세금감면이 이루어지는 반면, 금융 보조의 경우 성과가 확인되기 이전에 보조가 이루어진다는 점에서 세금이 규율 수단으로 더 우월하다는 점을 지적하고 있다(Johnson, 1982 : 233-6).

각국의 금융 제도와 국가 능력간의 관계를 검토한 자이스만(Zysman, 1983)의 경우는 국가의 산업구조 전환 능력은 그 나라의 자본 배분 시스템의 구조에 의해서 결정된다고 보았다. 자이스만의 주장에 따르면, 신용에 기초한 국가 주도 금융 시스템은 국가 주도 산업 부문의 상향 조정의 토대가 된다. 그 이유는 신용에 기초한 시스템은 주식시장의 단기적인 움직임에 좌우되지 않고 더 빠른 투자를 촉진할 수 있다는 점, 그리고 산업정책을 수행하기 위한 경제적 권력을 정부에게 제공한다는 점 등을 들고 있다. 웨이드(Wade, 1985)도 금융억압의 장점으로 신용할당을 통제함으로써 전략적 산업의 발전을 촉진하였다는 점과 자본으로부터의 정치적 지지와 협조를 얻을 수 있다는 점을 강조하고 있다. 국가는 금융 할당이라는 수단을 가지고 기업을 통제하고 기업의 협조를 이끌어 냄으로써 경제의 투자 패턴과 산업 구조 변화에 직접 영향을 미칠 수 있었다. 한편, 제도주의 경제학의 입장에서는 이러한 금융억압(정부에 의한 신용할당)을 내부 자본시장으로 파악한다. 리(Lee, 1992)의 경우, 한국에서 국가와 금융, 기업은 준내부조직으로서 시장 메커니즘에 의존했을 때 발생했을 거래비용을 줄였다는 점을 강조한다. 대부자와 차입자간에 정보의 비대칭성이 존재할 경우, 도덕적 해이와 역선택의 문제가 발생하지만, 국가와 차입 기업간의 장기적이고 밀접한 관계가 신뢰와 협조의 환경을 창출할 수 있다면, 이것이 대부자 감독(lender monitoring)의 효과와 효율성을 보장하고, 그 결과 정보의 비대칭성(거래비용)은 최소화될 수 있다. 리(Lee, 1992)는 금융억압으로 보이는 것이 사실은 사적 자본시장보다 효율적인 내부 자본시장일 수 있다는 점을 보였다.

그러나 이러한 정책금융 시스템(금융억압)은 성장을 추동하고 산업구조를 고도화하는 데 매우 효과적이었지만, 대단히 불안정한 시스템으로서 국가의 세심한 관리 없이는 그 안정성이 확보되지 않는다. 정부의 신용할당에 의해서 배분된 자금이 효율적으로 사용될 것이라는 보장이 없고, 불확실성을 완전히 제거하기가 어렵다. 우선, 정부의 신용할당에 의존하는 기업은 고부채기업이 되기 마련이다. 취약한 기업 재무구조는 기업들로 하여금 정부의 거시 경제정책에 순응하게 만드는 역할을 하지만, 동시에 이러한 기업에 의존하는 경제 시스템을 외적 충격에 매우 취약하게 만든다. 둘째, 이 시스템은 기업의 안전성과 경제 전체의 안전성 사이의 모순을 초래한다. 정책금융을 할당받은 기업들은 대출 및 생산의 규모를 크게 할 수록 그 자체로서 안전성을 보장받게 되지만, 전체 경제는 반대로 불안정성이 커지게 된다. 즉 시스템은 도산을 촉진하지만, 국가는 대규모 기업을 도산시킬 수 없게 된다는 점을 이용하여 기업들은 규모를 키워 도산의 가능성이 하나의 위협이 되도록 하는 전략적 행위자가 된다. 결국 대규모 기업들은 기업 금융의 안전성보다는 확장에 대한 인센티브를 갖게 되어 전체 금융시스템 자체는 매우 불안해진다. 셋째, 수출지향적인 대기업들은 대외적인 쇼크에 매우 취약하여 전체 금융시스템의 불안은 가중된다. 이러한 불안정성은 국가로 하여금 위험을 사회화할 수밖에 없도록 한다.

결국, 정부의 신용 할당은 그것이 잘못 사용되면 기업에게 잘못된 인센티브를 제공하여 전체 경제의 시스템 위기를 증폭시킬 가능성이 있다. 따라서 이러한 시스템에서는 어떤 지배구조가 정책금융의 배분과 결합해야 하는가 라는 문제가 중요해진다. 많은 연구들은 한국에서의 지배구조는 성과 기준에 따른 신용할당이라고 모델화하고 있다. 암스덴(1989)은 정부의 신용할당이 지대추구행위와 보조금 멘탈리티를 초래할 수 있으나 엄격한 성과 기준의 부과를 통해서 이를 방지할 수 있었다고 분석하였다. 이러한 성과 기준이 사전적인 사회적 수익률에 접근시킬 수 있다면, 정치적으로 결정된 신용할당이 바람직한 산업에서 사회적으로 유리한 투자로 연결될 수 있다고 보는 것이다. 세계은행(World Bank, 1993)의 경우도 동아시아 경제 성장에서 경합(contest)을 통한 신용 할당을 중요한 특징으로 삼고 있다. 경합을 통한 신용의 할당은 자유시장 경쟁보다 강한 인센티브를 제공하며, 정부 실패와 시장 실패를 동시에 극복할 수 있는 메커니즘으로 간주되고 있다(Hellmann and Murdock, 1997 : 286).

한편, 스티글리츠와 우이(Stiglitz and Uy, 1996)는 동아시아형 지배구조의 특징으로서 관계에 기초한 규제를 이야기하고 있다. 즉 동아시아형

규제의 특징은 적어도 최근까지 선진국에서 나타나는 구조화된 규칙에 의존하기보다는 규제적 자의성(regulatory discretion)과 규제자와 은행의 지속적인 상호작용에 의존하고 있었다는 것이다. 이러한 접근은 국가가 은행의 포트폴리오 위험에 대한 정보를 신속하게 파악할 수 있도록 하였고, 은행이 기업의 투자를 감독하고 독려하는 메커니즘으로 작용하였다는 것이다.

그러나, 한국의 경우는 이러한 성과 기준의 신용할당 및 정부, 은행, 기업간 밀접한 관계를 통한 정보의 교환 등과 같은 사전적 규제의 제도적 장치 이상으로 국가의 직접적 감독과 사후적 조정의 중요성이 훨씬 컸다고 본다. 헬만과 머독은 한국 금융 시스템의 한 특징으로서 강력한 사후적 규율을 들고 있다(Hellmann and Murdock, 1997: 313).

3) 수출-대외지향적 발전

경제발전은 투자 수준만 높다고 해서 이루어지지 않는다. '생산적'인 것이어야 하며 지속가능해야(투자로부터 투자 재원이 재생산될 수 있어야) 하기 때문이다.

신고전파 경제학자들은 전통적으로 동아시아의 경제성장이 무역체제의 전환에서 시작된 것으로 본다. 이들에 따르면, 대외지향 체제로의 전환은 시장메커니즘을 정착시켜 신고전파적인 자원 배분의 효율성을 높이고, 국가 개입이라는 지대 추구 행위의 원천을 제거함으로써 경제 성장을 이끌었으며(Krueger 1998; 1997; 1995; 1990b; 1974; Balassa, 1988), 개방 체제가 저축 및 인적자본 투자를 높이고, 경쟁을 촉진하여 생산성(TFP=total factor productivity)을 향상시켰다(World Bank, 1987; 1991; 1993). 그리고, 개방은 시장 개혁의 척도이고 시장 개혁은 경제발전에서 가장 중요하며 개방적인 체제일수록 외부 쇼크에 잘 적응하는 탄력성을 가지고 있다(Sachs, 1985; 1995).[5] 이들의 주장은 외채 위기에 빠진 발전도상국의 구조조정 프로그램(SAP)의 원칙이 되고 있는 이른바 워싱턴 컨센서스(Washington Consensus)[6]에도 반영되어 있다.

그러나, 무역자유화가 신고전파적인 효율성을 보장한다는 주장은 경험적 근거에 기초하고 있다기보다는 시장 이데올로기적인 성격이 강하다. 무역자유화와 자원 배분의 효율성, 그리고 생산성 증가 사이의 연관에 대한 논리적 설명과 경험적 증거는 매우 부족하다. 영(Young, 1995; 1994)은 동아시아에서 생산성 증가가 없었다고 주장한다. 그에 따르면 동아시아의 성장에서 생산성 증가는 거의 없었고, 단지, 투입의 증가와 신고전파적인 자원의 최적 배분만이 있었을 뿐이라고 주장한다. 무역과 생산성 증가간의 관계는 아직도 경험적 증거가 불확실하고 일방적인 것이 없으며(Bardhan, 1994; Tybout, 1992) 1960년대 한국과 대만의 수출 붐은 무역자유화가 시작되기 이전에(1968년 이전에) 이미 시작되었다. 로드릭(Rodrik, 1997; 1995c)은 한국과 대만의 수출 붐을 칠레와 터키의 80년대 수출 붐과 비교하면서, 한국과 대만의 수출 붐은 수출의 상대적 이윤율이나 수출에 대한 인센티브가 강화되면서 이루어진 것이 아님을 보여주고 있다. 수출 붐은 상대 가격의 변화가 아니라 투자 붐의 결과로 파악하고 있다. 따라서, 대외 지향적 성장이라는 표현은 '묘사적인' 의미에서는 옳지만, '인과적'인 의미에서는 옳지 않다고 주장한다. 수출 붐은 원인이라기보다는 투자 증가의 결과로 해석하고 있는 것이다. 심지어, OECD의 보고서로 작성된 브래드포드(Bradford, 1994)도 크루거류의 논리적 연관을 부정하고 있다. 즉, 무역 주도의 성장이 아니라 성장 주도

---

5) 삭스(Sachs, 1985; 1995)에 따르면, 동아시아 국가들이 지속적인 외채 위기에서 벗어날 수 있었던 것은 GNP 대비 수출의 비중이 높았기 때문이다.

6) 워싱턴 컨센서스(Washington Consensus)에 대해서는 윌리엄슨(Williamson, 1994) 참조.

의 무역이 동아시아 성장의 특징이었음을 보여주고 있다. 또, 이들의 주장은 왜 단 한번의 인센티브 중립적인 체제로의 전환이 장기적인 성장을 초래하였는지를 설명하지 못하고(Moreira, 1995), 국가 개입에 의한 지원을 빼면, 왜 시장 보호를 받던 기업들이 수출 전선으로 나아가는지를 설명하지 못한다(Haggard, 1998).

계량경제학 연구들이 어떤 결론에 이르지 못한 상태에서, 동아시아에서의 생산성 증가를 부정하는 연구들은 사실상 동아시아 경제의 외형적 성과를 설명할 수 없었다. 대외 개방이 자원 배분의 효율성 제고를 통해 생산성을 높인다는 주장의 이론적, 경험적 근거를 찾아내기가 어려워지자, 신고전파 경제학은 대외지향의 생산성 효과를 증명하기 위해 내생 성장 모형을 사용했다. 세계 경제로의 통합은 규모의 경제를 특징으로 하는 연구개발(R&D) 부문에 고용된 자원의 불필요한 중복을 피하고 그 생산성을 높임으로써 장기 성장에 기여하고, 세계 경제에의 통합에 따른 경쟁의 심화는 기업가들이 세계 경제에서 특수한 것을 개발하도록 하는 인센티브와 지식 습득의 기회를 준다는 주장이다.

그러나 이러한 내생 성장 모형은 학습과 관련된 규모의 경제(누적된 산업 생산으로 측정될 수 있는 생산 경험으로부터 나오는 학습 효과)가 기존의 비교우위의 구조를 고도화할 뿐이기 때문에 발전도상국보다는 선진국에 오히려 유리할 수 있는 함의를 가지고 있다. 무역은 발전도상국에서 연구개발(R&D)에 대한 과소 투자를 유발하여 발전도상국의 시장 실패를 강화할 수 있다.[7] 따라서, 내생 성장 모형에 따르면, 오히려 역사

---

7) 내생 성장 모형에 대한 도전은 신고전파 내에서 제기되었다. 영(Young, 1991)은 학습 (learning by doing)에 의한 외부 효과가 존재하는 경우, 자유 무역은 선진국보다는 개도국에 더 유리하다는 결론을 내리고 있다. 물론 개도국도 자유무역을 통한 자원 배분의 효율성이라는 정태적 이익을 얻는다고 토를 달고 있지만. 스토키(Stokey, 1991)도 인적 자본이 학습에 의해서 창출되며 고품질 제품의 생산에 의해 촉진된다고 할 때, 자유무역은 북쪽의 인적자본을 축적하는 반면, 남쪽의 인적자본의 축적을 더디게 한다는 모

적으로 긴박된(lock-in) 상태에서 벗어나기 위해서는 신중한 무역정책(국가 개입)이 필요할 수 있다는 의도하지 않은 함의가 유도된다.

한국과 대만의 60년대 무역자유화는 시장주의적 개혁이라기보다는 산업정책의 한 부분으로 해석되어야 한다는 것은 발전국가론적 입장의 기본 시각이고 경험적으로도 타당하다고 본다. 한국과 대만의 무역자유화는 복선형 산업화 전략의 일환이었으며(이병천, 1998) 리스트와 아담스미스의 결합(조영철, 1998)으로서 세계 시장 진출(수출 촉진)과 국내시장 보호(수입 대체)가 동시에 추진된 것이었다.

많은 동아시아 연구자들이 동일하게 지적하는 것이 있다면, 그것은 대외지향이 국가 개입의 규율 메커니즘으로 작용하였다는 점이다. 동아시아에서의 산업정책은 기본적으로 선별적이었으며, 이 선택성이 초래하는 규율의 문제를 대외지향으로 해결했다는 것이다. 동아시아에서 국가에 의한 시장과 개방 체제 활용의 목적은 시장 가격의 자원 배분 기능이었다기보다는 시장의 경쟁 규율 기능이었다.

물론, 크루거도 수출 촉진은 모든 경제정책에 하나의 규율과 제한을 가하였고, 이는 성장에 방해가 되는 많은 수단들의 채택을 방지하였다고 주장한다(Krueger, 1990a: 110). 그러나 그 규율의 작용 메커니즘은 크루거가 생각했던 것과는 달랐다. 크루거는 개방 경제가 자원 배분의 효율성을 높이고 정부 개입의 근거를 없앴다는 점을 들고 있다. 그러나, 개방 체제의 규율 효과는 크루거의 주장과는 다른 메커니즘을 가지고 있었다. 우선, 개방 체제는 투자 또는 기술과 관련된 시장 실패를 더욱 명확히 하여 시장 실패에 대한 국가 개입을 쉽게 하였다는 점이다. 둘째, 개방 경제에서는 정책 실패가 덜 개방된 경제보다 더 빠르게 파악될 수 있었고 이러한 부담이 정책 집행자로 하여금 자신의 실패를 빨리 발견하고 이를 교

_____

델을 제시하고 있다.

정하는 능력을 갖추도록 하였다는 점이다. 즉, 대외지향은 시장의 효율성을 높인 것이 아니라 국가 개입의 효율성을 높인 것이다. 또한, 대외지향의 규율 효과는 그 자체로서 작용한 것이 아니라 국가의 직접적인 감독 기능과 결합되어 작용하였다. 수출의 인센티브 기능이 작동하지 않으면, 정부는 직접 개입하였고, 직접 수출의 목표를 제시하고 감시하였다.[8]

결국, 동아시아 발전 모델에서 대외지향은 중요하고 필요한 요소이지만, 그것은 개방 경제의 편익을 향유하는 방식으로 작용한 것이 아니라, 정부로 하여금 '특수한 실패'를 치료하기 위해서 또는 '불완전한 것'들을 최대한 이용하기 위해서 선별적인 개입을 할 수 있도록 활용되는 방식으로 작용하였다. 이 때, 특수한 실패와 불완전한 것들은 주로 투자와 기술에 관련된 것들이다. 동아시아에서의 대외지향은 투자와 기술에 관한 정부의 산업정책을 보완하는 역할을 한 것으로 평가할 수 있다. 후발성의 이익은 단순히 개방 체제를 통해서 달성된 것이 아니라 국가에 의한 국민경제의 세심한 조직화를 통해서 얻어졌다.

2. 시장중심론적 접근의 한계

한국의 경험을 근거로 시장중심론적 접근이 갖는 문제점을 살펴보기로 하자.

1960년대이래 한국 정부는 금융 체제(system)의 거의 모든 기능을 직접 통제하거나 관리해 왔다. 이자율 규제 하에서 신용할당은 수출 성과라는

---

8) 웨스트팔(Westpahl, 1990)에 따르면, "한국 정부는 수출이 반드시 국제경쟁력을 나타내는 지표가 아니라는 점을 인식하고 있었다. 따라서, 정부는 인센티브의 크기, 국내가격과 세계 가격의 관계, 다른 정보들을 면밀하게 감독하였다. 면밀한 정부의 감독만이 수출이 사적으로 이윤율이 높고 국제적으로도 경쟁적이라는 것을 보장하였다."

명확한 기준에 의해 행해졌다. 따라서 금융체제는 정부가 일반기업을 통제하는, 그리고 더 나아가 경제전반에 개입하는 중요한 수단이었다.

관리되지 않은 시장의 효율성을 신념화하고 있는 신고전학파의 이론 틀에서 보면, 금융억압[9]뿐 아니라 정부개입은 일반적으로 효율적인 자원 배분을 왜곡시키기 때문이다. 그 중요한 근거는 다음 몇 가지로 요약할 수 있다.

첫째, 고전적인 주장으로 금융억압은 자원 동원(즉, 저축)에 부정적 효과를 미친다. 즉, 금융억압과 선별 신용체계(preferential credit-lending schemes)는 예금이자율을 통제함으로써 저축에 대한 유인을 감소시키며, 국제적 차입 능력을 제한시킨다. 또 투자재원 조달의 애로는 투자를 감소시켜 성장을 둔화시킨다.

둘째, 정부관료는 신용을 효율적으로 할당하기 위해 필요한 정보가 부족하며, 더구나 그렇게 해야 할 유인이 없다. 투자 수익률이 신용 배분의 기준이 아니므로 이를 책임진 정부 당국이 항상 지대추구 집단(rent-seeking groups)의 압력(Bhagwati, 1982)을 포함한 다양한 비경제적 고려를 해야 한다. 따라서 정부가 가장 효율적인 자금 수요자를 선택할 것이라고 볼 수 없다.

셋째, 인위적인 저금리로 인한 자본 비용의 하락은 그 경제의 부존자원의 희소성에 어긋나게 과도한 자본 집약적 기술을 채택하게 만든다.

넷째, 제도 금융기관들(기본적으로 은행)의 이자율을 정부가 억압하는 것이 개발도상국에서 금융시장의 분단(segmentation)과 금융자원의 부족이 발생하는 중요한 원인이다. 제도 금융시장에 존재하는 금융자원에

---

9) 이자율이 균형수준보다 낮은 수준에서 행정력에 의해 고정될 때, 금융 중개는 억압된다고 한다. 매키넌(Mckinnon, 1973)과 쇼(Shaw, 1973) 이후, 시장자유형(free-market) 금융시스템과 억압형(depressed) 금융 시스템은 두 가지 대립되는 이념형으로 제시되었다.

대한 초과수요는 시장의 힘이 작용하는 비제도 금융시장(curb market)을 존재하게 만든다. 이는 경제의 서로 다른 부문들이 서로 다른 (한계) 자본 가격(차입비용)을 부담하는 것이기 때문에, 실질 물적 자본의 오배분(misallocation)이 발생한다. 금융시장 분단은 한편 비용 추동적(cost-push) 인플레이션의 중요한 원인이다. 신용에 대한 수요와 공급의 변화에도 불구하고 은행 이자율이 규제에 의해 고정되어 있는 경우, 시장의 힘에 의해 결정되는 비제도 금융시장의 이자율 변동은 훨씬 증폭되므로, 비제도 시장에 의존하는 산업 부문은 위축되거나 비용 증가를 가격에 전가해야 한다.

다섯째, 핵심산업에 대한 이와 같은 지원이 지속되면 은행신용을 이용하는 부문에서 자본 생산성을 증가시킬 유인을 없게 된다. 일단 은행신용을 이용한 수혜 기업의 입장에서는 이후의 확장을 위한 추가적인 은행 신용을 기대할 수 있기 때문이다.

끝으로, 금융억압은 금융기관의 경쟁과 생산성 향상 동기를 억압하는 것이므로, 금융부문의 성장과 경쟁력에 부정적 영향을 미친다.

결국 금융 억압과 정부의 전반적 경제개입을 특징으로 하는 경제에 이론적으로 기대할 수 있는 결과는 저축의 감소와 비효율적인 투자, 그리고 물가상승압력과 저성장이다. 따라서 금융억압의 해소(즉, 제도금융시장 이자율의 자유화 혹은 상승)를 중심으로 하는 금융자유화는 경제성장에 필수적이다. 이자율의 자유화는 저축자와 투자자 간의 금융 중개(intermediation)를 확대하여, 저축 및 투자 유인을 증가시키고 투자의 평균 효율을 높인다. 시장에 의한 유동성 선호의 조정, 다양화를 통한 리스크의 축소, 대부에 있어서 규모의 경제, 금융기관 운영 효율성의 증가, 저축자와 투자자의 정보 비용 절감 등을 통해 저축의 실질 수익은 높아지고 투자자의 실질 비용은 낮아진다. 이자율이 할당의 수단으로 채택될 때, 즉, 균형 수준에 이를 수 있도록 허용될 때, 금융 중개자는 보다 커진

가용 투자 자금을 효율적으로 배분하기 위해 그들의 전문 지식을 사용할 수 있으므로 금융부문의 효율화도 촉진된다(Shaw, 1973).

신고전파의 금융자유화(개혁)에는 사실상 정책적 측면에서 가장 큰 애로인 '제도의 문제'가 시야에 없다. 중요한 것은 금융제도가 얼마나 복잡하거나 정교한가가 아니라 금융중개기능이 효율적으로 수행되고 있는가 라는 점이기 때문이다. 효율성은 시장의 정상적 작동이 보장하는 것이므로, 금융자유화의 문제는 시장이 정상화되기까지의 단기적인 비용이 얼마나 되는가에 달려있다. 이 단기적인 경제적 손실은 선별 금융의 혜택을 누리던 기업 및 산업에서 주로 발생하는 것으로서, 자유화 정책의 중요한 과제는 통화 정책이나 외환 정책을 통해 이들 부문의 충격을 완화하는 일이 된다. 더구나 이들 부문은 수출부문이며 국민경제적 비중이 매우 높은 경우가 일반적이므로, 거시경제지표의 악화[10]가 수반되기 쉽고 이 경우 금융자유화를 지연시키거나 역전시키기 위한 경제적·정치적 저항은 더 커질 수 있다. 이 저항은 경제 위기와 같은 비정상적인 상황에서 외부로부터 강제되지 않는다면 극복하기 어려운 것이므로, 특히 동아시아의 국가들과 같이 일정한 산업화에 성공한 경우, 기존의 정책을 유지함으로써 기득권을 유지하고자 하는 산업부문, 정치인, 관료, 지대추구자의 저항을 어떻게 극복하는가 그리고 누가(어떤 사회세력이) 금융개혁을 추진하는가 라는 문제는 해결되지 않는다.

그러나 동아시아의 경제개발 과정은 기존의 금융억압론과 명백히 모순된 것으로 나타났다. 일본, 한국, 대만 등의 금융 체제는 모두 억압형이었고 정부가 신용배분에 깊이 관여했지만, 경제적 성과는 매우 높았다. 반면 라틴 아메리카(아르헨티나, 칠레, 우루과이)의 급격한 금융자유화는 파괴적 결과를 가져왔다(Diaz-Alejandro, 1988). 이들의 경험에 대한

---

10) 이자율 상승은 수출부문의 경쟁력 약화에 따른 경상수지 악화와 성장률의 둔화, 그리고 비용상승 요인에 의한 물가상승 압력 등을 초래할 수 있다.

해석은, 특히 세계은행(World Bank) 등의 정책 지향적 연구들을 중심으로 두 가지 방향으로 모아지는데, 하나는 남미의 경험과 관련 있는 것으로서, 금융자유화를 통해 보다 효율적인 신용배분을 달성하기 위해서는 거시경제의 안정성이라는 조건 이외에도 금융기관에 대한 감시(monitoring)와 주의 깊은 감독(prudential supervision) 등 금융 하부구조를 포함한 최소한의 규제틀이 필요하다는 것이다(Gelb and Honohan, 1989). 또 다른 하나는 동아시아와 관련되는데, 금융억압과 정부 개입이 어떤 특정한 조건 속에서는 효율성과 고성장을 가져 올 수 있다는 것이다.

이론적으로 보다 관심을 모으는 것은 후자의 방향인데, 그 중에서도 개발도상국의 금융 자유화 문제에 국한한다면, 신제도 경제학(Williamson, 1975; 1985)에 근거하여 정부와 금융 중개기관, 그리고 선별 금융의 수혜기업을 하나의 비시장적 조직(준 내부 조직quasi-internal organization 이라고 부른다)[11]으로 개념화한 연구가 주목된다(Haggard, Lee and Maxfield, 1993; Haggard and Lee, 1995; Dalla and Khatkhate, 1995).

이들은 광범한 사례연구에 기초하여 이자율에 대한 규제 철폐와 금융부문의 진입 자유화 등의 개혁이 경쟁의 격화를 초래하여 그 경제가 감당할 수 없는 수준으로 이자율을 상승시키거나, 때로는 금융부문의 독점화, 소유결합, 그리고 특정부문과 기업에 대한 대출 집중을 야기시킬 수

---

11) 신용배분의 위계적 체계의 구조는 정부와 정부에 의해 배분된 선별 신용을 수혜하는 소수의 기업들로 구성된다. 정부와 기업간의 중개자로 기능하는 금융기관들이 있을 수 있지만, 이러한 위계적 체계에서 그들의 역할은 본질적으로 정부의 계획 입안자에 의해 지정된 신용을 분배하는 것이다. 금융중개자와 기업이 (반드시) 완전하게 독립된 기관들일 필요는 없으며, 또 어떤 거래는 분명하게 가격에 의해 매개되기 때문에, 우리는 정부와 금융 중개자, 그리고 수혜기업으로 구성된 조직을 준내부조직(quasi-internal organization)이라고 부른다. 이에 속하지 않는 많은 다른 기업들이 존재하기 때문에, 이 준내부조직은 전체 시장경제의 일 부분집합을 구성할 뿐이다(Lee and Haggard, 1995: 9-10).

있다는 사실을 인정한다. 또한 이를 설명하기 위해 금융자유화 정책이 실행되는 제도적 환경과 수단이 국가마다 다르고, 이로 인해 결과도 달라진다는 점, 그리고 초기 조건(자유화 정책의 시행기 거시경제의 상태, 금융체제의 상태와 성격, 차입 기업의 부채 구조 등)이 이후의 경과에 상이한 영향을 미친다는 점을 논의의 출발점으로 삼는다.

금융체제가 효율적으로 움직이려면 적절한 제도적 하부구조(infrastructure)[12]가 있어야 하며, 발전된 국가의 경우에도 시장 불완전성과 거래비용[13] 때문에 내부자본시장과 같은 내부조직이 이러한 제도적 하부구조의 필요 기능을 보다 효율적으로 수행할 수 있다. 그러나 개발도상국들에서는, 제도 금융시장이 구조적으로 그리고 또 정책에 의해 왜곡되어 있기가 쉬울 뿐 아니라, 사적 내부 금융시장은 제한된 규모 때문에 효율적이지 않다. 그러한 경우에 정부가 신용 배분의 효율성을 개선할

---

12) 법률 및 규제 체계, 불확실성과 금융 중개비용을 최소화하는 정보 체계, 금융시스템의 안정성을 확보하고 예금자를 보호하기 위한 규제, 그리고 도덕적 해이(moral hazard)를 최소화할 수 있는 감시·감독체계 등이 그것이다.

13) 금융시장의 내재적 불완전성에 관한 최근의 연구에 따르면, 자유로운 시장인 경우라 하더라도 금융시장의 내재적 속성이 어떤 형태로든 신용할당을 필연화한다(Stiglitz and Weiss, 1981). 모든 시장에는 정보의 비대칭성과 불완전성이 존재하며 계약의 이행 비용이 존재한다. 특히 금융거래는 미래에 있을 상환에 대한 약속이 거래 대상이므로, 현물(맞돈) 거래(spot transaction)와 달리 매우 강한 정보 문제가 있게 된다. 일단 문제가 생기면 계약 이행을 강제하거나 담보물의 정리에 비용(시간)이 들며, 신속하게 처리했다 하더라도 전액을 회수하기 어려운 것이 일반적이다. 따라서 구매자의 신용이 갖는 의미는 현물시장과 다르다. 차입자의 진정한 의도나 향후의 상환 능력에 대해 완전히 알 수 있는 방법은 없기 때문에, 대부자는 한 고객이 빌릴 수 있는 한도를 설정한다. 다시 말해 시장 청산 이자율보다 낮은 수준에서 신용을 할당하며, 결코 은행이 제시한 이자율로 차입하려는 모든 차입자에게 대부하는 법은 없으며 어떤 방식으로든 선별한다(예를 들어 투자 프로젝트에 대한 금융 기관의 2차적 심사). 결국 이러한 이론적 발전이 시사하는 것은 모든 조건을 갖춘 자유 방임적(laissez-faire) 금융체제에서도 시장을 청산하는 균형이자율은 성립하지 않으며, 따라서 자원의 오배분(misallocation)이 발생할 수 있다.

목적으로 자신의 내부 금융시장을 창설하는 것이 효율적일 수가 있다. 따라서 개발도상국가에 있어서 불완전한 시장을 덜 불완전하게 만드는 것이 반드시 최상의 정책이 아닐 수 있다(Lee and Haggard, 1995: 9). 그러나 정부가 창출한 내부 금융시장이 효율적 제도로서 성공하려면, 외부 지향적 발전 전략이 필수적인데, 왜냐하면 내부 조직에 없는 경쟁을 국제시장에서의 경쟁이 대체해야 하기 때문이다. 이외에도 감시하고 정치적 외압에 저항할 수 있는 잘 발달된 관료 기구가 있어야 한다.

이들에 따르면 금융 자유화는 준내부조직의 효율성이 다하면서 발생한다. 경제발전의 결과 경제가 단순한 재화의 생산에서 보다 기술적으로 정교한 생산물로 옮겨가면서 또 보다 커지고 복잡해짐에 따라, 조직상의 실패는 시장 실패보다 더 큰 부담을 주게 된다. 이 때 금융시장을 자유화하려는 노력이 시작된다(Lee and Haggard, 1995: 13). 준내부조직으로 동아시아의 경험을 개념화하는 것은 신고전파의 기본 설명틀보다는 현실에 훨씬 잘 부합된다. 그러나 자유화는 여전히 기존 체제의 수혜자들의 반대를 무릅쓰고 시작된다.[14] 따라서 누가 어떻게 그 사회의 가장 강력한 부분인 기득권자의 저항을 극복할 수 있는가는 불명확하다. 구체적으로 해외신용의 조달 축소, 재정 위기, 이자율 통제에 따른 저축 감소 등 선별 금융의 재원부족이 일으키는 정치적 · 경제적 긴장이 지적되지만 (Haggard and Maxfield, 1993), 남미의 경험에 국한해서 설명력을 가질뿐이다.

---

14) "……산업(industry)에 혜택을 주는 신용 프로그램은 금융 보조(subsidized finance)에 대한 제조업자의 수요(demand)와 그들이 …… 행사하는 정치적 영향력에 의존하는 것으로 우리는 기대한다" (Haggard and Maxfield, 1993: 294).
"비록 금융규제가 자본시장의 결함을 극복한다는 긍정적인 목적을 갖고 시작되었지만, 부채에 의존한 산업발전은 값싼 대출의 주된 수혜자들이 저금리 체제에서 기득권을 발전시켜왔기 때문에 그 자체로 금융자유화에 장애가 된다" (Choi, 1993: 24).

3. 발전국가적 관점의 평가

시장중심론적 견해를 수정하려는 관점은 동아시아 현상이 신고전파 모델에 따르고 있지 않다는 점에 초점을 둔다. 국가 개입 특히, 산업정책과 금융시장에 대한 개입은 신고전파적 모델이 쉽게 수용할 수 있는 요소가 결코 아니다. 이 견해에 따르면 동아시아 정부는 시장에 순응한 것이 아니라 시장을 주도(lead) 했다. 이러한 견해를 대표하는 여러 연구자들은 동아시아 국가의 성격을 발전국가라는 개념으로 설명하고자한다 (Johnson, 1982; Evans et al., 1985; Amsden, 1989; Wade, 1990; Haggard, 1990; Fields, 1995). 발전국가는 사적 자본의 이해관계로부터 상대적으로 자율적이고(따라서 자본과 시장을 주도하며 규율한다), 또 내부적으로는 통합도가 대단히 높은 국가로서 경제발전을 주도한다.

발전국가라는 개념은 경제학의 연구영역에서 발생한 것이 아닌데, 경제학의 영역에서 동아시아 국가의 역할을 이해하기 좋은 원형으로 거션크론(Gerschenkron, 1962)을 들 수 있다. 그에 따르면 산업화에 있어서 후발국가의 선진국 따라잡기(catching-up)는 결코 자동적인 과정이 아니며, 후발국가가 성장과 발전을 해 나가는데 있어서 가장 중요한 요소는 '발전을 위한 사회적 능력(social capability)' 이다. 경제적으로 후진적인 상태는 기회와 장애를 동시에 갖고 있는데, 후발국가에 결여된 어떤 잃어버린 고리(missing prerequisites)의 역할을 해줄 수 있는 사회적 요소를 채워 넣을 수 있으면 후진성은 오히려 발전의 기회를 제공할 수 있다. 거션크론의 주장은 시장 방임이 아니라 특정 종류의 제도적 혁신(예를 들어 수직적으로 통합된 대기업, 개발은행, 생산과 투자를 위한 자금 흐름 경로의 확보, 투자 결정에 있어서 국가 개입과 같은 형태의 사회적 개입기제 등)이 후발성의 장애를 해소할 수 있다는 것이다. 이 장애의 구체적 내용은 다시 투자 조정의 문제, 투자 정체의 문제, 산업 금융에 있어서 정보의 비대칭성 문제, 저축의 동원 문제, 유치 산업의 창출과 보호 문제 등이 된다. 그의 주장가운데 특별히 주목할만한 것은 초기 후진성의 상태에 있는 경제에서 일어나는 제도 혁신은 반드시 그 경제의 역사-제도적 유산을 벗어날 수 없다는 점이다. 그리고 그 제도적 유산은 서구적 관점에서 보면 비정상적(non-conventional)일 수밖에 없다. 동아시아의 경우를 가지고 이 주장을 해석해 본다면 초기의 후진상태로부터 따라잡기(catch-up)의 기회를 포착하기 위해, 이들 지역의 국가(경제)는 제도적 혁신과 자본통제를 통해 급진적인 발전의 수단을 창출하는데 성공한 것이다. 이 수단들은 그 역사-제도적 유산으로부터 결코 자유롭지 않기 때문에 국제 표준(서구 특히 미국)으로 여겨지는 특정한 서구의 제도와는 다르기 마련이다. 오히려 이 지역의 국가간에도 달라야 성공할 가능성이 높을 것이다.

그러나 후발성의 이점을 강조한 거션크론의 발전 전략은 동시에 약점을 갖고 있는데, 이 약점은 그대로 오늘날의 발전국가론이 가지고 있는 약점과 부합한다. 첫째, 장기적인 관점에서 볼 때, 의도적 자원 배분은 필연적으로 산업간 이윤율의 균등화 과정을 제한하며, 따라서 산업간 생산성 증가의 기제를 약화시키게 된다. 시장론적 관점의 연구들이 자원 배분의 왜곡 문제를 가지고 발전국가론을 비판(Lee, 1995; Beason and Weinstein 1996; Smith, 1995; Borensztein and Lee, 1999)할 수 있는 것은 바로 이 문제와 관련이 있다. 둘째로, 지대추구와 부패 및 이해집단의 발호를 억제할 내재적(혹은 체제적) 장치를 창출하고 장기적으로 유지하기가 대단히 어렵다. 발전국가 전략에서 보듯이 경제 전체적 관리에 중점이 두어지기 때문에 개별경제주체의 행동과 직접 관련된 회계 감사, 자본 적정성, 신용평가, 투명성, 위험관리 등의 요소가 무시된다. 셋째, 초기 산업화 과정을 겪은 이후 이 산업화를 달성하게 한 기존의 제도 배열을 시스템의 붕괴 없이 변화시킬 수 있는 내재적 메커니즘이 나타나기가 어렵다. 산업화의 진행은 기존 제도 배열을 끊임없이 교란시키는데, 이 교란을 교정할 사회적 합의를 이룰 수 있는 가능성은 역으로 약화되기 때문이다. 요약하자면, 사회적 규율(혹은 관리)과 개별 사적 자본의 일탈 행위간의 균형을 유지할 수 있는 메커니즘이 취약하다.

이러한 내재적 난제를 안고 있음에도 불구하고 거션크론의 발전전략 및 발전국가론의 발전전략은 동아시아 및 한국의 고도성장을 가능하게 했던 제도 배열과 제도적 조건을 해명하는데 있어서 시장론적 관점보다 현실에 더 부합한다. 무엇보다도 역사성에 대한 강조를 통해 이론에 있어서 과도한 일반화의 위험과 과도한 특수화의 위험을 피할 수 있는 공간을 열어 두고 있기 때문이다.

제2장

사회구성체 논쟁의 재검토

1. 사회구성체 논쟁의 지위

사회를 이해하려는 노력, 사회를 바꿔보려는 노력, 그리고 사회의 변동은 불가분의 관계에 있다. 사회의 변동은 이를 저지하려는 보수세력과 촉진하려는 진보세력 사이의 대립을 낳게 되므로 사회를 바꿔보려는 진보세력의 노력은 대개의 경우 보수세력의 탄압에 맞서서 대중들의 힘을 동원하는 사회운동의 성격을 띠게 마련이다. 또한 사회를 이해하려는 노력은 이러한 사회운동에 방향과 과제를 제시하거나 반대로 사회운동탄압의 빌미를 제공하기 위한 이데올로기로서 개발되는 것이다. 해방 이후 우리 사회의 올바른 이해를 둘러싼 논쟁들이 사회운동이 고조된 시기에 촉발된 것도 그 때문이라고 할 수 있으며, 특히 80년대 이후 한국사회의 성격을 규명하려는 노력은 80년대의 격렬한 사회변혁운동과 맞물려 있었다. 따라서 사회구성체 논쟁을 경제학적으로 이해하는 것은 대단히 어려울 수밖에 없다. 운동의 필요에 따라 역으로 경제에 관한 설명이 구성되었기 때문에 경제학 체계를 벗어나는 경우가 많기 때문이다.

이른바 한국사회성격논쟁 또는 한국사회구성체논쟁이라고 불리는 80년대 후반 한국사회의 자기인식노력은 분단 이후 가끔씩 제기되었던 사회인식논쟁들과 질적인 차이를 갖는데, 이렇게 된 직접적인 계기는 80년

봄 및 광주민중항쟁의 경험과 그에 대한 평가에서 찾을 수 있다. 서울의 봄과 광주민중항쟁 이후 이를 반성하는 논의들은 60년대 및 70년대의 사회운동을 소시민적인 노동운동 및 민주화운동으로 규정하고, 이를 80년 봄의 패배 원인으로 간주했다. 따라서 소시민적 한계의 극복이 향후 사회운동의 우선적인 목표로 제시되었고, 기존 사회운동의 문제는 다음과 같이 지적되었다(박현채 · 조희연, 1989: 15). 첫째, 70년대까지의 사회운동이 소시민적 운동관, 포퓰리즘적 운동관을 극복하지 못했으며 변혁운동으로서의 성격을 갖지 못했다고 하는 반성이다. 둘째, 대중의 자연발생적 투쟁을 체제변혁적 투쟁으로 전화시킬 목적의식적 전위가 없었다는 반성이다. 셋째, 기층민중 특히 노동계급을 사회운동의 주체로 키워내지 못하고 학생과 지식인 등이 운동의 중심으로 되어 있었다는 반성이다. 넷째, 미국에 대한 소시민적 환상을 버리지 못했다는 반성이다. 이러한 반성에 따라 80년대 사회운동은 기존의 체제 내 운동에서 체제를 변혁하려는 운동으로 질적인 전환을 하게 된다. 다시 말해서 80년대 사회운동은 '개발독재'로 표현되는 당시의 한국사회체제는 물론이요 반공 · 반북이라는 지배이데올로기에 대해서도 전면적인 투쟁을 시작하는 것이었다. 이에 따라 그동안 체제에 의해 철저하게 금지되어 왔던 북한의 혁명전략과 마르크스주의가 사회운동의 중요한 이론적 자원으로 적극 검토되기 시작하였으며, 사회구성체논쟁은 80년대 사회운동의 이와 같은 질적 전환과 맞물려 있는 것이었다.

그러나 다른 한편 80년대 사회구성체논쟁이 사회운동의 자기반성이라는 주체적 조건의 변화에만 기인한 것은 아니었다. 사회운동의 질적 전환 자체가 사회의 객관적 구조변동과 맞물려 있었기 때문이다. 다시 말해서 사회구성체논쟁은 한국사회의 변동 그 자체에도 기인한 것이었다. 한국전쟁을 통해서 남북분단이 고착되자 한국의 지배계급은 민족통일의 열기를 잠재우고 그 대신에 자립적인 국민경제건설을 국민적인 과제로 삼는데 성공하였다. 빈부격차 및 분단고착화에 대한 기층민중과 지식인의 간헐적인 저항에도 불구하고 자립적인 국민경제를 건설하려는 지배계급의 계획이 그 독재적인 성격속에서도 국민적인 동의를 받아낼 수 있었던 것이다. 결국 1960년대 이후 지속된 경제건설계획은 우여곡절이 없진 않았지만 80년대 후반에 이르기까지 대체로 성공의 길을 걸었고, 이러한 '개발독재' 는 한국형 사회개발모델로 안정화되었다. 그러나 이러한 '개발독재' 의 '성공' 은 한국사회가 성숙한 자본주의사회로 진입했음을 의미하는 것이었고, 따라서 자본주의에 고유한 계급대립이 본격적으로 표출되어 기존의 한국형 사회개발모델이 더 이상 유지될 수 없음을 뜻하는 것이기도 하였다. 주지하다시피 1987년에 분출된 민주화운동과 노동자대투쟁은 개발독재로 표현되는 한국모델의 붕괴를 알리는 역사적인 사건이었으며, 이러한 기층민중의 저항은 기존의 체제 내적인 사회인식틀로는 더 이상 설명될 수 없는 것이었다. 한국사회의 발전 자체가 마르크스주의적 분석틀에 눈을 돌리게 했던 것이다.

말하자면 80년대 사회구성체논쟁은 변화된 한국의 사회구조 및 사회운동세력의 변화된 인식태도를 명시적으로 드러냈다. 한국사회는 체제순응적인 담론이 아니라 반체제적인 담론에 의해서 이해되기 시작하였던 것이다. 이러한 이론의 급진화는 당시의 급박한 사회운동상황을 부채질하였으며, 거꾸로 당시의 혁명적인 사회운동은 행위의 정당성요구를 충족시키기 위해서 이론의 급진화를 필요로 하였다. 그러나 이론과 실천의 이러한 정합성은 90년대 이후 전개된 새로운 상황에 의해서 허구적인 것으로 드러났다. 형식민주주의의 확립과 함께 대중들은 반체제적인 사회운동으로부터 급격하게 이탈하였을 뿐만 아니라 심지어 변혁적인 사회운동에 대해서 적대적인 태도를 보이게 되었다. 이에 따라 체제변혁운동은 대중과 괴리되고 지식인중심의 소수자운동으로 격하되었던 것이다. 이것은 80년대 사회성격논쟁이 대중과 상대적으로 괴리되어 있던 체제변혁운동의 요구에 지나치게 함몰되어 있었음을 보여주는 증거였다. 이런 의미에서 80년대 사회구성체논쟁은 사회를 이해하려는 노력으로서가 아니라 사회운동의 도구로서의 성격을 갖고 있었다는 비판이 제기될 수 있을 것이다. 따라서 사회운동의 지침으로서의 '객관적인' 사회구성체논쟁은 즉각적인 사회변혁의 열기가 가라앉은 오늘날 다시 시작해야 한다는 주장은 일리가 있다고 할 것이다.

사회구성체논쟁을 다시 시작하자는 주장은 두 가지의 함의를 갖고 있다. 첫째, 한국사회의 성격에 대한 80년대 사회구성체논쟁의 '결론'이 잘못되었다는 비판이다. 이른바 신식민지국가독점자본주의라든가 식민지반봉건사회라는 틀이 한국사회의 성격을 올바로 설명하고 있느냐라는 질문이다. 둘째, 사회성격을 분석하는 방법론으로서의 사회구성체론이 현재 한국사회의 분석에 적용될 수 있는가 라는 비판이다. 즉 2000년대 한국이라는 특수한 상황에 적용하기 위한 방법론으로서 사회구성체론을 어떻게 재구성할 것인가의 문제이다. 이 글은 사회구성체논쟁을 다시 시작하자는 주장에 담겨 있는 이러한 요구, 특히 후자의 요구를 공유한다. 왜냐하면 이 글은 한국자본주의의 성격을 제대로 규명하기 위해서는 새로운 방법론이 필요하다는 인식 아래 구체적인 방법론을 모색하는 작업의 일환으로 쓰여지는 것이기 때문이다.

이러한 목적을 수행하기 위해서 이 글은 세 부분으로 구성된다. 첫째 부분은 80년대의 사회구성체논쟁을 논쟁이 진행된 시간적 순서에 따라 간략하게 요약한다. 둘째 부분은 사회구성체논쟁에서 제시되었던 다양한 주장들을 간단히 분류하고 각 입장을 국민경제의 발전과 관련지어 재조명한다. 따라서 이 부분은 사회구성체론으로서 민족경제론의 발전과정을 추적하는 일도 겸하게 될 것이다. 마지막 부분에서는 사회구성체논쟁 및 그에 대한 재평가가 한국자본주의의 성격규명을 위해 어떤 함의를 갖는지를 따져보며, 한국자본주의를 재조명하기 위해서 80년대의 사회구성체논쟁으로부터 무엇을 배울 수 있을 것인가를 결론으로 삼게 될 것이다.

2. 사회구성체론의 역사적 전개과정

사회구성체논쟁의 직접적 계기는 80년 봄과 광주민중항쟁의 경험 및 그에 대한 사회운동진영 특히 학생운동진영의 평가였으며, 학생운동진영은 소시민적 운동의 한계를 극복해야 한다고 생각하였다. 이에 따라 이론과 실천을 옥죄고 있던 체제 순응적 한계를 넘어서려는 작업이 시작되었다. 비합법운동 등 사회적 저항운동의 급진화와 함께 마르크스주의 및 주체사상의 이론체계가 학습된 것은 이러한 체제 순응적 한계를 넘어서려는 다양한 시도들의 하나로 이해될 수 있었다.

이 과정에서 전개된 최초의 논쟁이 1985년 2.12총선 후 민주화운동청년연합 내에서 이루어진 이른바 민주변혁논쟁이었다(박현채 · 조희연, 1989: 18) 흔히 CNP논쟁이라고도 불리는 민주변혁논쟁은 CDR : Civil Democratic Revolution, NDR : National Democratic Revolution, PDR : People' s Democratic Revolution의 영문약자로서 시민혁명, 민족혁명, 계급혁명이라는 세 가지 운동노선을 둘러싼 논쟁을 말하는 것이다. 여기서 시민혁명론은 소시민적 낭만적 운동관이라는 비판을 받은 반면에, 민족혁명론과 계급혁명론은 이후 변혁론의 중심으로 자리잡게 된다.

이와 같은 1980년대 사회운동진영의 인식발전이 학계에 반영되어 심화된 것이 사회구성체논쟁이었다. 사회구성체논쟁이 시작되기 직전까지 당시 학계에서는 근대화론에 대한 비판작업으로서 종속이론이 도입되고 이에 대한 재비판이 진행되고 있었다. 80년대의 사회운동발전에 자극받아 한국자본주의에 대한 비판적 의식이 학계에 광범위하게 공유되고 있었고, 이에 따라 종속이론이 한국사회를 이해하는 새로운 문제틀로 수용되고 있었으며, 새로 학습되기 시작한 마르크스주의적 이론틀과의 비판적 논쟁도 제기되고 있는 상황이었던 것이다. 이러한 맹아적 사회구성체논쟁에 이어서 당시 한국사회의 성격을 규정하는 다양한 입장들이 『창작과 비평』 등 학술잡지에 실리면서 논쟁은 본격화되었다. 그 단초는 1985년 가을에 발행된 『창작과 비평』의 글들, 즉 국가독점자본주의의 입장에서 식민지반봉건론과 주변부자본주의론을 비판하는 박현채의 글과 주변주자본주의론을 주장하는 이대근의 글이었다.

박현채와 이대근의 글이 발표된 이후 국가독점자본주의론과 주변주자본주의론을 둘러싼 논쟁은 학계와 사회운동진영으로 확대되었다. 국가독점자본주의론은 정통마르크스주의입장에서 계급모순을 강조한 이론으로 평가되었고, 주변부자본주의론은 한국의 제3세계적 특수성에 기반하여 민족모순을 강조하는 이론으로 평가되었으나, '쁘띠'적인 후자에 비해서 '정통'적인 전자가 올바른 이론틀로 간주되었다. 하지만 이러한 평가는 이론의 정통성이나 계급성을 기준으로 삼은 것이었다. 왜냐하면 당시의 논쟁에 참여한 이론틀들은 현실에 대한 구체적인 분석에 기반한 것이 아니었기 때문이다. 따라서 논쟁에 대한 이러한 평가에도 불구하고 "정통"적인 국가독점자본주의론은 민족모순 즉 한국자본주의의 종속성을 근거로 하는 주변부자본주의론의 반론을 기각할 수 없었다.

학계에서 독점자본주의론과 주변부자본주의론의 논쟁이 계속되고 있을 때 사회운동진영 특히 학생운동권은 제국주의문제와 종속성문제 등 민족모순을 이론의 핵심전제로 삼는 '민족해방민중민주주의 혁명론' (NLPDR)을 제출한다. 이것은 미국을 어떻게 바라보아야 할 것인가, '제국주의와 파쇼체제의 관계'를 어떻게 바라보고 대응해야 하는가, 그리고 궁극적으로는 사회변혁과 남북통일의 관계를 어떻게 이해해야 하는가 라는 문제를 고민하면서, 민족해방을 중심과제로 설정하고 있었다(박현채·조희연, 1989: 321 이하) 이에 따라 학생운동권에서는 북한에 대한 재평가가 이루어지고 북한은 남북한 전체변혁운동의 핵심주체로 격상되기도 한다. 이들 논의에 따르면 민족해방투쟁의 정통성은 북한에 있으며 한국전쟁은 미국의 도발에 맞서 미제타도와 완전한 민족해방을 위해 수행된 민족해방전쟁이다. 또한 남한은 북한과 별개의 사회구성으로 고착된 것이 아니라 해방전의 사회성격을 온존시키고 있는 미해방지역, 즉 '식민지반봉건사회'이다.

학생운동에서 제기된 식민지반봉건사회론이 학계논쟁으로 확산됨에 따라 사회구성체논쟁은 식민지반봉건사회론과 신식민지독점자본주의론으로 불리는 이론적 대립구도로 전환되는데, 좁은 의미의 사구체논쟁은 바로 이 두 입장사이의 논쟁을 일컫는 것이었다. 식민지반봉건사회론은 제국주의적 자본주의사회와 이의 지배를 받는 자본주의사회의 질적 차별성을 강조하고 후자를 분석할 경우에는 민족모순을 중심에 놓고 분석해야 할 뿐만 아니라 제국주의에 의해 추동되는 형식상의 자본주의적 성장이 본질적으로 '반봉건성'을 변화시키지 못한다고 주장한다. 이러한 '식민지반봉건사회론'을 학계에 공식적으로 제출한 것은 1986년 한신학보에 실린 정민의 글이었다. 이에 대해서 신식민지독점자본주의론은 한국사회의 종속성은 '식민지성'과 구분된다는 의미에서 '신식민지성'을 주장하고, 신식민지에서는 자본주의가 발전되므로 궁극적으로는 반봉건성이 해소될 뿐만 아니라 국가독점자본주의로까지 발전된다고 주장한다.

학계의 논의에서 식민지반봉건사회론은 커다란 호응을 받지 못했는데, 그 이유는 학계논쟁이 초기단계부터 한국사회가 자본주의사회라는 것을 전제했기 때문이었다. 그러나 그럼에도 불구하고 식민지반봉건사회론은 학계에서도 한국자본주의의 종속성을 강조해야 한다는 인식을 확장하였다. 따라서 식민지반봉건사회론은 초기의 국가독점자본주의론이 '신식민지국가독점자본주의론'으로 발전되는 데에 기여한 셈이다. 학계에서 초기 국가독점자본주의론을 신식민지국가독점자본주의론으로 전환시키는 데에 큰 몫을 한 이는 윤소영과 이진경이었다. 전자는 박현채의 국가독점자본주의론을 자본주의발전의 역사적 관점으로 해석하면서 현실상황에서의 재해석을 논의했고, 후자는 사회구성체론 자체의 방법론적 재검토를 통해서 기존 주장들의 이론적 불철저성을 비판하였다(박현채·조희연, 1989: 497). 어쨌든 학계에서 다수의 지지를 받은 신식민지국가독점자본주의론이 상당한 수준의 내적인 정합성과 논리적 완결성을 보였던 반면에 식민지반봉건사회론은 사실상 민주주의혁명론으로서 더 실천적이었다. 식민지반봉건사회론은 넓게 봐서 마르크스주의의 문제틀에 포함된다고 할 수 있겠으나 일반적인 마르크스주의이론틀을 벗어나 있었다. 예를 들어 식민지반봉건사회론은 국가와 행위자의 능동적인 역할을 강조하면서 자본주의발전법칙보다는 미국과 북한의 정치적 역할 등 민족모순에 주목하고, 변혁운동의 주체는 광범위한 계급연대를 통해 형성되어야 한다고 주장한다. 반면에 신식민지국가독점자본주의론은 이른바 정통마르크스주의의 입장을 따라 계급적 입장에 충실하다. 따라서 남한사회에서의 계급모순을 중심에 두고 나머지 변수들을 배열하는 입장을 취하고 있는 것이다.

식민지반봉건사회론과 신식민지국가독점자본주의론으로 대별되던 논쟁구도는 1987년 제6공화국이 성립되면서 새로운 국면을 맞게 된다. 이것은 한편으로는 이 시기에 소련과 동구의 사회주의블럭이 해체되고 공산국가들이 시장경제로 이행하면서 기존의 마르크스주의적 문제틀의 현실성에 의문이 제기되었기 때문이었고, 다른 한편으로는 괄목할만한 성장을 이룬 당시의 한국자본주의현실에서 비롯된 것이었다. 한국자본주의는 동구와 구소련에 직접투자와 차관을 제공하는 등 후발 제국주의의 모습마저 보이고 있었고 세계 학계에서는 '동아시아의 기적'에 관한 논의가 활발해지고 있었다. 이에 따라 두 입장 모두를 비판하면서 한국자본주의의 발전가능성과 개혁가능성을 인정하는 중진자본주의론과 사회민주주의론이 제기되기 시작하였다. 이로써 한국사회에서 자본주의 발전이 이루어지고 있느냐 또는 이루어질 수 있느냐를 둘러싸고 벌어졌던 논쟁은 한국자본주의의 종속성이 심화되고 있느냐, 약화되고 있느냐의 논쟁으로, 즉 신식민지국가독점자본주의론과 중진자본주의론 또는 혁명론과 개량론의 대립구도로 전환된다(박현채·조희연, 1991: 283). 그러나 1990년대 들어 마르크스주의문제틀 그 자체를 문제삼는 포스트담론이 등장하면서 사회구성체논쟁은 한국사회 또는 한국자본주의의 성격을 규명하려던 당초의 목표를 달성하지도 못한 채 사실상 중지되고 만다. 사회이론으로서의 사회구성체론은 지나치게 추상적인 몇 가지 명제에 얽매어 있었기 때문에 90년대 이후 전개된 현실사회의 다양한 지배관계와 이해관계의 대립을 해명할 수 없다는 결정적 약점을 가지고 있었다. 다른 한편, 운동론으로서의 사회구성체론은 변화하는 요구에 부응하지 못하고 노동운동과 괴리되면서 대중으로부터 외면당하게 되었다.

3. 사회구성체론의 재평가

드러난 논쟁구도만으로 볼 때 사회구성체논쟁은 한국사회에서의 계급문제와 한국경제의 대외종속문제를 둘러싸고 전개된다. 그러나 실제로 중심이 되었던 것은 국민국가로서 한국의 경제가 정치적 독립에 걸맞도록 자립적인가, 또 자립적일 수 있는가의 문제였다. 다시 말해서 일반적인 자본주의분석이 자본주의를 구성하는 계급들의 관계에 논쟁의 초점을 집중시키는 것과 달리 1980년대를 통틀어 문제가 된 것은 한국자본주의의 종속성 즉 민족모순이었다. 예를 들어 초기 사회구성체논쟁의 두 입장을 보자. 국가독점자본주의론과 주변부자본주의론 사이의 논쟁은 계급모순을 강조하는 이론과 민족모순을 강조하는 이론 사이의 대립으로 보이지만, 국가독점자본주의론을 주장한 박현채의 문제의식은 사실상 계급모순 그 자체보다는 한국자본주의도 보편적인 마르크스주의이론틀로 분석될 수 있다는 것, 즉 한국경제도 보편적인 자본주의경제발전의 경로를 가고 있다는 것을 강조하는 데에 있었다.[1]

이러한 '민족경제론'의 입장은 한국자본주의의 발전과 자립적인 민족경제를 양립할 수 있다고 보는 지배계급의 민족주의적 입장과 모순되지 않는 것이며, 이러한 민족주의적 전제는 식민지반봉건사회론과 신식민지국가독점자본주의론의 대립에서도 양자 모두에서 그대로 유지되고 있다.[2] 주변부자본주의론이나 식민지반봉건사회론은 물론이요 국가독점자본주의론이나 신식민지국가독점자본주의론과 같이 보편적인 이론틀로서의 자본주의론을 강조하는 이론들도 계급모순보다 오히려 민족모순에 그 강조점을 놓는 상황은 이론들의 민족주의적 가치지향을 통해서만 이해될 수 있는 것이다. 다시 말해서 사회구성체논쟁이 종속성과 자립성이라는 민족모순에 논쟁의 초점을 맞추는 것은 해방 이후 근대적인 민족국가를 수립하려는 민족주의적 열망이 뜻하지 않은 남북분단으로 좌절됨에 따라 그 열망이 민족경제에 대한 관심으로 전이되어 왔던

---

1) "종속이론의 주변부자본주의론 그리고 식민지반봉건사회론이 이론적 타당성이 결여되고 종속이론 그 자체가 경제이론으로서 완성되기도 전에 급속히 소멸과정에 들어섰음에도 불구하고 우리 사회에서는 사회과학 연구에 있어서 한국적 상황과 결합하여 상술한 것과 같은 사회구성체 이론이 우리 사회의 성격 그리고 발전단계를 밝히는 이론적 기준으로 쓰여지고 있다"(박현채·조희연, 1989: 227). 인용문에 나타나듯이 박현채는 식민지성이나 주변부성이라는 한국의 역사현실을 부정하는 것도 아니며 오히려 종속성의 해명은 그의 이론에서 일관된 목표였다.

2) "이것이 바로 민족경제론과 국독자론의 결합에 의한 민족경제론의 '합리적 핵심'의 추출을 이론적으로 근거지우는 신식국독자론이라는 우리의 정식화의 내용이다"(박현채·조희연, 1989: 614).

상황, 즉 개발독재를 가능하게 했던 후발 독립국의 대중정서와 무관하지 않은 것이다.

해방 직후 강력한 사회통합이데올로기로 기능하던 우리나라의 민족주의는 남북분단이라는 상황을 헤쳐나가지 못함으로써 좌초하는 것처럼 보였다. 그러나 분단을 통해서 좌절되었던 민족주의는 1960년대 이후 자립경제의 건설이라는 열망을 통해서 되살아난다. 이것은 한편으로는 개발독재를 통해서 정치적 안정을 도모하려던 군부의 지배이데올로기로 기능하기도 했지만 다른 한편으로는 한국경제에 대한 비판의 근거로 기능하기도 하였다. 이와 같이 지배와 저항의 담론이 똑같이 민족주의에 근거를 두었다는 것은 지배세력과 저항세력이 표면상의 갈등에도 불구하고 쉽게 통합될 수 있다는 것을 의미하는 것이었다. 지배세력과 저항세력이 자립적 국민경제의 수립이라는 동일한 목표를 추구하는 경우 사회적 갈등은 체제내적인 수준에 머무를 수밖에 없는 법이다. 따라서 목표달성에 심각한 장애가 드러날 경우에만, 그것도 목표달성을 위한 수단의 선택이라는 한정된 범위 안에서만, 사회적 갈등이 표면화될 수 있을 뿐이었다. 이런 의미에서 개발독재를 정당화했던 1960년대의 근대화론과 이를 비판했던 1970년대의 민족경제론은 사실상 자립경제의 수립이라는 동일한 목표를 추구하고 있었다고 할 수도 있을 것이다. 그것은 사실 역사가 규정해 놓은 한계이며 동시에 대중의 요구이기도 했다. 실제로 민족경제학은 제2차 세계대전 이후 전개된 새로운 세계질서 속에서 신생독립국들이 어떻게 국민경제를 건설하느냐에 관한 연구에서 그 기원을 찾을 수 있는 것으로서 근대화론은 물론이요 마르크스주의 정치경제학에서도 연구되고 있던 주제였던 것이다(양우진, 1994).

분단 이후 남한에서 민족경제에 관한 문제의식은 경제개발계획에 따라 국민경제가 어느 정도 모습을 갖추게 된 1970년대 초반에 고도성장으로 드러난 문제를 비판하는 형식으로 표면에 드러나게 된다. 유인호, 조용범, 박현채에 의해서 주도된 이 작업의 결론은 경제개발계획에 따라 고도성장이 이루어졌음에도 불구하고 '경제적 민족주의' 즉 민족경제는 완성되지 않았다는 것이었다. 특히 박현채는 경제적 자립을 국민경제의 재생산조건을 스스로의 힘으로 장악하는 것으로 정의하고, 70년대 한국 경제의 공업구조는 국내적 분업관련이 없으며, 지속적 외자 도입으로 투자자금을 마련하는 등 재생산조건이 민족구성원에 의해 장악되고 있지 못하다고 비판하였다. 다시 말해서 경제성장은 한국경제의 상대적 자급자족체계를 달성하지 못했으므로 경제의 자립화가 아니라 종속화를 심화시켰을 뿐이라는 것이었다. 이러한 민족경제학의 입장은 1980년대 사회구성체논쟁에서도 그대로 반영되어 논쟁의 중심과제를 종속성으로 설정하게 만든다. 대부분의 논자들이 독재정권이 대외의존적 경제를 강화했다는 점과 국민경제의 대외종속성이 독재정권의 기반이 된다는 점을 비판하는 것이다. 그러나 경제적 민족주의의 입장에서 이루어지는 이러한 비판은 한국자본주의가 세계체제에서 괄목할만한 지위를 차지하게 되는 1990년대 이후 그 근거를 잃어버리게 된다. 사회구성체논쟁의 말미에 나타나는 중진자본주의론은 바로 이러한 현실상황을 반영하고 있는 것이다(양우진, 1994). 다시 말해서 한국경제가 제3세계적 속성을 벗고 중심부적 속성마저 띠게 되면서부터 종속성문제는 그 자체만으로는 설정될 수 없는 문제의식이 되는 것이며, 1997년의 이른바 IMF위기 상황이 빚어낸 종속문제의 재조명도 이러한 흐름을 바꾸어 놓지는 못하게 된다.

사회구성체논쟁의 밑바닥에 민족주의적 열망이 깔려있었다는 것이 왜 문제인가? 주지하다시피 마르크스주의의 기본적인 문제의식은 자본주의사회에서 벌어지고 있는 계급투쟁에 관한 것이다. 그럼에도 불구하고 사회구성체논쟁은 한국자본주의의 특수성을 계급관계의 특수성 다시 말해서 분단 및 제3세계적 조건에 의해 규정된 계급관계의 특수성으로 이해하려고 하지 않았다. 민족주의의 열망에 따라 계급모순보다 민족모순이 강조되었고, 이에 따라 한국자본주의의 특수성은 국민경제의 대외종속성 그 자체에서 찾아졌던 것이다. 이런 의미에서 마르크스주의적 분석틀을 도입했음에도 불구하고 이들의 문제의식은 자립적 민족경제의 건설이라는 자본가계급의 문제의식과 본질적으로 다르지 않았다고 할 수 있다(양우진, 1994). 이것은 한국자본주의가 제국주의적 속성을 띠게 되는 1990년대에 이르러 사회구성체논쟁이 소멸해버리는 중요한 이유가 된다. 그뿐이 아니다. 앞에서 지적했듯이 1980년대 사회구성체논쟁은 그 전개과정에서 이론이 운동의 지침으로 기능하기보다 도리어 운동의 도구가 되었다는 비판을 받아왔다. 또한 사회구성체논쟁 과정에서 제출된 다양한 이론들은 1990년대의 변화된 현실을 예측하지도 설명하지도 못했으며, 한국자본주의에 대한 이론적 분석능력을 제고하는 데에도 기여하지 못했다는 비판을 받아 왔다. 이것은 역사현실에 기반하되 역사로부터의 거리 두기를 통해 충분한 일반화를 수행해야 할 학계가 현실과 밀착된 '이론적 실천'에 빠짐으로써 사회운동진영 또는 대중으로부터 오는 계급적, 민족적 요구를 객관적 맥락에서 이론화하는 데에 실패했던 데에서 기인한다고 할 것이다. 즉 통제할 수 없을 만큼 급박했던 1980년대의 현실상황에도 그 원인이 있지만, 독립성이 결여되어 있는 우리나라 학문세계의 일반적 현실, 즉 현실세계에 대한 학문세계의 종속성에 더 큰 원인이 있는 것이다.

4. 소결

1980년대 사회구성체논쟁을 재평가하면서 제일 먼저 드는 의문은 치열했던 논쟁이 제대로 된 결론도 남기지 않은 채 순식간에 소멸해버린 이유가 무엇인가이다. 앞에서 지적했듯이 그것은 이론이 현실변화를 설명하지 못했기 때문이라고 할 수 있을 것이다. 그렇다면 사회구성체논쟁이 현실적합성을 상실하게 된 이유는 무엇일까?

이를 조희연은 다음과 같이 분석하고 있다(조희연, 1998: 129-134). 첫째, 사회구성체논쟁은 실천으로부터 괴리되어 있는 보수학계를 비판하고 연구와 실천을 결합해야 한다는 문제의식에서 시작되었지만, 논쟁이 전개되면 될수록 '이론을 위한 이론'이 되거나 이론적 실천을 혁명적 실천과 동일시하는 '실천적 자폐성'이 강화되었다. 다시 말해서 구체적인 현실에 대한 구체적인 분석이라는 것은 구호일 뿐이었고, 실제로는 '뼈만 있고 살은 없는' 관념적 비역사적 논쟁이 지속되었다. 둘째, 현실을 이론화하려는 능력이 부족했거나 그에 대한 노력이 부족한 결과 '정통'의 권위에 의존하는 경향이 강했다. 다시 말해서 이론의 진위는 현실에 의해서가 아니라 정통주의와의 친소에 의해 판명되는 경향이 강했다.

다른 한편 양우진은 사회구성체논쟁의 중심을 이루었던 민족경제학 자체가 민족주의 즉 부르주아이데올로기에 함몰되어 구체적인 계급분석에 소홀했던 것이 90년대 이후의 사회적 변화를 설명하지 못하게 된 원인이며, 이러한 현실적합성의 상실이 사회구성체논쟁의 급작스런 소멸의 원인이라고 말한다(양우진, 1994). 앞에서 언급했던 것처럼 한국자본주의의 특수성을 계급관계의 특수성에서가 아니라 국민경제의 특수성에서 찾은 결과 1990년대 이후 문제의식 자체가 소멸해버린 것이 사회구성체논쟁의 소멸원인이라는 것이다. 그러나 그것은 또 하나의 추상적 진단일 뿐이다. 계급분석을 전면에 내세운 쪽 역시 이론을 구체화하지 못한 채 소멸하고 말았기 때문이다.

1980년대 후반의 사회구성체논쟁은 현실을 설명하지 못하고 있는 기존의 이론체계를 극복하기 위해서 그 동안 금기시 되어왔던 이론체계를 동원하여 한국자본주의라는 현실에 대한 설명을 시도한 것이었다. 그러나 의도와는 달리, 그리고 자신들이 비판했던 기존의 보수적인 이론들과 마찬가지로 현실은 없고 이론만 양산한 결과를 초래하고 말았다. 그렇다면 사회구성체논쟁에 대한 지금까지의 반성적 재평가에서 배울 점은 무엇인가?

2000년대 한국의 현실에서 IMF의 처방전에 따른 정부의 정책은 이른바 신자유주의적 개혁의 문제점을 여실히 드러내고 있다. '종속성'이라는 명칭이 함축하는 협소한 실천적 지침, 즉 대외관계의 절연을 통한 탈자본주의화 전략은 분명 현실적이지 못하지만 종속, 또는 세계화의 문제의식조차 버릴 수는 없다. 여기서 우리는 사회구성체 논쟁의 문제의식을 되살려야 할 당위성을 찾는다.

'독점성'의 문제 역시 마찬가지이다. 한국자본주의 위기의 내적 원인은 바로 재벌에 의한 독점, 그리고 그들의 축적양식에 있기 때문이다. 다만 우리는 여기서도 독점성의 지양이 이미 소멸해 버린 국가사회주의가 아니라는 점을 받아들여야 할 것이다. 결국 한국사회구성체 논쟁은 올바른 문제의식에도 불구하고 국가사회주의라는 미래상, 그리고 그것과 맞물려 있는 추상적인 자본주의 비판을 한국에 적용하는 데 그쳤다는 한계가 있다. 추상적인 미래상이 치열한 문제의식을 뒤덮어 결국 추상적인 현실의 분석, 또는 재단에 그치게 한 것이다. 거기에 이르기만 하면 모든 문제를 해결할 수 있을 것처럼 보였던 국가사회주의의 몰락이 치명적이었던 것은 바로 이 때문이다.

추상적인 미래상은 이론의 발전에도 커다란 걸림돌이 되었다. 자본주의적 시장을 사회주의적 국가로 대체하면 모든 문제가 해결될 것으로 전제했기 때문이다. 실제로 혁명에 성공한 대중의 열기, 즉 성공적인 동원은 한동안 사회체제의 전환을 큰 비용없이 처리하게 마련이지만 그 동원이 자발성을 잃고 강제의 성격을 띠게 되어 행동의 동기를 잃게 되면 체제는 위기에 빠질 수밖에 없다. 사람들의 개인적 동기가 얽혀 있는 구체적인 사회제도의 분석, 이른바 중범위 이론의 필요성이 여기에 있다. 사회발전을 위해서 대중을 끌어모으기 위해서도, 또 새로운 체제의 재생산을 위해서도 사회제도의 이론과 현실 분석이 필수적인 것이다.

제3장

역사-제도주의적 방법론

1. 새로운 시각의 필요성

1장에서 보았듯이 신고전파이론은 수많은 인적 자원과 물적 자원이 투입된 결과 구체적인 현상을 따로 떼어 분석하는 데 뛰어난 성과를 거두고 있으나 국민경제 전체나 동아시아현상과 같은 거시역사적 분석에는 한계를 여지없이 드러냈다. 또한 국내 정치경제학계의 사회구성체 논쟁은 현실의 복잡함을 몇 가지의 명제로 단순화함으로써 실제의 현실적 변화를 시야에서 놓치고 말았고 결과적으로 실천적 학문이라는, 정치경제학 고유의 장점도 상실하고 말았다(2장).

우리는 세계은행이 펴낸 『동아시아의 기적』에 주목했다. 스티글리츠(Stiglitz)의 정보경제학과 거래비용 경제학 등 이른바 신제도주의 경제학을 의도적으로 응용한 이 저작은 동아시아의 조정 메커니즘을 명쾌하게 드러냈다는 점에서 기존의 논의를 한 단계 높인 것이었다. 그러나 그들은 동아시아의 제도배열의 순기능만 보았을 뿐 그 안에 담겨 있는 모순에 대해서는 눈을 감았다. 그러한 문제점은 "모든 제도는 효율적이기 때문에 존재하는 것"이라는 윌리엄슨(Williamson)식의 사고에서 벗어나지 못했다는 점을 보여준다.

신고전파, 정치경제학, 그리고 신제도주의 경제학에 이르기까지 기존의 논의가 몇가지 쟁점이 되는 명제를 둘러싸고 예단(예컨대 신고전파는 시장의 힘, 발전국가론은 국가의 능력, 신제도주의 경제학은 순기능의 조정 메커니즘)을 증명하는데 힘을 쏟음으로써 부분적 현상을 밝히는 데 '성공' 했다고 할지라도 현실 역사의 역동적 진행이 바로 그 '성공' 을 부정하는 것을 목격하였다(1장).

이러한 상황을 극복하기 위하여 우리는 잠정적으로 이 연구가 기댈 방법론을 역사제도주의(historical institutionalims)라고 이름 붙인다. 그러나 여기서는 제도주의 일반의 문제에 관해서 논의하지는 않는다. 다만 어떻게 국민경제를 체계적으로 인식할 것인가, 동시에 같은 방법론으로 체제의 이행을 어떻게 분석할 것인가라는 문제의식과 관련하여 제도주의의 몇 가지 측면을 정리해 둔다. 즉, 여기서 논의하는 것은 국민경제를 인식하는 데 필요한 제도주의적 접근방법이다.

"자본주의 국민경제라는 정치-경제 공간은 땅(자연), 노동력, 화폐라는, 원래 의미에서는 비상품일 수밖에 없는 대상을 의제상품화(Polanyi, 1975)함으로써 성립한다. 이를 통해서만 사회의 구성원리를 시장 메커니즘이라는 하나의 원리로 정의할 수 있기 때문이다. 이들 대상이 정치적으로 제도화되는 방식은 시대별, 나라별로 특수하기 때문에 이 제도화 방식을 기준으로 자본주의 나라들간의 구별, 역사적 시기 구분을 할 수 있다. 또한 우리는 이러한 제도에 조응하는 요소들의 동원(mobilization) 메커니즘을 상정할 수 있는데 이것을 통해서 각종 제도의 차이가 실제로 경제를 운용하는 모습을 그려낼 수 있을 것이다"(정태인, 1995: 259).

1) 시장, 국가, 제도

시장이란 낱말은 학계에서조차 갖가지 의미로 쓰이고 있다(Boyer

1996). 대충 짚어 보아도 원래 말뜻 그대로의 시장(marketplace), 국가와 대립되는 의미에서의 시장, 조직(hierarchy)과 대립되는 의미에서의 시장, 경제학 교과서에 나오는 자원배분 메커니즘으로서의 시장 등 아주 다양하며 이로 인해서 여러 가지 혼란이 야기되고 있다. 어느 경우든 시장이라는 말이 이데올로기적으로 쓰일 때는 국가에 비해서, 또는 조직에 비해서 효율적이라는 관념을, 적어도 비교의 기준이라는 것("태초에 시장이 있었다")을 때로는 명시적으로 때로는 은연중에 담고 있다. 후생경제학 제1, 2명제에 어떻게든 선을 대고 있는 이러한 관념은 전통적인 시장실패이론에서 뿐 아니라 정보경제학에 의해서(유사외부성효과, externality-like effect) 이미 붕괴되었으므로(Stiglitz, 1995: 3, 4장) 여기서 재론할 필요는 없다. 그러나 우리는 매일 시장에서의 교환을 통해 생활을 영위하며 가격의 움직임에 반응하고 있다. 즉 일상에서 수요-공급이 가격에 의해 상당히 안정적으로 조정되고 있는 것이다. 이러한 시장 없이 어찌 경제를 영위할 수 있으랴. 별 대안이 보이지 않는다. 명료하게 다가오는 일상의 경험과 복잡한 수학모델의 지극히 추상적인 결론이 결합함으로써 시장은 환상적인 그 무엇이 된다. 여기에서 우리는 이론이라는 안경을 벗고 맨 눈으로 현실의 시장을 들여다 볼 필요가 있다.

1997년 12월 5일 한국의 외환시장은 5분만에 문을 닫았다. 문을 열자마자 달러 매입 주문이 몰려들어 5분만에 당시의 환율변동 상한을 넘어버렸기 때문이다. 가히 신속한 조정이라 할 만했다. 달러의 가격이 올라가리라고 예상하면 달러에 대한 수요가 는다. 수요가 느는데 공급은 어떠한 이유로든 제약되어 있으면 당연히 가격은 상승한다. 앞의 예상이 맞았으므로 더 올라가리라는 예상은 더욱 널리 퍼지고 사람들이 떼거리로 몰려들기 때문에(herding behavior) 가격은 또 올라간다. 서로 서로 부추기면서 가격 폭등 혹은 폭락을 낳는 이러한 시장 상황을 자기충족적(self-fullfilling), 혹은 자기강화적(self-reinforcing)이라고 부른다. 이것이 고전적인 네델란드의 백합뿌리 가격 이야기, 케인즈의 미인대회론이 설명하려고 했던 것이다. 모든 상품이 투기의 대상이 될 수 있다. 1997년 12월 한국의 수퍼마켓에서 휴지, 밀가루, 설탕은 동이 나고 가격이 폭등했다. 평소에는 이러한 상품들의 가격상승 기대율은 0에 가까웠을 것이다. 또는 달리 설명하면 오르리라고 생각하는 사람과 내릴 것이라고 생각하는 사람들이 비슷비슷해서 전체적으로 가격은 안정적으로 유지되었다고 할 수도 있을 것이다. 그러나 가격이 어떠한 이유에서든 어느 정도의 범위를 넘어서게 되면 당장 자기충족적 행위는 발생하게 된다. 결국 우리가 흔히 알고 있는 수요-공급곡선의 모습은 어떠한 가격 수준, 경제학자들이 이야기하는 이른바 균형가격 주위에서만 맞아 떨어지고 그 범위를 벗어나는 순간 하이드씨처럼 되는 것이다. 비유하자면 시장이란 옛 사람들이 상상한 평평한 지구의 모습이다. 어느 정도 항해해 나가면 세상의 끝이 나오고 거기서부터는 폭포, 말하자면 투기적 영역인 것이다.

시장이 자원을 배분한다고 할 때 일반인이 떠올리는 것은 바로 평평한 영역이다. 물론 자기강화 현상도 시장의 조정이다. 그러나 평평한 영역 바깥에서의 삶은 투기와 불안에 휩싸여 있으며 자본주의 이데올로기가 은연중 선전하는 안정적인 균형 상태는 아니다. 평평한 영역이란 사람들의 기대가 일정한 범위 안에 머물러 있는 상태이며 그것은 제도와 관습에 대한 신념, 혹은 무관심(격양가를 부르는 농민은 황제를 알아보지 못한다)의 영역이다. 물론 시장 가격의 안정 영역과 불안정 영역이 제도의 안정성 여부와 바로 일치하는 것은 아니다. 전자는 원리론에 해당하는 이야기이고 후자는 역사/제도론의 영역이다. 자본주의는 원리상 주기적으로 불안정 영역으로 치닫는 사회체제이다. 이윤은 평평하지 못한 굴곡에서 발생하기 때문이다. 흔히 상인 및 기업가는 이러한 굴곡을 메꾸는 존재로 예찬된다.[1] 즉, 현재 자원이 어떠한 상태에 놓여있는지에 관한 정

1) 하이예크를 비롯한 신오스트리아 학파(Hayek, 1996; Kirzner, 1990)를 참조하라. 그리고

보를 전달하거나 그를 이용한 생산활동을 함으로써 경제 각 주체의 수요와 공급을 연결하는 것이 그들의 역할이라는 것이다. 이러한 그림도 다시 평평한 상태로 돌아가는 어떠한 균형상태를 상정하고 있음에 틀림없다.[2] 실제 자본주의의 역사를 보면 안정적인 국면과 불안정한 국면이 차례로 교차한다는 것을 알 수 있다. 자본주의 이데올로그들은 안정적인 국면을 시장이 제대로 기능하는 기간, 그리고 불안정적인 국면은 어떤 제도, 특히 국가가 시장을 억눌러서 가격이 제 역할을 하지 못하는 기간에 대응시킨다. 뭔가 부드럽게 연속적으로 조정되어야 할 것이 막혀 있었기 때문에 단숨에 조정된다는 것이다. 따라서 불안정한 국면이 되면 오히려 시장 기능의 회복을 외치는 것이다. 현재의 신자유주의 공세가 그러하다.

우리는 정반대의 견해에 따른다. 안정적인 역사 국면은 제도와 관습에 사람들이 익숙해서 자기들의 행위에 어떠한 보상이 따를 것인가에 대해

아글리에타(Aglietta)가 시장은 상인이라고 정의할 때, 상인의 역할이 바로 굴곡을 없애는 것이다. 전라도의 술값이 경상도보다 비싸다면 경상도 술을 사와서 전라도에서 팔면 된다. 어느 덧 가격의 대지는 평평해진다. 그러나 기업가들은 굴곡 자체를 만들어내기도 하고 일단 만들어진 굴곡을 유지하려 한다. 굴곡은 초과이윤, 혹은 최근 경제학에서 사용하는 의미에서의 지대(rent)를 의미한다. 신기술의 발명이 굴곡 자체를 만들어내는 것이라면 독점은 그 굴곡을 유지하려는 시도이다. 굴곡을 만들어내는 힘 자체가 굴곡을 유지하려는 힘이라는 사실에서 이 둘을 조화시키려는 시도가 발생한다. 특허권을 둘러싼 논쟁은 이러한 상황을 잘 보여준다. 신고전파 경제학은 초과이윤의 체계적인 소멸을 가정하여 효율성을 논하지만 실제 자본주의적 기업은 초과이윤의 발견과 유지에 온 힘을 기울인다. 자본주의 이데올로그들이 흔히 설파하는 자본주의의 창의성(=초과이윤의 발견)과 경쟁에 따른 전파(=초과이윤의 소멸)라는 미덕은 서로 대립적이며, 이들의 모순적 공존이야말로 자본주의의 현실이다.

2) 물론 신속하게 조정되는 안정적인 균형상태를 상정하는 일반균형론을 오스트리아학파는 비판한다. 그들에게 경제란 끊임없이 변화하는 존재이며 그러한 변화야말로 자본주의의 생명이기 때문이다. 그러나 이들에게는 산업순환의 관점이 없다. 비유하자면 물이 부글부글 끓는 현상에 주목하지만 이들은 물이 한 순간에 수증기로 변화해버린다든가 하는 꺾임점을 인정하지 않는다.

그다지 의심하지 않는 시기이며 제도간에 어느 정도의 정합성이 존재하는 시기이다. 불안정의 시기는 제도간 불일치, 사람들의 행위 유형의 붕괴가 나타나는 시기이다. 기존 제도가 비난의 대상이 되고 시장을 둘러싼 제도의 공백상태가 일어난다. 시스템의 붕괴는 한 부문에서 가격이 불안정 영역에 들어가고 그것이 연속해서 다른 부문의 불안정을 초래하는 것으로 나타난다. 이 과정에서 사회적 가치가 심각하게 훼손된다. 제도를 둘러싼 계급투쟁이 격렬하게 일어나는데 특히 국민경제를 구성하는 특수상품인 노동, 화폐, 자연이 그 주요 대상이 된다. 즉, 폴라니(Polanyi, 1975)가 이미 밝힌 대로 시장이라고 하는 특수한 인간간의 교류 양식(민정우, 1986)은 수많은 제도와 연결해서만 존재하며 그 제도가 서로 맞지 않아 삐그덕 거리고, 제도에 대한 신념이 붕괴될 때 아주 불안정한 국면이 연출되며 그러한 상태에서 시장은 파멸적인 역할을 한다. 현실에 존재하는 시장은 이러한 제도 체계와 관련해서만 기능할 수 있다. 이것은 현재 풍미하고 있는 신자유주의적 시장경제 이론과는 정반대의 인식이다. 국민경제라는 시야에서 볼 때 특수 상품을 둘러싼 제도는 결정적으로 중요하다. 원래 상품이 될 수 없는 것을 상품으로 만들었기 때문이다. 폴라니는 노동, 화폐, 토지의 상품화를 의제(擬制)라고 한다. 이들 상품의 가격을 둘러싸고 분쟁이 끊이지 않는 것도 그 때문이다.[3]

이러한 제도는 적극적이든, 소극적이든 사회적인 합의, 혹은 수용의 산

---

3) 경제학에서 노동의 상품화는 대단한 논란 거리이다. 마르크스의 해결은 너무나 유명하다. 노동력을 상품으로 놓고 이 특수 상품의 특징으로부터 착취를 이끌어낸 것이다. 그렇게 해서 자본주의 사회의 본질을 단숨에 밝혀 낸 것이다(이것이 마르크스가 착취를 논증하기 직전에 "여기가 로두스 섬이다. 뛰어 올라라!!" 라고 일갈한 이유이다). 그 다음부터의 진술은 사실상 주류경제학과 다를 바 없다. 그러나 자본주의 사회가 그러하다는 것과 거기에서 실천의 전술을 끄집어내는 것은 다른 이야기이다. 노동자는 착취 당하는 상품의 소유자로서만 처신해야 하는가, 아니면 그것을 거부하는 인간으로서 처신해야 하는가? 후자가 물론 정답이지만 경제학은 전자의 범주에 대해서만 해답의 실

물이기 때문에 국가가 중요한 배역이 된다. 국가는 시장실패를 언제라도 해결할 수 있는 전지전능한 존재도 아니고 하나의 바위덩어리처럼 수미일관한 조직도 아니다.[4] 총자본의 이익이라는 정의하기 어려운 이해관계를 일방적으로 관철시킬 능력도, 의도도 선험적으로 가정할 수는 없다. 최소한으로 국가에 귀속시킬 수 있는 것은 근대 국가가 사회로부터 위임받은 공권력의 행사자라는 점일 것이다. 따라서 국가는 공권력을 둘러싼 계급투쟁의 공인된 마당이다. 물론 자본주의 사회에서의 불균등한 권력관계를 외면해서는 안되며 이러한 의미에서 국가는 중립적인 존재가 아니다. 문제는 이러한 권력관계의 내용이며 이에 따라 제도체계의 내용이 결정된다.

모든 제도는 관련 이해 집단간의 갈등과 타협의 산물이다. 부분적 제도들이 배열되어 전체 제도, 즉 체제(system)를 이룬다. 체제의 안정성은 구성 집단들의 이해관계가 어느 정도나 조정될 수 있는가에 달려 있다. 부분 제도들간의 보완성이 높으면 전체 체제의 효율성은 높아지며 이해 집단간의 갈등은 완화될 수 있다. 국가는 이러한 제도 배열을 결정하는 장이며 또 일단 결정된 제도배열의 관리자이다. 제도의 결정과 관리는 공권력 행사의 중요한 일부분인 것이다. 이러한 관점에서 보면 전통적인 국가 대 시장이라는 대립은 새롭게 해석되어야 한다. 자본주의 사회에서 시장이라는 역사적 교류양식은 물론 특권적 지위를 차지한다. 그러나 그것은 각 나라의 국민경제에 나타나는 제도배열에 따라 특수한 형태를 지니며 이에 따라 일반적으로 시장경제라고 분류될 수 있더라도 각국의 축

마리를 제공한다. 그것도 아주 애매하다. 왜냐하면 정당한 착취의 정도(임금수준)란 존재할 수 없기 때문이다. 가격론의 차원에서만 본다면 '시장에서 결정되는 수준'이라는 데 저항할 길이 없다. 생존비 개념을 들고 나와도 마찬가지이다. 어느 상품도 생산비=가격이 아니기 때문이다. 그리고 이러한 개념들은 모두 균형가격을 전제로 하고 있는 데서 이론적 문제를 안고 있다.

4) 경제학상에 나타난 국가이론에 관해서는 Chang(1994: 3장) 참조.

적의 메커니즘은 상이하게 나타난다. 따라서 통속적으로 성장률이라든가, 생산성으로 비교하는 각국 경제의 효율성도 이러한 제도배열과의 연관하에서 논의되어야 한다. 시장이 자원배분을 주도하는 체제와 국가가 자원배분을 주도하는 체제간의 효율성을 일률적으로 비교한다는 것은 불가능하다. 결국 특정 시스템을 비교할 때 고려되어야 할 것은 각각의 제도 배열 속에서 시장이라는 물질적 교류양식에 사람들이 반응하는 행위 양식이 어느 정도나 조화롭게 이루어지고 있는가, 또 장차 그것이 어떠한 모순을 낳아서 불안정 국면에 다다를 것인가, 그것이 어느 정도나 새로운 제도로 순조롭게 이행할 수 있는가 하는 복합적 문제이다.

2) 위기와 이행

한 나라의 체제 위기는 기본적인 제도간에 마찰이 일어난다는 것, 그리고 고유한 축적체제에서 정형화한 사람들의 행위양식이 모순을 증폭시키는 방향으로 나타난다는 것을 의미한다. 이 위기 하에서는 부분적인 제도간의 마찰을 각 제도의 보완으로 무마할 수 없다. 제도간의 보완성이 오히려 위기의 통로가 된다. 이러한 경우 위기는 기본 제도의 근본적 변화와 그에 따르는 하위제도들의 변화를 통해서 축적체제가 바뀌고 결국은 경제의 미시 단위에서 행위 양식이 바뀔 때까지 계속된다. 이 전체 과정을 통해서 이해 집단간의 갈등이 끊임없이 일어나서 사회-정치적 불안이 야기된다. 국가는 부분 위기나 소위기 때와 같이 몇 가지 제도를 손질하는 것으로 사회적 위기를 해소할 수 없다. 제도의 상당한 변경 없이 시장에 맡기는 것은 기존 행위양식을 지속시키는 것이며 모순은 증폭된다.

축적체제가 안정국면에 있을 때 사회 전구성원의 행위는 하나의 행동 패턴을 따르게 된다. 예컨대 인플레이션 성장 정책이 효과를 발휘하는 조건하에서는 자본가든 노동자든 자산을 소유하려는 행위 패턴을 따른다. 갈등은 시스템의 결과물을 얼마나 분배받을 것인가로 귀착된다. 그러나 이러한 축적체제와 메커니즘이 더 이상 기능할 수 없게 되면 문제는 시스템 변화의 문제가 된다. 물론 얼마나 그러한 변화의 필요성을 빨리 인지하고 구성원의 이해관계를 조절하면서 새로운 방향을 잡아내는가에 따라 변화의 완급과 고통은 조절될 수 있다. 기존 시스템에서 가장 큰 이익을 얻는 집단이 이러한 변화에 격렬하게 저항하며 변화를 최소화하려고 하는 것은 당연하다. 그러나 상대적으로 적은 이익을 얻는 집단 역시 이러한 변화에 저항할 수 있으며 결과적으로 기존 시스템을 유지하는데 동의해서 위기를 심화시킬 수 있다. 갖가지 대안 속에서 어떠한 것을 선택하느냐, 그리고 그 대안이 과연 살아남을 수 있는가, 각 이해 집단의 가치를 얼마나 반영할 것인가를 둘러싸고 심각한 투쟁이 전개된다. 체제 변화의 성공 여부는 과거 축적체제의 핵심제도를 바꿔낼 수 있는가, 없는가에 달려 있다. 결국 체제 위기란 과거의 제도배열로는 더 이상 단순재생산조차 불가능하게 된 상황을 말한다.

3) 효율성의 의미

그러나 국내 경제에서와 마찬가지로 세계경제에서도 시장은 믿을만한 조정자(coordinator)가 될 수 없다. 이론적으로 보자면 1990년대 들어 각광을 받고 있는 정보경제학이나 신제도주의 경제학이 밝히려고 했던 것이 바로 이러한 시장의 한계이다. 일반균형론의 정교한 가정과 달리 현실에서는 거래에 비용이 들어간다든가 정보가 완전하지 않다는 것이다. 여기에서 내용을 자세하게 소개할 필요는 없을 것이다.[5] 다만 간단한 비

---

5) 대표적으로 스티글리츠(Stiglitz, 1995)나 윌리엄슨(Williamson, 1996)을 참조할 수 있다. 한 마디 덧붙인다면 이들 역시 '태초에 시장이 있었다'라는 가정 아래 일반균형론의 한계로부터 출발한다는 점에서 사고가 주류경제학의 좁은 틀 안에 갇혀 있다는 점을 잊

유 하나만 하기로 하자. 시장은 길거리에서 팔고 있는 무한진동시소와 같다. 양쪽에 정확히 같은 무게의 공이 달린 가느다란 쇠막대 한가운데를 바늘 끝 같은 축이 균형을 잡아주고 있는 놀이 기구를 많이 보았을 것이다. 이것은 대단히 효율적인 시스템이어서 조금만 힘을 주면 좌우 상하로 끝없이 진동한다. 시스템의 마찰을 최소화했기 때문이다. 언젠가는 균형상태에 이르러 수평상태에서 움직이지 않을 것이라는 것도 틀림없는 사실이다. 그러나 양쪽의 공에 사람이 올라타 있다고 생각해 보라. 균형상태에 이르기 위해 사람들은 끝없는 진동, 따라서 현기증과 멀미에 시달려야 한다. "장기에 사람은 모두 죽는다"는 케인즈의 말 이전에 "사람은 고통을 느끼는 존재"이다. 그들은 아마도 "기구여 멈춰라, 이제 내리고 싶다"고 말할 것이다. 대안적인 체제가 존재하리라고 믿는다면 더 그럴 것이다.

마찰을 최소화하기 위해 축의 끝을 벼리면 벼릴수록 외부 충격에 더 심하게 반응할 것이라는 것도 사실이다. 자유시장경제의 논리는 규제=조절기구를 없애면 없앨수록 재빨리, 고통없이 균형상태에 이르리라는 것이다. 그러나 균형점에 이르기까지는 엄청난 시행착오를 거쳐야 하며, 우리 비유에 따르자면 진동에서 오는 멀미를 겪어야 한다. 현실 경제에는 단번에 균형상태에 이르게 하는 왈라스식의 경매인은 존재하지 않는다. 사람들은 어느 정도 장래에 대한 낙관을 할 때 체제에 대해 믿음을 가지고[6] 고통을 참아낸다. 가격의 변동 폭이 어느 정도 예측가능하고 곧 안

어서는 안될 것이다. 경제학 역시 다른 사회과학과 마찬가지로 인간간의 관계를 연구하는 것이라는 관점은 마르크스로부터 되살려야 한다.

6) 국내외를 막론하고 상대적으로 1980년대에 시장에 대한 믿음은 훨씬 더 강해졌다. 시장경제의 힘은 그것이 객관적일 것이라는 '환상'에 기초하고 있다. 필자의 생각에 시장의 힘은 바로 이러한 믿음에 기초하고 있다. 국가라든가 눈에 보이는 어떤 실체가 나의 실패를 가져온 것이 아니라 거대한 체제 자체, 즉 시장체제에서 패배했으므로 할 말이 없다는 것이다. 흔히 문제가 생겼을 때 국가는 쉽사리 원망의 대상, 나아가서 타도의

정될 것이라고 믿을 때 시장은 부드럽게 움직인다. 만일 경제 시스템의 '효율성'을 거시 경제의 성과(performance)로 판단한다면 논리 유토피아에 가장 가깝다는 영미식 자본주의가 아니라 라인형이라든가 일본형이 더 '효율적'이라고 주장할 근거는 얼마든지 있다. 이론의 허구에 존재하는 '효율성'이 아니라 현실적 '효율성'을 위해서는 시스템의 마찰을 증가시키더라도 시스템에 안정성을 주어야 한다. 순수하게 비유이지만 무한진동시소의 축 끝을 무디게 만들면 오히려 균형상태에 빠르게 도달할 것이다. 우리의 의지와 상관없이 시스템이 굴러간다는 의구심을 불식시키고 자기 노력에 상응한 대가를 얻을 수 있다는 희망을 주는 것이 제도[7]이다. 그러나 마찰면을 넓혀서 전혀 진동하지 않는 시스템 또한, 효율성이라는 면에서는 바람직하지 않다. 사람이 고통을 참을 수 있는 진동의 한계와, 제도의 경직성에서 올 수 있는 동기 부재라는 한계의 두 끝 사이에서 제도의 양과 질, 마찰면의 크기가 결정될 것이다.[8]

대상이 된다. 인위적인 것, 불공정한 권력으로서 문제의 소지를 제공한 존재가 되는 것이다. 더구나 분명 시장에는 성공한 사람이 존재하고 언론은 대대적으로 선전한다. 시장은 무엇보다도 "보이지 않는" 손이다. 유령에게 책임을 돌리는 것은 비합리적이다. 이른바 포스트모더니즘의 이성비판이 사회과학에서 국가에 대한 공격, 시장에 대한 옹호로 귀결된 것은 바로 이 때문일 것이다. 하지만 시장이론이야말로 19세기의 자연주의, 이성주의가 사회과학에서 도달한 정점이다.

7) 이러한 제도 역시 사람의 머리 속에서 쉽사리 만들어지는 것은 아니다. 제도도 어떠한 결과를 낳을지 모르는 시행착오 실험을 거친다. 그러나 제도는 무엇인가를 금지함으로써 시스템이 현재 시점에서 가서는 안될 길을 미리 막아버림으로써 안정성을 부여한다. 그러한 제도적 변화가 바람직할 것이라는 사람들의 믿음이 강하면 강할수록 안정성은 강화될 것이다.

8) 효율성과 형평성(equality)은 경제학에서 대립되는 두 가치인 것처럼 알려져 있다. 그리고 효율성은 개인의 자유라는 가치와 밀접하게 연관되어 있다. 잘 알려져 있듯이 개인의 '선택의 자유'와 시장에 의한 조정이 효율성을 낳는다는 것이 주류경제학의 지배적 이데올로기이다. 그러나 바로 그 자유 역시 사회적 진공상태에서 가장 잘 발휘되는 것도 아니고 시장이라는 (이윤) 동기유발(motivization)기구 만으로 꽃을 피우는 것도 아

4) 제도환경으로서의 국제경제

한 국민경제라는 체제의 환경은 국제적 조건이 될 수밖에 없다. 그리고 현재 그것은 글로벌라이제이션으로 불리는 일련의 변화이다. 무역, 생산의 국제화도 진전되고 있지만 무엇보다도 확연한 것은 금융의 글로벌라이제이션이다. 금융의 글로벌라이제이션은 국민경제와 심각한 문제를 낳는다. 한 나라가 독자적인 거시정책을 사용할 수 있는 여지는 극도로 제약된다(정태인, 1994). 이제 금융자본의 이동은 바로 한 나라 국민경제의 생사를 결정하는 지경에 이르렀다.

이렇듯 글로벌라이제이션은 자본주의의 불가역적인 역사적 경향이다. 마르크스(Marx, 1976: 59)가 이미 150년 전에 독일이데올로기에서 갈파한 수준에서 그러하다. 현재 글로벌라이제이션을 주도하고 있는 금융자본의 이데올로기는 신자유주의이다. 그러나 어떤 이데올로기나 그러하듯 신자유주의 자체도 잘 정의된 핵심을 지니고 있지 못하며 그것을 '시장주의'라고 규정한다고 하더라도 '시장' 자체의 정의 역시 명확하지 않다.[9] 현실

니다. 간단히 말해서 시장이라는 무정부상태에서 자유는 온전히 발휘될 수 없다. 오히려 경제학에서 실제로 문제가 될 만한 것은 효율의 논리적 가능성(=시스템, 또는 전체가 전제되지 않은 자유)과 현실의 효율성(=시스템의 안정성이 전제된 자유) 사이의 대립이다. 한마디 더 덧붙인다면, 경제학에 익숙한 사람에게는 위에서 말한 선택이 어떤 선형 함수 상의 한 점을 선택하는 문제처럼 비춰질 지도 모르겠지만(또 그런 모형을 만들 수 있을지도 모르겠으나) 현실에서 부딪치는 제도 설계의 문제는 그러한 논리 이전에 뚜렷한 이해관계를 둘러싼 계급투쟁의 문제이다.

9) 시장이 작동되기 위해서는 여러 제도가 필요하다. 그러한 제도가 구체적으로 제시되지 않은 상태에서 시장은 논리유토피아의 메커니즘으로 나타나게 된다. 일반균형론으로 대표되는 신고전파의 시장이론이 바로 그것이다. 그러나 그러한 것은 현실에 존재하지 않으며 앞으로 그러한 '현실'을 만들 수도 없다. 따라서 현실에서 시장이라고 할 경우에는 세계적 차원의 제도환경, 그리고 각 나라의 제도를 전제로 하는 것이며 그러한 제도 배열 안에 구체적인 계급적 상황이 반영되게 마련이다. 이러한 이해에 비추어 볼 때

적으로 금융자본의 지배가 전세계적으로 관철되고 일정한 공통 경향을 보여준다(예컨대 20:80 사회)고 하더라도 각 나라마다 구체적인 양상은 서로 다르게 나타난다. 그것은 금융자본의 요구와 그 나라 시스템간의 관계, 금융자본을 대리하는 나라(예컨대 미국)와 그 나라간의 현실적인 정치, 경제 관계, 그 나라의 계급구성과 역관계에 따라 판이하게 나타날 수 있다. 따라서 가장 장기의 역사적 시야에서, 그리고 가장 추상적인 이론 수준에서 글로벌라이제이션의 경향을 이야기하고 현재의 역사적 단계라는 관점에서 신자유주의의 지배를 이야기한다고 하더라도 모든 나라의 경제정책이 다 신자유주의적인 것도 아니며 그 결과도 동일하지 않다. 마찬가지로 가장 추상적인 수준에서 글로벌라이제이션 경향에 대한 진보진영의 대응이 전세계 민중진영의 연대라는 것은 옳지만 그것이 각 나라의 구체적인 계급투쟁 상황을 대리할 수는 없다. 각 국민경제의 수준에서는 글로벌라이제이션에 대응하는 새로운 경제시스템, 그리고 그것을 구성하는 제도들의 배열이 대단히 중요한 과제로 다가온다. 바로 그것이 국민국가 단위의 계급 정치의 중심과제가 되기 때문이다.

구체적인 과제에 들어가면 들어갈수록 마르크스의 '자본' 수준에 걸려 있는 '사회화' 명제를 되뇌는 것은 그것이 옳음에도 불구하고 공허할 수밖에 없다. 문제는 그 사회화의 내용이며 그것을 달성하는 경로이다. 그것은 아주 구체적인, 사람에 따라서는 지나치게 소소한 것으로 볼만한 각 제도를 설계하고 각 제도로 이루어진(그것이 굴러가는 메커니즘까지 포함한다는 의미에서) 시스템을 구축하는 일이다. 효과적인 시스템은 글로벌라이제이션이라는 조건 하에서도 효율성과 평등성을 동시에 제고할 수 있다. 그리고 그러한 시스템은 다음 시대의 표준 모델이 될 것이

신자유주의의 '시장'이란 제도가 없는 어떠한 진공상태를 상정하고 있으며 현실적으로는 당장 문제가 되는 규제=제도의 폐지를 외치는 것일 따름이다. 그러나 폴라니가 단언했듯이 제도적으로 규제되지 않는 시장은 불안정성과 파멸을 불러올 수밖에 없다.

다. 과거 포드주의 시대에는 미국식 자본주의가 그러했다.[10]

즉 결코 글로벌라이제이션이라고 해도 그것이 시장주의=신자유주의의 승리, 국민경제의 무력화를 의미하지는 않는다.[11] 오히려 아무런 견제 없이 확장되는 이들의 움직임은 미국, 영국 등 금융자본 나라의 번영을 가져옴으로써 앵글로색슨형 자본주의, 시장의 승리를 보여주는 듯 하지만 바로 그 번영 뒤의 파국을 불러들이고 있다(Aglietta, 1998). 브와이에(Boyer, 1996)의 호언처럼 21세기는 여전히 국민국가의 시대일 것이다. 곧 닥쳐 올 국제금융위기의 폐허 위에서 다시 국민국가간의 갈등과 협조 속에서 새로운 경제질서의 모색과정이 이어질 것이다. 국민국가는 앞으로 몇 십년 동안 살아남기 경쟁을 하여야 할 것이며 이를 통해서 우월한 경제 유형과 제도가 가려질 전망이다.

즉 우리는 글로벌라이제이션을 각국의 국민경제=경제체제의 제도환경으로 보려고 한다. 이 제도환경은 전체 국민경제의 제도적 배열을 뒤바꾸고 새로운 조정 메커니즘을 요구하고 있다. 미국식 제도배열과 시장 조정이 IMF를 매개로 해서 모든 나라에 강요되고 있지만 그러한 제도적 변화가 가져올 모순 또한 만만치 않다. 각국의 대응양식은 각종 변종을 만들어내고 있다. 우리는 이러한 구체적인 변화 속에서 새로운 조정방식이 어

---

10) 미리 말해 둔다면 과거 포드주의 모델은 역사적 수명을 다했고 레이건 이래의 신자유주의/신보수주의에 의해 '개혁' 된, 이른바 앵글로색슨형 자본주의는 다음 시대의 표준 모델이 될 수 없다. 제도적으로 보아 대단히 불안정한 모형이기 때문이다.

11) 글로벌라이제이션과 국민경제의 관계, 1980년대 신자유주의의 평가, 금융위기의 가능성에 대해서 나는 WIDER 그룹의 견해를 따른다. 이들은 1990년 『자본주의의 황금시대』(The Golden Age of Capitalism)를 내놓은 이래 구성원이 달라지면서도 일관된 논리 하에서 국민국가 문제, 금융위기, 생산의 국제화, 각국 경제의 비교에 관한 일련의 연구물을 내놓고 있다. 이 그룹은 글린 등 영국의 좌파, 브와이에 등 프랑스의 조절이론, 엡슈타인 등 국제정치경제학파, 미국의 사회적축적학파(SSA), 캐나다의 제도학파 등을 포괄하여 국제경제이론과 조절이론을 제도이론으로 다시 정립하는 노력을 하는 등 신좌파 종합이라고 할 만한 움직임을 보이고 있다.

떻게 생성되는가에 관심을 가질 것이며 동시에 이 새로운 체제에서 모순은 어느 곳에, 어떤 방식으로 형성될 것인가에 대해도 주목할 것이다.

2. 국민경제의 제도주의적 설명— 몇 가지 연구 지침

이상 동아시아 사회론, 그리고 사회구성체론을 검토한 결과 새로운 경제론을 정립하기 위해 우리가 가져야 할 시각을 조악하게나마 밝혔다고 생각한다. 이들 논점을 일반화하여 잠정적으로 우리의 접근방법으로 삼으려고 한다.

첫째, 우리는 자본축적을 중심개념으로 놓는다. 이것은 마르크스주의적 전통, 그리고 축적 개념을 중심으로 미국경제를 설명했던 사회적축적학파(SSA)의 전통을 따르는 것이다. 축적은 단지 물적 자본의 누적이 아니라 사회관계(인간관계)의 재생산이기도 하다. 그러나 우리는 이 축적 개념이 이윤율 및 그 구성요소와 같은 몇 가지 변수에 의해 충분하게 파악될 수 없다고 생각한다. 우리는 축적을 위한 하나의 체제를 상정하며 그 체제를 구성하는 제도간의 관계에 주목한다.

둘째, 축적을 구성하는 요소제도(factor institution)는 각각 서로 다른 시간표(time-schedule, 속도) 및 시간 범위(time-span, 수명)를 가진다.[12] 따라서 각 요소와 제도는 '상대적 자율성' 을 가지며 어떤 시대의 어떤 체제도 꽉 짜여진(compact) 존재일 수 없다. 그것은 오히려 얼기설기 엮여

---

12) 알뛰세는 상부구조의 상대적 자율성을 설명하기 위해 경제, 정치, 이데올로기 심급이 각각의 시간표와 시간범위를 가진다는 가정을 도입하였다. 우리는 이러한 사고가 구조를 이루는 모든 요소에 적용될 수 있다고 생각한다. 국민경제 체제를 이루는 제도에도 상대적 자율성이라든가, 탈구, 접합과 같은 알뛰세식 용어를 응용할 수 있을 것이다.

있는 존재이기 때문에 고유의 발전 논리에 따른 내부 변화나 외부 충격에 의해서 언제든지 서로 어긋날 수 있다. 즉 각 요소제도의 발전은 시간적으로 경로 의존적인 동시에 상호의존하고 있는데 이들간의 상호의존 관계는 언제든지 변화할 수 있다는 것이다.

셋째, 우리는 국민경제를 이루는 각 요소제도간의 상호의존을 주체의 인센티브 관계를 위주로 파악한다. 새로 도입되거나 내부에서 출현한 새로운 요소제도가 전체 축적에 순기능 할 때 기존의 관계는 더욱 강화된다. 반대로 현재의 체제가 만들어낸 결과, 또는 제도환경에서 비롯된 변화를 현재의 상호관계, 인센티브 구조가 소화해 내지 못할 때 그 구조는 불안정한 상태에 빠지게 된다.

넷째, 특정한 시대를 한 묶음으로 상대적으로 좀더 단단한 상태가 존재한다. 역사의 시기구분이란 바로 이러한 단단한 상태간의 구분이다. 이러한 구분은 기본적으로 몇 가지 주요 변수(이른바 '펀더멘틀'을 이루는 거시 지표, 이윤율 및 분해 지표)의 꺾임으로 나타나겠지만 구분의 유효성은 그 시기에 고유한 조정양식(mode of coordination)을 도출할 수 있을 때 비로소 확보된다. 축적과 직접 관련된 조정양식을 기본으로 하여 각 제도는 나름의 적응양식(mode of adaptation)을 발전시킨다.

다섯째, 하나의 시대에는 그에 고유한 신념체계(belief system)[13]가 존재한다. 그러나 그 신념체계가 반드시 각 제도 하나 하나의 인센티브 구조와 일치할 필요는 없다. 말하자면 자신의 이해관계에 반하는 신념체계를 존중하는 경우도 존재할 수 있는 것이다.

여섯째, 제도를 연구할 때 특히 중요한 것은 법으로 공식화한, 그래서 문서상에 나타나 있는 제도뿐 아니라 비공식적 제도, 관행이다(North, 1990). 특히 위기와 이행의 시기에는 법적 제도를 먼저 바꾸더라도 비공식적 제

---

13) 마르크스주의의 이데올로기, 부르디외의 아비투스, 푸코의 지층에 해당되는 영역으로 생각할 수 있을 것이다.

도나 관행은 여전히 과거의 행태를 답습하는 경우가 많다. 이런 경우라면 법(문서) 상의 변화와 현실의 변화는 괴리를 일으킬 수밖에 없다.

이상의 시각을 바탕으로 하여 연구를 수행하는 데 잠정적인 순서는 다음과 같다. 국민경제의 기본 요소제도를 먼저 관찰하고 각각의 제도를 둘러싼 인센티브 구조를 추출한다. 앞에서 이야기한 바대로 의사상품은 자본주의사회에서 언제나 제도화의 중요한 대상이 된다. 따라서 우리는 화폐와 관련된 금융제도, 노동과 관련한 노자관계, 그리고 자연과 관계된 토지 및 환경관계에 먼저 주목한다. 또한 자본주의 사회의 생산단위인 기업의 존재양식도 중요한 관찰 대상이며 제도화 자체의 표면 주체인 국가 및 정책 역시 독자의 분석을 필요로 할 것이다.

이러한 제도들이 어떻게 연결되어 각 시대에 어느 정도의 성과를 올렸는지가 각 시대 분석의 목표가 되어야 할 것이다. 조정양식과 적응양식이 조합되어 최종적으로 한 사회의 축적양식을 소묘할 수 있다. 다음으로 이러한 구조 속에 잠재되어 있는 모순은 어떠한 형태일 것인가가 중요하다. 자본주의사회에서 계급모순은 언제나 '기본모순'일 수밖에 없지만 특정 시대, 특정 사회의 위기 및 이행을 분석하는 데는 별다른 지침을 내려주지 않는다. 축적양식이 배태하고 있는 모순, 그리고 그 전개를 예측하는 것이 제도주의의 관심사이다. 그러나 이것이 우리의 시야에서 계급관계를 놓친다는 것을 의미하지는 않는다. 오히려 계급관계의 해명은 모든 노력을 경주해야 할 목표이다. 특히 제도간 마찰이 일어나는 이행기에는 계급간 투쟁은 결정적이다. 다만 그들이 어떠한 제도배열, 또는 체제를 선택하는가는 그 이전에 형성되었던 행동양식의 특성, 그리고 신념체계에 의해 한계지워질 것이다.

이러한 제도분석은 연구의 목표와 밀접한 연관을 맺고 있다. 뒤에 상술하겠지만 투자는 지난 한국의 축적체제에서 중심적 지위를 차지하고 있다. 따라서 투자 자금이 어떻게 조달되었는가, 또 높은 수준의 투자 증가율을 어떻게 유지할 수 있었는가는 금융제도의 문제와 밀접하게 연결되어 있다. 정태적으로 볼 때 저축은 소비의 희생이다. 당장의 희생이 어떻게 가능했던 것일까, 그리고 생산에서 노동의 통제는 또 어떠했을까 라는 문제는 노동관련 제도의 문제일 것이다. 나아가 우리는 제도와 동원이라는 개념에 의해 사회정치적 분석으로 들어가는 통로를 마련할 것이다. 특히 우리는 제도의 도입과 시행이라는 관점에서 발전국가론을 우리의 논의에 통합할 것이다.

우리가 역사제도주의라고 부른 이상의 방법은 이미 경제사나 사회사에서 흔히 사용되었던 여러 가지 조사, 분석방법과 크게 다르지 않다. 또 실제로 상당한 연구성과를 내고 있는 프랑스의 조절이론이나 미국의 축적구조학파는 우리의 중요한 전범이다. 물론 몇 가지 지점에서 이들과 다르다는 점을 명시할 수도 있겠지만 그러한 구분과 세련화가 우리의 시급한 과제는 아니다. 연구 지침에 따라 구체적인 연구성과를 만들어내는 것이 우선 중요한 일이다. 연구성과의 산출과 방법론의 세련화는 동전의 앞뒷면처럼 함께 나아가야 할 동반자적 관계일 것이다.

제 2 부

한국자본주의 축척체제의 제도론적 재구성

제2차 세계대전 이후 세계경제에서 가장 성공적인 산업화의 예로 일컫어지고 있는 한국경제는 많은 후진 개발국의 발전전략모델로서 뿐만 아니라 경제학에서도 이론적 논의를 불러일으켰다. 전후 대부분의 개발경제국가들은 성장의 추진력을 국내시장에서 찾으려는 전략을 추구했으나 지속적인 성장과 산업화 기반을 구축하는 데 만족할만한 성과를 거두지 못했다. 반면 한국의 경우는 산업화 초기부터 고도성장의 달성과 지속 가능한 산업화기반을 구축한 대표적인 예로 거론되면서, 한국의 경제성장 경험은 끊임없는 탐구의 대상이 되어 왔다.

한국 산업화에 관한 초기 이론들은 대부분 한국경제의 고도성장이 수출주도형 산업화 전략 때문에 가능했다고 설명한다. 이에 따르면 1960년대 이전에 한국은 수입제한을 강화하고 과대평가된 복수환율제와 억압적 금융시스템을 가진 수입대체정책을 실시했으나, 미국원조가 감소됨에 따라 수입대체전략을 수정하여 수출주도형 산업화 전략으로 전환하였다. 수출주도정책은 일정하게 수입을 개방하면서, 동시에 환율의 평가절하, 통화의 단일화 및 수출보조를 주된 내용으로 하는데, 이 정책으로 한국은 비교우위에 있는 부문에 특화하여 무역확대에 따른 이익을 보게되었다. 이와 같은 개방확대의 결과로 기술개선, 사적 투자의 증대와 높은 경제성장률이 나타났다는 것이다.

이상의 설명에는 자원배분에 대한 한국정부의 역할, 특히 투자확대과정에서의 역할이 간과되어 있다. 한국정부는 잘 알려진 바와 같이 포괄적인 경제정책에서 뿐 아니라 매우 세밀한 분야에 대한 자원배분까지 통제하여 전략적 분야에 대한 지원체계를 수립하였다. 또한 한국의 고도성장이 전적으로 수출주도형 산업화 전략의 결과라는 주장이 가지는 문제가 최근 한국경제의 성장과정에 대한 연구에서 지적되고 있다(Rodrik, 1995c, 1996; Amsden, 1989; 장하원, 1999 외). 이들은 1960년대 이후 한국이 경험한 경제적 고도성장의 원인을 투자확대에서 찾아야 한다고 주장한다. 한국정부는 명확한 산업적 우선순위를 가지고 있었고, 바람직한 방향으로 비교우위를 재형성하기 위해 때로는 가격체계의 인위적 왜곡에 의한 유인체계를 기반으로 정부가 선택한 부문에서의 투자와 생산을 유도했다는 것이다.

또한 정부의 역할 뒤에 정부가 정책목표를 실패하지 않고 달성할 수 있도록 끊임없이 견제하고 감시하는 국가구성원의 공통의지(common will)가 존재하고 있었음을 간과하고 있다(Yoo, 2000). 이는 한국 국민이 해방 이후 급변하는 정치경제과정을 거치면서 가지게 된 공통의지이다. 이것은 때로는 인내로, 때로는 저항으로 표출되면서 정부정책의 입안 및 시행과정에 보이지 않는 중요요소로 작용하여 왔다.

제2부의 목적은 1945년 일제로부터의 해방 이후 현재에 이르기까지 한국자본주의 축적체제를 위기발생과 위기관리의 관점에서 시기별로 검토하려는 것이다. 이를 위해 제4장에서는 해방 이후, 특히 한국전쟁 이후 1960년대 초반까지의 시기를 대상으로 이 시기가 그 이후의 한국이 경험한 압축성장과 연관하여 어떤 전제조건을 형성했는지 분석한다. 따라서 이 시기 동안의 노동자의 형성 및 성장과 자본형성 및 축적이 주요한 관심이 된다. 제5장에는 주로 1970년대 시기에 대하여 이 기간 동안 고도의 자본축적을 가능하게 한 메커니즘을 설명하고자 한다. 이를 통해 경제개

발을 위하여 한국의 경제적, 사회적 자원이 동원되고 운영, 창출된 방식에 대한 사회정치적 배경과 경제성장과정에서의 정부역할에 대한 이해를 얻고자 한다. 제6장에서는 1980년대 중후반 중화학공업의 비약적 성장으로 한국경제가 최대의 호황을 맞게 되면서 나타난 계급간 대립적 이데올로기와 요구가 등장하기까지의 시기를 다룬다. 마지막으로 제7장에서는 1980년대 후반 이후 계급간 대립과 제도마찰이 극대화되면서 체제 위기로 나타나는 IMF 시기까지를 다룬다.

제4장

압축성장 전제조건의 형성 : 1950년대

1. 문제제기

이 장의 목적은 한국자본주의의 발전과정에서 1950년대가 차지하는 위상이 무엇인가를 밝히고자 하는 것이다. '압축성장'이라고 표현하는 한국의 급속한 경제성장을 논의할 때는 대개 박정희 정권이 수립된 1960년대 이후를 분석대상 시기로 본다. 또 한국경제성장의 역사적 기원을 찾으려는 일부 논의는 그것을 식민지시대로부터 찾아내려 하고 있다. 이 경우 1950년대의 독자적인 특질은 크게 부각되지 않는다.

그러나 해방 이후부터 제2공화국에 이르는 시기가 대한민국 경제체제의 골격을 형성하는 시기였다는 점을 고려한다면 1950년대에 관한 연구는 매우 중요하다고 하겠다. 최근 들어 1950년대를 독자적으로 분석하고자 하는 시도가 나타나고 있으며, 그 성과가 단행본으로 출판되기도 한 것은 이런 점에서 그 의의가 크다고 하겠다.[1]

1950년대에 관한 연구는 그 시기 자본축적의 파행성과 예속성을 강조

---

1) 1970년대까지 이루어진 1950년대 연구는 『1950년대의 인식』(한길사, 1981)에 종합되어 수록되었다. 이후 이대근(1987)의 연구가 1950년대의 인식에 새로운 전기를 제공하였으며, 공제욱(1993), 공제욱 외(1998), 서중석(1998), 한국정신문화연구원(1998) 등 많은 연구성과가 단행본으로 출간되었다.

한 논의가 많다. 미국의 군사원조를 매개로 이루어진 자본축적의 예속성을 강조하는 주장(김대환, 1976; 김양화, 1996; 노중기, 1988)과 특정 산업부분의 비정상적인 비대화에 따른 산업구조의 파행성을 지적한 논의들이 그것이다. 이 논의들은 이 시기 경제의 특성을 잘 보여주었지만, 이후 한국의 자본축적의 예속성 및 파행성을 강조함으로써, 1960년대 이후의 압축성장과 어떤 관련을 갖는가와 관련된 문제의식을 제대로 반영할 수 없었다.

다만 동일한 논조를 유지하면서도 박현채는 이 시기를 원조를 매개로 한 예속적 자본의 활동이 강화되면서 민족자본이 붕괴하는 시기로 파악(박현채, 1978)하였다는 점에서 다른 논자와 구분된다. 그는 1950년대가 매판적이고 전근대적인 관료독점자본의 급격한 형성과 종속적 경제구조의 심화로 특징지을 수 있다(박현채, 1984)고 보면서도, 이 시기를 원조에 기댄 자본과 농촌형 유통체제에 기반한 토착자본의 대립이라는 구도로 파악하고 있는데, 이는 이후 한국경제의 발전방향과 관련하여 중요한 시사점을 제공한다.[2]

이와는 관점을 달리하여 자본축적의 내적 동력을 중심으로 이 시기의 성격을 규정하려는 논의도 있다. 이 시기 자본축적의 특징을 농업희생축적론으로 규정한 논의(이대근, 1987)가 그것이다. 그는 미국원조의 의의를 강조하는 기존의 논의는 한국사회의 내적인 발전잠재력을 무시하고 있다는 점에서 정당하지 않으며, 그 대안으로 공업화의 계기가 농업부문의 희생과 정체에 있었다고 보는 농업희생축적론을 제기하였다. 이것은

---

2) 물론 이를 위해서는 이런 영세토착자본이 얼마나 광범하게 존재했는지, 그리고 그들이 농촌형 유통관계와 어떤 연관을 맺고 있었는지를 본격적으로 검토해야 할 것이지만 본고의 과제는 아니다. 단지 조석곤(2001a)은 이러한 민족경제적 지향이 적어도 1960년대 중반까지는 한국사회에서 실질적인 영향력을 행사하였다고 주장함으로써 1950년대의 경제구조를 좀더 복합적으로 파악할 것을 요구하였다.

자본축적에 있어서 한국사회의 내적 동력이 무엇인가라는 점에 착안하였다는 점에서 시사하는 바가 크다. 이대근의 주장은 1950년대의 경제변화를 이후 압축성장의 전사로 이해하려는 논의의 출발점이었다는 점에서 중요한 연구사적 의미를 가진다.

김대환(1998)은 1950년대를 개발시대와의 단절이 아니라 그 전제조건을 이룬 연속적인 과정으로 파악하였다.[3] 장상환(1998) 역시 1950년대를 일본제국주의 지배하의 한국경제가 미국의존적인 경제구조로 전환하면서 1960년대 이후의 공업화를 준비하는 시기로 파악하였다.[4] 이 연구들은 1950년대의 한국경제를 1960년대의 경제발전과 연속성을 가지는 것으로 파악한 점에서 일단 논의의 진전을 보인 것이지만 그 연속성을 주로 제도적 측면이나 부정적인 측면에서 찾고 있다는 점에서 1970년대의 연구의 한계를 완전하게 극복했다고 보기 곤란하다.

이 장에서는 이러한 연구성과에 기초하여 1950년대가 그 이후의 압축성장과 연관하여 어떠한 전제조건을 형성했는지 분석하고자 한다. 1950년대와 그 이후의 한국사회를 연속선상에서 파악한다는 최근 연구성과들을 수용하면서도 1950년대에 있어서의 노동자의 형성/성장이나 자본형성/축적 등의 측면에 초점을 둔 것은 이러한 기존연구의 한계를 극복하려는 시도이다.[5]

---

3) "미국주도로 재편된 세계자본주의체제에의 편입으로 향후 한국경제의 외연을 조건지었으며 수입대체산업화를 통하여 수출지향으로의 전환의 기초를 제공함과 아울러 경제개발계획을 태동시켰다. 재벌 위주 개발의 구조적 틀도 이 시기에 형성된 것이었다" (김대환, 1998: 225).

4) "일제시대 한국경제가 한국인 자본의 부분적 성장에도 불구하고 전반적으로는 일본자본의 원시적 축적의 대상이 된 것과 비교해 1950년대는 한국자본주의에 있어서 귀속재산 염가불하, 외국원조의 특혜배정, 특혜적인 조세금융지원으로 매판적 관료자본이 형성되는 시기였다. 정경유착에 의한 부정부패는 자본주의발전 초기에는 자본의 본원적 축적을 촉진하는 역할을 했다" (장상환, 1998: 124).

5) 나아가 자본축적 및 노동조건과 관련된 제반 제도가 어떻게 정비되었는지를 살피는 것

이러한 작업을 위하여 먼저 1950년대의 한국사회의 현황을 점검한다. 이를 위해 거시경제지표나 소비지표, 사회지표 등을 검토한다. 3절에서는 압축성장을 위한 제조건의 형성을 노동 및 자본형성의 측면으로 나누어 살펴본다. 연구대상시기는 해방 이후부터 경제개발계획이 본격화되기 이전까지로 해야하겠지만, 미군정기와 한국전쟁을 모두 포괄하는 경우 다룰 범위가 너무 큰 데다가 통계상의 제약도 있기 때문에 주로 한국전쟁 이후부터 1960년대 초반까지로 한정한다.

2. 1950년대의 한국 사회 · 경제

1950년대 한국경제는 한국전쟁의 폐허를 복구하는 과정으로부터 시작하였다. 한국전쟁 이후 미국은 냉전논리에 입각한 힘의 정책을 기본 기조로 동아시아의 세력관계를 재편하려 하였으며(한국역사연구회, 1991), 이를 위해 미군을 남한에 주둔시키고 이승만정부에 경제원조를 제공함으로써 남한에서 자본주의체제가 유지될 수 있도록 후원하였다. 이 시기 한국경제는 미국에 종속적인 경제구조, 식민지적 경제구조의 미청산, 농촌경제의 파탄과 농민층의 경제적 몰락 등으로 표현되는 것이 보통이며, 공업화의 특성에 초점을 둔 연구도 독점재벌에 의한 수입대체산업화로

역시 중요할 것이다. 1950년대 경제구조를 결정짓는 과정에서 중요한 제도적 변화로는 농지개혁과 귀속재산의 불하를 들 수 있을 것이다. 이 각각의 제도변화에 대해서는 이미 많은 선행 연구가 이루어졌지만, 그것은 요컨대 "지주계급의 몰락과 신흥자본가의 등장"으로 요약될 수 있다. 국가는 이러한 제도변화를 통해 부를 재분배하였을 뿐 아니라 간접적으로 특정 계급/계층의 부 혹은 자본축적에 유리한 조건을 조성하였다. 또한 계급으로서의 농민의 무력화와 노동자계급의 미성숙은 이 시기 과대국가가 가능했던 또 다른 요인이었다. 이에 대한 구체적 논의는 한국농촌경제연구원(1989), 김기원(1990) 및 공제욱(1993)을 참고하라.

규정하는 것이 일반적이었다.[6]

그러나 1950년대는 동시에 1960년대의 압축성장을 위한 물적·인적
자본이 축적된 시기이기도 하였다. 흔히 농지개혁과 귀속재산의 불하와
같은 중요한 제도변화도 이루어졌지만, GNP도 꾸준히 상승하였으며 산
업구조도 변화하였다는 사실 또한 주목할 필요가 있다.[7] 인구의 자연적
증가뿐 아니라 사회적 증가가 한국경제에 큰 부담이 되었지만, 그 과정
에서도 인적자본 형성을 위한 투자, 즉 교육의 규모도 크게 확장하였다.
이러한 사회경제구조의 변화를 거시 지표를 사용하여 간략히 살펴보는
것이 본 절의 과제이다.

1) 1950년대 한국경제의 현황과 소비수준

한 국민경제의 규모를 측정하는 대표적인 지표는 국민총생산(GNP)이
다. 〈표4-1〉에서 알 수 있듯이 농업에서의 흉작으로 인한 1956년을 예외
로 한다면 1953~1959년 중 국민총생산은 매년 5% 이상의 성장을 지속
하고 있으며 1957년에는 7%를 넘는 성장률을 기록하고 있다. 물론 당시
의 경제규모를 생각한다면 이것이 1960~70년대 성장률과 단순 비교될
수는 없다. 그러나 전쟁의 잿더미 속에서 전후 복구과정이 이만큼의 성
장률을 보인다는 것은 과소평가할 수만은 없는 일이다. 극심한 궁핍과
혼란, 각종 부정부패, 지배계급들의 사치와 향락 가운데에서도 일구어낸
성장의 잠재력은 아래로부터의 땀의 결실이라고 할 수 있다.

---

6) 장상환(1998)은 한국전쟁 후 자본축적의 특징을 농지개혁과 신분제 해체, 귀속재산불
   하, 군사원조 성격의 소비재 원조, 특혜금융, 조세수탈 등 5가지로 요약하였다. 김대환
   (1998)과 마찬가지로 그도 한국전쟁 후 산업구조의 특징을 소비재 중심의 공업구조와
   재벌체제, 고실업과 어용적 노사관계, 농업·농촌의 피폐 등을 들고 있다.
7) 2차산업의 비중은 1953년 7.2%에서 1958년 10.6%로 증가하였다(한국은행, 1960).

<표4-1> 1950년대의 국민소득

(단위: %, 달러)

연도	1954	1955	1956	1957	1958	1959
GNP성장률	5.5	5.4	0.4	7.7	5.2	3.9
1인당 소득	67	70	66	74	81	83

자료 : 한국은행(1973), 『한국의 국민소득』.

하지만 국민들의 경제적 생활 수준이 크게 향상된 것은 절대 아니다. 5% 이상의 지속적 성장에도 불구하고 극심한 경제난을 단기적으로 면하기는 어려웠다. 게다가 전후 베이비붐과 한국전쟁 전후 인구의 사회적 이동의 결과 인구가 급증하였으며, 이에 따라 1인당 국민소득의 증가는 그다지 빠르지 않았다. 절대적인 수준을 보더라도 1959년의 1인당 국민소득은 100달러에도 미치지 못하는 절대빈곤상태에 머물러 있었다.

<표4-2> 국내총생산에 대한 지출의 항목별 구성비 추이

(단위 : %)

	민 간 소비지출	정 부 소비지출	고정자본 형 성	재고증가	수출	수입	통계상 불일치	해외순수취 소 득
1953	79.3	18.3	5.6	8.1	2.2	15.1	-	1.6
1954	79.7	17.0	6.8	4.2	1.3	10.2	-	1.2
1955	82.9	16.7	7.6	3.2	1.5	13.1	-	1.2
1956	87.3	17.5	8.5	-0.4	1.4	15.5	-	1.2
1957	83.3	16.3	9.1	5.5	1.7	17.0	-	1.1
1958	83.4	15.7	8.1	3.5	2.0	13.8	-	1.1
1959	84.4	15.0	8.1	0.1	2.3	10.9	-	1.0
1960	86.8	15.0	8.5	-0.2	2.7	12.3	-1.5	1.0
1961	83.0	14.1	8.4	1.4	3.6	10.5	-0.7	0.7
1965	80.6	12.1	12.3	-0.1	5.7	11.8	0.5	0.7
1975	69.2	11.7	22.9	4.8	21.8	29.0	-0.3	-1.1

자료 : 한국은행(1984), 『국민소득계정』, pp.91-92.
주 : 1975년 불변시장가격. 단 1975년은 1980년 불변시장가격.

〈표4-2〉는 국내총생산에 대한 지출의 항목별 구성비 추이를 정리하였
다. 1950년대와 고도성장기를 비교할 때 드러나는 1950년대의 특징은 첫
째, 민간소비의 비중이 높고 총고정자본형성의 비중이 낮다는 것이다.
아직 산업화가 본격화되기 이전이어서 투자가 활발하지 못했기 때문에
나타난 현상이다. 둘째, 정부소비가 차지하는 비중도 1970년대 이후에
비해 약 5% 포인트 정도 높은 것도 이 때문이다. 셋째, 해외부문이 차지
하는 비중이 매우 낮은데 무역의존도가 높았던 1980년대와 비교하면 거
의 30% 포인트 이상의 차이를 보이고 있다.

〈표4-3〉 산업별 성장률과 구성비

(단위: %)

연도	구성비			성장률			
	1차산업	2차산업	3차산업	1차산업	2차산업	3차산업	계
1953	48.9	5.9	45.2				
1954	50.2	6.2	43.6	8.0	11.5	1.2	5.1
1955	48.8	7.1	44.1	1.5	19.9	5.8	4.5
1956	46.0	8.2	45.8	-6.9	13.6	2.4	-1.4
1957	46.8	8.4	44.8	9.4	9.9	5.2	7.6
1958	47.6	8.7	43.7	7.3	9.1	2.9	5.5
1959	45.8	9.2	45.0	-0.3	10.0	7.1	3.8
1960	44.3	10.1	45.6	-2.1	10.9	2.3	1.1
1961	47.1	10.0	42.9	12.2	4.4	-0.5	5.6
연평균성장률				3.4	11.1	3.3	3.9

자료: 〈표4-2〉와 동일.
주: 1975년 불변시장가격에 의함.

〈표4-3〉은 산업별 성장률과 구성비를 요약한 것이다. 산업별 구성을
보면 1차산업이 차지하는 비중은 50%를 약간 하회하고 있는데, 일제시

대인 1920년대 이후와 비교하면 광공업의 비중은 유사하고, 1차산업의 비중이 약 10% 정도 하락하였다. 해방 후 한국사회, 특히 1950년대에 있어서 3차산업이 차지하는 비중이 컸음을 알 수 있다.[8] 이중에서도 공공행정 및 국방부분이 차지하는 비중이 10% 포인트 가까이 달하여, 1980년대와 비교할 때 매우 높은 수준이었다. 1953~1961년간 국민총생산은 3.9%의 증가율을 보였으며, 1차 산업도 3.4%의 연평균 성장률을 보였다.[9]

이상을 살펴보면 1950년대 한국경제는 농업생산이 차지하는 비중이 높았으며, 제조업에 비해 3차 산업이 비대한 구조를 지니고 있었다. 또 총생산은 주로 소비지출에 사용되었으며, 아직 본격적인 투자자본이 형성되고 있지 않았고 해외부문과도 큰 연관을 맺지 않고 있었다. 다만 제조업이 급속한 성장세를 보이고 있었으며, 국민총생산에서 차지하는 비중을 계속 늘려가고 있었던 점은 주목할 필요가 있다.

다음은 1950년대 인구구성에서 가장 중요한 부문이었던 농업에 대해 살펴보자. 〈표4-4〉는 농업에 관한 기본 통계의 추이를 정리한 것이다. 농가인구는 1950년대 계속 증가하였지만 총인구에서 차지하는 비중은 크게 변하지 않았다. 농가호수는 1950년대 중반 감소하였다가 다시 증가하였고 이에 따라 호당 경지면적도 증가하였다가 줄어들기 시작하였다. 그러나 호당 경지면적이 채 1정보에 미치지 못함으로써 대부분의 농가가 영세농의 처지를 벗어나지 못하였다.[10]

---

8) 1920년과 1930년을 비교하면 1차산업은 66.2%에서 58.8%로 감소한 반면, 3차산업은 26.9%에서 32.7%로 증가하였다(안병직, 1995: 10).

9) 1차산업의 성장률은 다른 산업에 비해 연도별로 큰 진폭을 보였는데 자연재해로부터 자유롭지 않았던 당시의 상황을 보여준다. 특히 1956년의 성장률이 매우 낮았던 것은 후술하는 바와 같이 미곡의 생산성이 크게 하락하였기 때문이었다. 농업생산에서 미곡이 차지하는 중요성을 여실히 보여주는 것이라 하겠다.

10) 이 표에서 유의할 점은 농가의 호당 인구수가 1950년대에 약 0.5인 가까이 증가하였다

〈표4-4〉 총인구 · 농가인구 · 농가호수 및 경지면적

연도	총인구 (천명,A)	농가인구 (천명,B)	B/A (%)	농가호수 (천호)	호당농가 인구(명)	경지면적 (천정보)	호당경지면 적(단보)
1953	21,546	13,151	61.0	2,249	5.76	1,956	8.70
1954	21,913	13,170	60.1	2,234	5.89	1,967	8.80
1955	21,502	13,300	61.9	2,218	5.99	2,011	9.07
1956	21,350	13,445	63.0	2,201	6.11	2,008	9.13
1957	21,948	13,592	61.9	2,211	6.15	2,015	9.12
1958	22,524	13,750	61.0	2,218	6.20	2,029	9.15
1959	23,513	14,126	60.0	2,267	6.22	2,033	8.96
1960	24,994	14,559	61.9	2,350	5.99	2,042	8.74
1961	25,441	14,509	57.0	2,327	6.23	2,049	8.81

자료 : 경제기획원(1963), 『농림통계분석요람』, p.11.

〈그림4-1〉 미곡의 생산성 추이

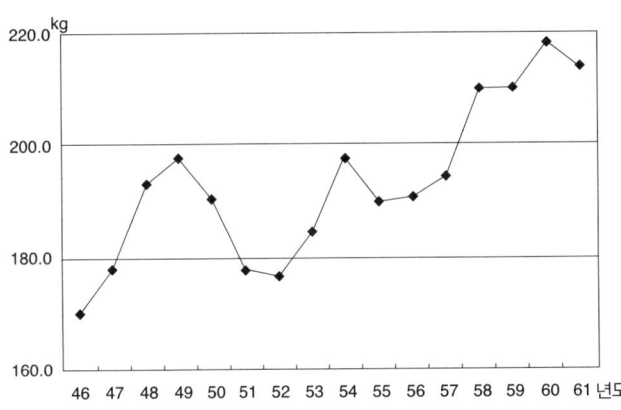

자료 : 〈표4-4〉와 동일, p.43.
주 : 연도는 3개년 이동평균임.

는 점이다. 이것이 가지는 경제적 의미는 후술한다.

농업생산성은 1950년대에 큰 변화를 보이고 있다. 〈그림4-1〉은 농업생산성의 추이를 알기 위해 대표적 작물인 미곡의 생산성 추이를 살펴본 것으로 해방 이후 미곡의 단보당 수확량의 추이를 그래프로 그린 것이다. 전쟁기간에 생산성이 감소한 것은 당연한 것이며, 1955~57년간의 생산성 감소는 1956년의 단수가 166kg으로 비정상적으로 낮았기 때문이라고 할 수 있다. 해방 전 1930년대 후반의 평균 단수가 약 200kg이었던 점을 상기하면 한국전쟁 직전에 해방전의 단수를 회복하였지만, 전쟁으로 다시 농업생산성이 파괴되었다가 1956년의 이례적인 흉작의 시기를 제외하면 1950년대 후반에는 해방 전의 생산력 수준을 이미 상회하고 있었음을 알 수 있다.

이러한 통계들로부터 한국농촌의 상황이 농지개혁에 따른 농지분배 이후에도 크게 개선되지 않았음을 유추할 수 있다. 늘어나는 농촌인구의 압력을 이겨내기에는 농경지가 매우 부족하였으며, 이에 대해 농민들은 가족노동력의 투입을 통한 토지생산성의 증대로 대응할 수밖에 없었다. 이러한 사정을 반영하여 단위면적당 수확량은 증가하였으나, 생산기반시설이 열악하였기 때문에 자연재해에 취약한 생산구조를 보였다.

그렇다면 당시 농가의 가계수지는 어떠하였을까? 이를 서울 근로자의 그것과 비교하여 살펴보기로 한다. 〈표4-5〉에 따르면 서울 근로자가구의 가계수지는 1950년대 내내 한번도 흑자를 기록하지 못했으며, 적자폭이 확대되는 추세를 보였다. 소비지출이 차지하는 비중이 압도적이었으며, 그 중에서도 음식물비의 비중이 매우 높았다.[11] 엥겔계수도 40% 수준을 유지하고 있었다. 1950년대 중·후반 수지적자의 폭은 전쟁기간에

---

11) 1980년대 초반 노총에서 작성한 이론적인 최저생계비에 따르면 5인 가족의 경우 최저생계비는 513,234원이었으며, 그 중에서 식료품비가 차지하는 비중은 32.2%였다 (한국교회사회선교협의회, 1985). 즉 1950년대 도시노동자의 가계수지는 1980년대 초반 노동자의 최저생계비에 비해서도 식료품비의 비중이 더 높았다고 할 수 있다.

〈표4-5〉 연도별 서울 근로자가구 가계수지

연도	소득	지출	소비지출						비소비지출	수지차	수지비
			소계	식비	주거비	광열비	피복비	잡비			
1952	1,100	1,480	1,410	930	70	70	140	200	70	-380	-34.5
1953	1,830	2,320	2,250	1,240	210	160	280	360	70	-490	-26.8
1954	3,560	3,880	3,810	1,570	630	280	580	750	70	-320	-9.0
1955	5,350	5,680	5,540	2,530	780	420	630	1,180	140	-330	-6.2
1956	6,800	7,980	7,720	3,450	1,140	510	940	1,680	260	-1,180	-17.4
1957	8,290	9,490	9,170	3,960	1,360	600	1,060	2,190	320	-1,200	-14.5
1958	8,990	9,850	9,520	3,960	1,490	490	1,140	2,440	330	-860	-9.6
1959	9,880	11,060	10,500	3,750	1,810	760	1,380	2,800	560	-1,180	-11.9
1960	10,180	10,740	10,260	3,990	1,910	530	1,020	2,810	480	-560	-5.5
1961	8,970	9,670	9,260	3,820	1,790	540	740	2,370	410	-700	-7.8
1962	9,050	9,860	9,240	3,990	1,760	550	710	2,230	620	-810	-9.0
1963	10,220	11,340	10,690	4,840	1,940	580	850	2,480	650	-1,120	-11.0

자료 : 한국은행(1964), 『가계조사종합보고』, PP.81-89에서 재작성.
주 : 1959년은 4분기 통계임.

〈표4-6〉 연도별 서울 근로자가구 가계지출의 구성비

(단위: %)

연도	소비지출	음식물비	주거비	광열비	피복비	잡비	비소비지출
1952	95.3%	62.8%	4.7%	4.7%	9.5%	13.5%	4.7%
1953	97.0%	53.4%	9.1%	6.9%	12.1%	15.5%	3.0%
1954	98.2%	40.5%	16.2%	7.2%	14.9%	19.3%	1.8%
1955	97.5%	44.5%	13.7%	7.4%	11.1%	20.8%	2.5%
1956	96.7%	43.2%	14.3%	6.4%	11.8%	21.1%	3.3%
1957	96.6%	41.7%	14.3%	6.3%	11.2%	23.1%	3.4%
1958	96.6%	40.2%	15.1%	5.0%	11.6%	24.8%	3.4%
1959	94.9%	33.9%	16.4%	6.9%	12.5%	25.3%	5.1%
1960	95.5%	37.2%	17.8%	4.9%	9.5%	26.2%	4.5%
1961	95.8%	39.5%	18.5%	5.6%	7.7%	24.5%	4.2%
1962	93.7%	40.5%	17.8%	5.6%	7.2%	22.6%	6.3%
1963	94.3%	42.7%	17.1%	5.1%	7.5%	21.9%	5.7%

자료 : 〈표4-5〉와 동일.

비한다면 개선된 편이었지만 추세적으로 줄어드는 경향을 읽어낼 수는 없었다. 1956년과 1957년의 수지악화는 상당 부분을 식비의 급증으로 설명할 수 있는데, 이것은 도시근로자의 가계수지가 주곡의 작황이나 가격 변화에 크게 좌우되고 있음을 보여준다.

그 다음으로 높은 비중을 차지하고 있었던 것은 잡비와 주거비였는데, 특히 잡비는 50년대에 지속적인 증가추세를 보였다. 잡비는 의료비, 비용비, 교육독서비, 취미오락비, 담배, 교통통신비, 증여교제 및 회비, 관혼상제비, 기타비목으로 구성되어 있다. 이 중 어느 품목이 증가를 주도했는지는 자료만으로는 알 수 없지만, 1960년대 초반 잡비의 구성비가 감소한 주된 이유가 교육독서비의 감소였던 것으로부터 추론하면 1950년대 잡비지출의 상승에는 교육비 비중의 증가도 일조했을 것으로 보인다.[12]

〈표4-7〉 국민학생 및 중학생의 연도별 추이

(단위: 천명)

연도	총인구	국민학교		중학교		계	비율
		학생	비율	중학생	비율		
1953	21,546	2,247	10.4	339	1.6	2,586	12.0
1954	21,913	2,664	12.2	420	1.9	3,084	14.1
1955	21,502	2,877	13.4	475	2.2	3,352	15.6
1956	21,350	2,921	13.7	459	2.1	3,380	15.8
1957	21,948	3,188	14.5	444	2.0	3,632	16.5
1958	22,524	3,262	14.5	398	1.8	3,660	16.2
1959	23,513	3,550	15.1	472	2.0	4,022	17.1

자료 : E.S. 메이슨 외(1969), 『교육연감』.

---

12) 시기는 약간 차이가 있지만 박기혁(1966)이 한 실증조사에 따르면 농가의 가계지출에서 교육비가 차지하는 비중이 농지개혁 이전에는 4.5%에 불과하였지만, 1965년에는 10.9%로 상승하였는데, 이는 관혼상제비의 비중 7.4%를 상회하는 것이었다(박기혁 외, 1966: 57).

이 당시 교육열의 증가는 '우골탑'으로 상징되듯 가히 폭발적인 것이었다. 교육에 대한 열정은 고등교육에만 한정된 것이 아니었으며 초·중등교육 전반에 걸친 것이었다. 〈표4-7〉은 1950년대 국민학생과 중학생 수의 변화를 정리한 것이다. 1950년대 초등 및 중등교육의 수혜 학생수는 가파른 상승세를 보였으며, 특히 초등교육 수혜자는 50% 이상 증가하였다. 이에 따라 가계가 부담하는 교육비 역시 증가하였을 것이며, 이것이 도시근로자의 가계수지에 영향을 미쳤을 것이다.

다음은 농가수지에 대해서 살펴보자. 〈표4-8〉은 1950년대의 농가수지를 정리한 것이다. 농가수지도 적자를 보이는 것은 마찬가지지만 그 비율이 도시가계에 비해서 매우 낮다. 수입에서 수지적자가 차지하는 비율이 도시근로자가구의 가계수지에서는 대략 10% 내외에서 변동하였지만 농가의 경우는 1958년의 예외를 제외한다면 5% 미만을 보였다.[13] 다만 수지적자가 축소되는 경향을 보이지 않는다는 점은 도시근로자가구와 마찬가지였다.

사실 그동안의 연구에서는 농지개혁의 불철저와 잉여농산물 도입에 따라서 농촌경제가 피폐해졌다는 주장이 주류를 이루었고, 최근 농지개혁에 대한 긍정적 평가가 나온 뒤에도 농지개혁에도 '불구하고' 농촌경제가 피폐해졌다는 주장은 변함이 없었다.[14] 그러나 수지적자라는 관점에서 파악한다면 도시노동자의 가계가 반드시 농가보다 유리할 것은 없

---

13) 농가경제의 수지는 1960년대에 들어서면 흑자로 반전한다. 그러나 이 경우에도 1정보 미만의 영세농은 여전히 수지적자를 보고 있다(농협중앙회, 1965: 919-920).

14) 한도현(1998)은 농지개혁의 성과에도 불구하고 1950년대의 한국 농촌이 피폐한 이유는 정부의 농업정책, 즉 국가의 성격에서 찾아야 한다고 주장하였다. 그러나 그가 들고 있는 농가경영의 악화, 소작제 재생, 절량농가, 농가경영규모의 영세성, 농가부채와 고리채, 도농간 생활격차 등은 사실 일제시대에 없었던 새로운 현상은 아니며, 그것이 더 악화되었다는 증거도 확실하지 않다. 도시노동자와 농촌의 생활격차의 확대 또한 수지적자라는 관점에서 파악한다면 다른 해석이 가능하다.

었다. 다만 그 도시 가구가 이농한 가구였다면 이렇듯 확대하는 수지적 자를 고향인 농촌가구로부터 일정부분 보전받았을 가능성은 있다.

〈표4-8〉 농가수지

연도	1954	1955	1956	1957	1958	1959
농가수입	170,764	350,146	544,956	598,652	570,879	545,443
농가지출	174,375	350,349	555,324	611,976	605,576	559,215
농업지출	21,435	43,034	64,817	66,096	122,371	131,353
농외사업지출	2,925	3,777	5,530	4,683	12,303	13,847
조세공과	7,778	18,205	20,045	14,468	17,386	17,585
생계지출	142,237	285,333	464,932	526,729	453,516	396,430
음식물비	104,672	205,834	322,939	368,003	266,613	216,857
주거비	1,965	5,568	6,982	5,363	9,468	11,135
광열비	2,968	9,966	44,581	60,303	59,682	55,850
피복비	10,623	22,179	32,321	30,579	29,908	32,468
잡비	22,009	41,786	58,109	62,481	87,845	80,119
수지차	-3,611	-203	-10,368	-13,324	-34,697	-13,772
비율1	-2.1	-0.1	-1.9	-2.2	-6.1	-2.5
비율2	-2.5	-0.1	-2.2	-2.5	-8.0	-3.4

자료 : 한국은행(1960), 『경제통계연보』, p.282.
　주 : 1) 1958년 및 1959년의 합계의 불일치는 수지차를 중심으로 정리함.
　　　2) 비율1=수지차/농가수입.
　　　3) 비율2=수지차/(농가수입－농업지출－농외사업지출).

항목별 지출의 추이를 보면 음식물비가 차지하는 비중이 도시가계에 비해 높게 나타난다. 이는 농가수지의 경우 현물수입 및 지출을 포함시켜 계산하였기 때문에 나타난 현상으로 보인다. 농가가 소비하는 식료품은 자가 생산된 부분이 많은데 이를 현금화하여 포함시킬 경우 음식물비의 비중이 도시가계에 비해 높게 나타날 수 있을 것이기 때문이다. 이는 또한 도시가계가 식료품소비에 있어서 극도의 내핍을 하고 있음을 보여

주는 것으로 해석할 수도 있다.[15]

　다음 농업경영의 측면에서 농가수지를 살펴보자. 〈표4-9〉를 보면 농가의 총지출 중에서 농업지출이 차지하는 비중은 1957년까지 10%를 약간 상회하다가 1958년 이후 20%를 넘어선다. 이는 적어도 1950년대 중반까지는 농가가 농업경영에 큰 비용을 투자하지 않았음을 의미한다. 1958년 이후 농업투자의 급증은 어느 정도는 자급비료투입 증가로 설명할 수 있다. 특히 1950년대 후반 퇴비사용량이 증가하였는데(농협중앙회, 1965: 858), 이러한 변화가 농업지출의 증가로 나타났을 것이다.

〈표4-9〉 농가지출

(단위: %)

연도	1954	1955	1956	1957	1958	1959
농업지출	12.3	12.3	11.7	10.8	20.2	23.5
농외사업지출	1.7	1.1	1.0	0.8	2.0	2.5
조세공과	4.5	5.2	3.6	2.4	2.9	3.1
생계지출	81.6	81.4	83.7	86.1	74.9	70.9
음식물비	60.0	58.8	58.2	60.1	44.0	38.8
주거비	1.1	1.6	1.3	0.9	1.6	2.0
광열비	1.7	2.8	8.0	9.9	9.9	10.0
피복비	6.1	6.3	5.8	5.0	4.9	5.8
잡비	12.6	11.9	10.5	10.2	14.5	14.3

자료: 〈표4-8〉과 동일.

---

15) 농가수지 중에서 특이한 것은 광열비가 차지하는 비중이 1956년 이후 급증한 것이다. 이 조사의 경우 현금지출과 현물지출을 모두 조사하였는데, 이 급증은 주로 현물부문에서 나타난 것이었다. 따라서 이러한 급격한 변화가 나타난 이유는 스스로 마련한 나무 등을 땔감으로 사용한 경우 종래에는 포함시키지 않았다가 1956년 이후에는 이를 광열비에 포함시켰기 때문에 나타난 현상으로 추론할 수 있다.

이처럼 가계수지의 측면에서 살펴본 도시 및 농촌의 상황도 1950년대에는 비참한 상태였다. 이러한 가계수지적자의 누적은 농민들로 하여금 고율의 사채를 쓰지 않을 수 없도록 하였고,[16] 이는 농가 및 도시근로자의 생활을 더욱 악화시켰을 것이다. 그럼에도 불구하고 1950년대 후반이 되면 변화가 나타난다. 농민들의 농업경영에 대한 투입이 증가하며, 가계는 자신의 소득 중에서 좀더 많은 부분을 식료품보다는 교육 등에 투자하는 경향이 나타났다. 이는 다음 시대의 노동력 형성이라는 측면에서 매우 중요한 의미를 가지는 것으로 해석할 수 있다.

2) 인구이동 및 교육의 변화

(1) 인구이동과 가족구성추세

사회적 측면에서 이 시기의 특징은 인구가 급격히 증가했다는 것이다. 월남민과 해외귀환동포로 인한 사회적 증가 이외에 자연증가도 현저하게 늘었다. 한국전쟁 기간에는 전쟁의 영향으로 출생률은 낮아지고 사망률은 높아져 실질적으로 인구는 감소하였다. 그러나 전쟁 이후 1960년까지 꾸준한 인구증가를 보이며, 특히 베이비붐이 일어나 출생률이 높아지고 또 항생제의 보급으로 사망률이 떨어졌다. 이 시기 연평균 인구증가율은 2.9%로 우리나라 역사상 가장 높은 자연성장률이었을 것으로 해석된다.[17] 〈표4-10〉은 1955~1960년간 각 도별로 평균 인구 증가율을 구한 것이다.

---

16) 군사쿠데타로 정권을 잡은 박정희 세력이 군정 당시 농촌고리채정리사업을 실시한 가장 큰 이유는 이를 매개로 하여 농민의 민심을 사로잡고자 한 것이었다. 그러나 농촌고리채정리사업은 충분한 농업자금의 공급 미비와 농업금융채권 상환의 부진이라는 문제점을 드러내면서 큰 성과를 거두지 못하였다(전경련, 1986: 682).

17) 해방전의 인구증가율은 1% 내외였으나 해방후 급증하여 1960년 2.98%에 이르렀으며, 이후 1970년 2.31%, 1980년 1.75% 등으로 지속적으로 감소하였다(은기수, 1997: 79).

평균을 상회한 지역은 서울, 경기, 강원이었다.

특히 이 시기에 급격한 도시로의 인구이동에 의한 도시화현상이 두드러졌다. 〈표4-11〉에 따르면 1944~1960년간 도시인구는 3.4배 증가한 반면, 같은 기간 농촌인구는 1.3배 증가하였다. 이에 따라 전체인구에서 도시인구가 차지하는 비중도 1944년 13.0%에서 1960년 28.0%로 증대하였다.

〈표4-10〉 1955~1960년간 도별 평균 연간 인구증가율

(단위: %)

	서울	부산	경기	충북	충남	전북	전남	경북	경남	강원	제주	계
남	8.16	n.a.	3.58	2.16	2.41	2.08	2.53	2.11	1.84	4.69	2.97	2.97
여	8.77	n.a.	3.57	2.00	2.19	1.78	2.18	2.12	1.77	4.38	1.52	2.82
계	8.47	2.4	3.58	2.08	2.30	1.93	2.36	2.12	1.81	4.54	1.41	2.89

자료 : 과학기술처(1968), 『인구추세의 자연동태와 지역 이동량에 관한 사회조사연구』, p.28.

그런데 아래의 〈표4-11〉에서 볼 수 있듯이 실제 이러한 도시인구증가와 농촌인구증가관계를 보면 도시 인구증가가 농촌인구에 미친 영향은 거의 나타나지 않는다. 즉 군부(郡部)인구(농촌)의 절대수가 1950년대에는 결코 줄어들지 않고 있다는 점이다. 한국사회에서 군부인구의 절대적 감소가 나타나기 시작한 것은 1960년 중반 이후로써 1950년대는 여전히 급속한 도시화에도 불구하고 촌락인구가 계속 증가 또는 유지되고 있었다. 물론 이것은 전쟁으로 최저수준으로 떨어졌던 자연출산력[18]의 회복과 그 이상의 증대(베이비 붐) 때문인 것으로, 특히 농촌의 출산력이 도시보다 높았던 점[19]을 감안할 때 이러한 상황은 지속적인 경제의 성장에

---

18) 자연출산력(natural fertility)은 인구학에서 피임이나 인공유산 등 인위적 출산통제수단을 이용하여 출산력을 의도적으로 규제하지 않을 때 한 부부가 일생동안 가질 수 있는 자녀의 수로 정의되는 분석적 인구개념이다.

19) 1960년 센서스 자료에 의한 도시와 농촌별 출산력의 차이는 전국의 조출생율이 31.6

도 불구하고 농촌의 빈곤을 해소하지는 못했다.

〈표4-11〉 1944~1960년간 도시와 농촌 인구수 비교

(단위: 천명)

인구별	1944년	1949년	1955년	1960년
도시인구	2,064	3,474	5,281	6,999
농촌인구	13,815	16,714	16,245	17,995
계	15,879	20,188	21,526	24,994

자료 : 金哲(1965), 『韓國の人口と經濟』, p.232.

 1949~1960년 사이 우리나라 인구 이동의 가장 중요한 특징은 해방으로 인한 귀환과 전쟁 기간 중 피난민들의 귀환 그리고 월남민들의 재정착과정이라고 할 수 있다. 이러한 이동은 북쪽 지역의 도시 즉 서울 및 경기, 강원지역 도시에서의 급격한 인구성장을 초래했다. 이를 좀더 자세히 살펴보면 다음과 같다.

 인구분포의 재구성이 거의 완성되었다고 할 수 있는 1955년 이후 1960년까지 5년 동안 도시로의 인구이동은 그 양이 제법 컸는데, 〈표4-12〉에서 보듯 도시의 수의 증대는 대략 도시인구 비율의 증대와 그 경향을 같이 하였다. 말하자면 도시인구의 증대는 행정지역의 변동 또는 새로운 도시형성에 반영되고 있었다. 이는 도시인구의 증대가 자연증가가 아니라 무엇보다도 순인구이동에 따른 것이었음을 보여준다.

 에 비하여 도시는 28.7이며 농촌은 34.2로서 농촌이 도시보다 약 20% 가량 더 높은 현상을 보여주고 있다(과학기술처, 1968: 13).

〈표4-12〉 1949~1966년 사이의 도시의 성장

(단위: %)

연도	도시의 수	도시인구 비율	연평균 성장률
1949	19	17.1	13.5
1955	25	24.5	6.6
1960	27	28.0	5.4
1966	32	33.5	5.7

자료 : Kwon T-H & Others(1975), p.7.

이러한 순인구이동은 농촌에서 도시로 이동하는 사회적 이동[20)에 의한 것이라고 할 수 있다. 1955년에서 1960년 사이에 총인구는 16%가 증가하였고 도시인구는 33%가 증가하였는데 특히 서울의 인구집중은 1955~1960사이에 총 인구이동량의 70%를 차지하고 있다(권태환, 1998: 244). 1960년을 기준으로 한 출생지별 자료에 의하면 도시민의 약 1/3정도가 그들이 현재 살고 있는 지역과 다른 도시에서 출생했음을 알 수 있다(과학기술처, 1968: 27). 특히 서울의 경우는 비이주민의 구성이 높아 서울시민의 50% 이상이 서울이 아닌 지역에서 출생했다.

〈표4-13〉 도시크기별 인구비율

(단위: %)

구분	1946	1949	1955	1960
10만 이상	78.7(11.5)	86.2(14.7)	80.0(19.6)	81.6(22.8)
5-10만	19.2(2.9)	12.9(2.2)	19.4(4.8)	17.7(5.0)
2-5만	1.6(0.2)	1.6(0.2)	0.8(0.2)	0.7(0.2)

자료 : 홍경희(1979), 『한국도시연구』, pp.45-46.
주 : ( )안은 총인구에 대한 비율

---

20) 홍경희는 그의 연구에서 1949~55년간 도시인구증가의 81.2%가 사회적 증가 즉 농촌
으로부터 도시지역으로 집중한 인구라고 보고하고 있다(홍경희, 1979: 57).

그리고 실제적인 도시인구이동의 양태는 도시크기별로 다르게 나타나고 있다. 서울, 인천, 부산과 같은 몇 개의 대도시로의 인구집중이 두드러진 반면에 소도시(10만 이하)에서는 인구유출로 인해 오히려 인구가 감소했는데 이것이 1950년대 도시화의 실질적 경향이었다고 할 수 있다. 위의 〈표4-13〉은 이를 잘 보여주고 있다. 각 도시 크기별로 순인구이동을 보면 10만 이하의 인구의 도시는 인구가 감소하였고 50만 이상의 지역에서는 20%정도가 증가했으며 10만~50만 사이의 지역에서는 15%만이 증가했다. 이 같은 도시의 크기별 인구이동률로 미루어 볼 때 인구가 농촌에서 도시로 이동했을 뿐 아니라(농촌→도시) 도시 내에서도 대도시로의 집중현상(소도시→대도시)이 두드러졌다고 하겠다.

〈표4-14〉 1949 ~ 1960년의 인구이동추세

구분	인구수	인구증가율	조출생률	조사망률	순인구이동률
1949	2,107	6.1	4.2	2.3	4.2
1955	2,150	1.5	4.1	3.3	0.7
1960	2,499	2.9	4.5	1.6	0.0

자료: 권태환·김두섭(1998), 『인구의 이해』, p.223.

이를 센서스자료[21]를 통해 좀더 구체적으로 살펴보자. 〈표4-14〉에 따

---

21) 우리나라의 센서스는 5년 간격의 원칙하에 이루어지고 있다. 1955년까지는 '0'으로 끝나는 해에 총국세조사(또는 일반 센서스)를 하고 '5'로 끝나는 해에는 간이국세조사를 실시하는 것을 원칙으로 하고 있다. 본 연구에서 사용한 센서스 조사는 1955년 (1955년 9월 1일 조사)과 1960년(1960년 12월 1일 조사) 것인데 1955년의 것은 여러 가지 연령보고방법의 변동과 전쟁으로 인해 다른 센서스에 비해 오류정도가 높은 것으로 알려져 있다. 1960년의 센서스 자료는 일반적이다. 특히 1955년과 1960년 센서스의 단순비교에서는 연령보고 방법이 달라 문제가 있기 때문에 수정하여 사용하는 것이 일반적이다(과학기술처, 1968).

르면 1949-1960년 사이의 인구이동 추세를 보면 1955년까지는 해방과 전쟁 등의 요인으로 사회적 이동에 다른 순인구이동이 있었지만, 1960년에는 그러한 이동은 나타나지 않았다. 즉 1955~1960년 사이에 남한 외부로부터의 인구유입은 없었던 것이다. 그러나 〈그림4-2〉에 따르면 남한 내에서 지역별 인구이동은 매우 극심한 편차를 보였다. 이러한 인구이동 결과 농촌지역은 상대적으로 인구감소가 일어났다. 1955년~1960년 사이에 그 비율은 도 별로 약간씩 차이가 있긴 하지만 평균 3% 가량 된다. 이들 중 경기도 및 강원도는 농촌지역임에도 불구하고 얼마간의 인구이동에 의한 인구증가를 보여주고 있는데 아마도 이것은 38선 부근의 월남민의 정착과 관련이 있어 보인다.

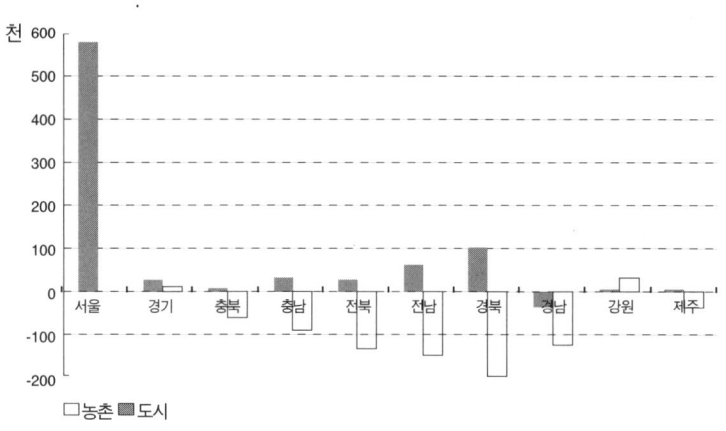

〈그림4-2〉 도시 및 농촌별로 본 순 이동인구 추정(1955~1960년)

자료 : 〈표4-10〉과 동일, p. 29에서 재구성.

가족은 한 사회의 기초가 되는 동시에 그 전체사회를 이해하는 중요한 단위가 된다. 1950년대 가장 높은 수준의 도시화가 나타났던 서울시의 경우 가족 구성원으로 볼 때 5인 가족은 18.5%, 4인 가족 17.8%, 6인 가족

이상은 44% 정도였다. 전체적으로 4인~8인까지의 가족이 전체의 80.7%를 차지하고 있다. 〈표4-15〉에 따르면 서울시의 평균 가족수는 1960년 5.46인이었는데 1950년대 내내 대략 이 수준을 유지하고 있었다. 농촌의 평균 가족수는 서울 및 기타 도시지역보다 높았으며, 당시 전국적 가족의 평균 크기는 5.7인 정도였다.

〈표4-15〉 서울의 가족수 변화

(단위 : 명)

구분	1945	1949	1953	1954	1955	1956	1957	1958	1959	1960
평균가족수	4.79	5.53	5.16	5.37	5.52	5.45	5.49	5.47	5.50	5.46
1㎢당 평균가구수	1,726	544	503	858	967	1,027	1,130	1,189	1,442	1,572

자료 : 서울특별시(1961), 『서울통계연보』에서 재구성.

그런데 도시와 농촌의 가족수의 변화 추이는 한 가지 흥미로운 점을 시사하고 있다. 우리는 〈표4-4〉에서 호당 농가인구가 1953년 5.76명에서 꾸준히 증가하여 1961년에 6.23명이 되었음을 확인한 바 있다. 이는 같은 시기 서울의 평균가족수가 5.5인 내외에서 안정적인 수준을 유지하고 있던 것과 대비된다. 농촌의 경우 호당 인구수가 늘었음에도 불구하고 호당 경지면적은 1950년대 중반 이후 감소하는 추세를 보이고 있었다. 이는 좀더 적은 경지로부터 더 많은 인구를 부양해야 했음을 의미한다.

그런데 이를 다른 측면에서 본다면 노동력의 대량투입으로 인하여 어느 정도의 토지생산성 상승이 가능했기 때문에 늘어나는 인구압력을 농촌이 수용할 능력이 있었다고 볼 수 있다. 즉 1950년대 늘어나는 농촌인구가 도시에 그대로 배출되지 않았다는 사실은 수요능력에 한계가 있었던 당시 도시사정을 고려하면 매우 다행한 일이었으며 이는 농촌이 잠재적 실업자의 저수지 역할을 어느 정도까지는 수행하고 있었다고 해석할 수 있다.

이제 이를 가족구조의 측면에서 살펴보자. 정종면(1964)의 조사에 의하면 1950년대의 가족수는 4~5인 가족이 최다수이고 그 다음이 6인 가족, 3인 가족 순이었다. 도시에서는 4인 가족이 가장 많고 농촌에서는 5인 가족 이상의 다인 가족이 많지만 10인 이상의 대가족은 거의 존재하지 않았다. 농촌에서는 도시에 비하여 가구원이 약간 더 많았다. 이는 앞서 우리의 추론에 설득력을 더해주는 증거이다.

〈표4-16〉 가족크기별 비교(대가족 비교)

(단위 : %)

구분	11~15인	16인~20인	21~25인	1~10인
1930년	30.4	2.1	0.2	67.3
1955년	11.0	0.3	-	88.7

자료 : 정종면(1964), 『한국농촌사회학의 원리』, p.29.

11인 이상으로 구성되는 대가족은 1930년대 통계와 비교할 때 크게 감소한 것으로 나타나고 있다. 위의 〈표4-16〉에서 보면 1930년의 경우 11인에서 15인까지의 가족이 30.4%를 차지하고 있었으나 1955년에는 11.0%로 크게 축소되었다. 반면에 10인 이하의 소가족은 30년의 67.3%에서 55년에는 88.7%로 그 비율이 크게 증가하고 있다. 이것은 전국적으로 3대 이상이 함께 거주하는 가족의 비율이 감소되었기 때문이라고 볼 수 있다. 1955년 간이국세조사에 의하여 볼 때 농촌지역이라고 할 수 있는 군 지역에서도 3대 이상이 거주하는 가족은 30.5%에 지나지 않고 4대 이상은 더욱 낮음을 알 수 있다. 또 〈표4-17〉의 사례조사에서도 서울의 경우 3대 이상의 가족이 가장 낮았으며, 전국의 군부에서 가장 높았다.

<表4-17> 3대 이상 가족수 및 비율

(단위: 천가구)

구분	1대	2대	3대	4대	5대	3대이상(비율)	계
서울시	45	193	39	4		43(15.3%)	281(100%)
전국도시	118	650	162	8		170(18.1%)	938
전국군부	228	1,760	829	44	2	875(30.5%)	2,863
전국	346	2,410	991	52	2	1,045(27.4%)	3,801

자료: <표4-16>과 동일
주 : 1인 가족이 포함된 수치임.

(2) 인구이동과 교육열

다음은 이러한 도시로의 인구유입현상을 어떻게 설명할 수 있을지 살펴보자. 첫째, 교통, 통신, 문화 등 근대화요인으로서 농촌생활과 다른 도시생활에 대한 동경을 들 수 있다. 둘째, 경제적 요인으로서 ① 농촌자체의 내부로부터 초래되는 이촌현상의 내적 원인과 ② 도시의 유인력(주락원, 1965: 360)을 들 수 있다. 농촌으로부터의 내적 원인은 농촌의 궁핍화와 인구압박을 들 수 있겠고 도시의 유인력은 고용창출이 가장 중요한 요인으로 지적될 수 있다.

그런데 도시의 경우 전후 경제성장을 통한 고용창출정도는 매우 미약했기 때문에[22] 이것만으로는 도시인구의 팽창을 설명하는데 큰 설득력을 갖기 어렵다. 또한 당시 서울의 산업구성만 보더라도 대부분이 3차 산업에 집중되어 있었고 잠재적 실업자가 넘쳐나고 있었다. 이들 도시의 실업자 및 저임금 노동자들은 자신들의 생계 중 많은 부분을 후방의 농촌경제로부터 지원받고 있었다. 즉 농촌과 도시는 농촌이 도시를 지원하

---

22) 이에 대해서는 다음 절에서 상술한다.

는 형태로 불가분의 관계를 맺고 있었다. 따라서 농촌자체의 궁핍화가 무작정 농촌인구를 밀어냈다고 보기도 어렵다. 앞에서 살펴본 바대로 실제 당시 농촌경제의 사정은 점차 나아지고 있었기 때문에 농촌의 궁핍화가 농촌인구를 도시로 밀어내어 1950년대 도시화를 결정적으로 만들었다고 말하기 어렵다. 그렇다면 산업흡수능력이 부재한 도시로의 인구유입은 어떻게 발생한 것일까?

일반적으로 이동의 흐름의 관점에서 인구이동의 원인을 생각할 때 자연히 기원지와 목표지[23]의 절대적 내지 상대적 조건에 관심을 가지지 않을 수 없다. 극단적으로 인구이동의 원인을 이원화시키면 기원지의 조건이 나빠서 사람들이 나가거나 아니면 목표지가 좋아서 그곳으로 이동해 간다고 할 수 있다. 이때 기원지에서 사람들을 밀어내는 힘을 배출요인, 반대로 목표지에서 사람들을 끄는 힘을 가리켜 흡인요인이라고 한다.

어떤 주어진 지역의 조건이 나빠서 사람들이 이동을 하지 않을 수 없을 때에는 배출요인이 중요하게 작용하고 역으로 어떤 곳이 발전을 하여 사람들이 그곳으로 몰릴 때는 흡입요인이 주로 작용한다고 할 수 있다. 우리는 인구이동의 흐름에 포함된 기원지와 목표지 사이의 여러 가지 관계, 가령 인구의 크기, 지역적 거리, 사회적 속성, 경제구조 등을 통하여 어떤 요소에 의한 어떤 종류의 이동형태인가를 살펴볼 수 있다.

지금까지의 분석으로부터 우리는 1950년대 도시가 경제적 측면에서의 흡인능력은 미약했으며, 농촌은 배출요인이 강했어도 어느 정도까지는 늘어나는 인구를 포용할 수 있는 능력이 있었다는 결론을 내릴 수 있다. 그런데 산업화가 충분히 이루어지지 않은 상태임에도 불구하고 도시가 강력한

---

23) 원래 거주하던 지역과 인구이동의 결과로 새로 거주하게된 지역 중에서 전자를 기원지 후자를 목표지라고 칭한다. 기원지에서 나와 공통의 목표지로 향하는 이동을 가리켜 이동의 흐름이라고 부른다. 농촌도시이동, 소도시-대도시 이동 등이 그것이다(권태환, 1998: 160-61).

흡인력을 지니게 된 요인은 경제적인 것이 아닌 다른 요인에서 찾을 필요가 있다. 우리는 중요한 요인 중 하나로 교육열을 들 수 있다고 생각한다.

〈표4-18〉 도시-농촌 사회문화적 특성(1960년)

구분	평균교육수준(년)	천명당 일간신문구독자(1961년)	라디오보유가구(%)
도시	5.2	255.5(서울)	31
촌락	1.9	7.3(지방)	8

자료 : 경제기획원(1963), 『1960년 한국인구조사』 1권, 1963, p.203; 한국신문협회(1968), 『한국신문연감』.

〈표4-18〉을 보면 1950년대 당시 농촌과 도시의 평균교육수준을 볼 때 그 교육격차가 매우 심하다. 또한 신문이나 라디오 등 문화시설의 보급 및 향유와 관련하여 농촌이 도시보다 근대적 문화를 접하지 못하고 있음을 알 수 있다.[24] 1950년대 한국 사람들의 높은 교육열로 미루어 볼 때, 이러한 차이는 교육 때문에 많은 사람들이 도시로 이동하여 그대로 정착했을 가능성이 높다는 것을 말해준다. 즉 도시로 이주한 주된 이유의 하나가 교육을 위한 것이었기 때문에 결과적으로 도시 주민이 촌락 주민에 비해서 높은 교육수준을 유지할 수 있었던 것으로 보인다.

〈표4-19〉 1950년대 고등학교 이상 학생수의 증가

(단위: 명, %)

구분	1945	1952	1955	1960
인문고등학교	50,343(100)	59,421(118)	141,701(358)	164,492(327)
실업고등학교	33,171(100)	74,463(224)	118,911(358)	99,071(299)
고등교육기관(대학교)	7,819(100)	34,089(436)	80,391(1,028)	101,045(1,292)

자료 : 〈표4-18〉과 동일, p.395.

24) 1961년 현재 일간신문의 총 발행부수는 738,976부였으며 이중 서울에서 551,697부를 구독하였다.

실제로 1950년대는 교육에 있어서 학교, 학생수, 교원수 특히 취학률의 급격한 증가가 있었다. 1940년 취학률이 31.7%였던 것이 1945년 64%, 전전에는 81.8%로 급증했다. 전쟁 때문에 일시적으로 감소했던 취학률은 1954년에는 전전의 수준을 회복하고 1960년에는 95.3%에 이르렀다(임대식, 1998: 139). 총인구의 20%가 학교에서 교육을 받고 있는 상황이었다.

특히 도시지역에 몰려 있는 고등학교 이상 학생수의 증가가 두드러졌으며, 〈표4-19〉를 보면 대학은 10년 동안 무려 10배 이상의 증가를 보여주었다. 1952년에서 1960년까지의 대학생 연간 평균증가율은 14.5%로 이것은 1960~70년 사이의 연간평균 증가율 6.7%보다 2배나 높은 것이었다(E.S. 메이슨 외, 1981: 21). 1960년에는 대학생이 10만 여명으로 증가하여 대학생과 대학출신자가 38만 명에 이르렀다.[25] 중등학생에 비해 상대적으로 대학생이 더욱 늘어난 것은 취업난 및 계층상승욕구가 기본적인 동력이 되었을 것이다. 이러한 교육의 양적인 성장을 통해 1960년대 이후 경제성장의 인적 토대가 마련되고 있었다고 말할 수 있다. 그리고 이를 위해 농촌가계가 수지적자를 무릅쓰고 교육비지출의 고통을 감내하였다는 사실 또한 강조할 필요가 있을 것이다.

〈표4-20〉 1960년 출생지자료에 따른 이주 및 비이주자간의 교육정도

(단위: %)

구분	남		여	
	비이주	이주	비이주	이주
계	100	100	100	100
무학	8.2	3.1	10.6	5.8
국민학교	56.3	38.1	56.9	48
중학교	16.8	16.8	17.7	17
고등학교	11.5	16.4	11.1	15.1
대학교	7.2	25.6	3.7	14.1

자료 : 〈표4-10〉과 동일, p.31.

---

25) 이중 남자가 87.2%, 여자가 12.8%였고 4년제 대학졸업자수는 9,171명이었다.

〈표4-20〉은 1960년 출생지 자료에 따른 이주자(현재 거주지 이외에서 출생한 사람)와 비이주자간의 교육정도를 알아본 것인데 고등학교 이상의 교육을 받은 사람들 중에서 이주자의 비율이 상당히 높게 나타나고 있다. 이는 교육에 대한 욕구와 그 혜택을 받겠다는 마음이 도시로의 인구집중을 가속화시킨 요인일 가능성을 뒷받침해주고 있다. 배움에 대한 열기가 특별한 한국사회에서 교육의 기회와 여건이 주어지자 교육열은 엄청나게 폭발하였고 다양한 형태의 교육기관이 몰려있는 도시로의 인구집중이 높아졌던 것이다.

3. 압축성장을 위한 제조건의 형성

1960년대 이후 한국경제가 '압축성장'을 할 수 있었던 요인이 무엇인가에 대해서는 학자에 따라서는 논의가 분분하지만, 풍부한 규율잡힌 노동력의 존재, 재벌, 경제성장에 있어서 효율적인 국가 등이 언급될 수 있다. 이 각각은 생산요소로서의 노동과 자본, 그리고 생산함수의 모양에 영향을 줄 수 있는 제도적 요인을 지칭하고 있다. 본 절에서는 앞서 논의한 1950년대의 사회·경제상황을 전제로 하여 그러한 조건들이 어떻게 노동력 형성, 자본형성에 작용했는지를 살펴보고자 한다.

1) 노동력의 형성

(1) 농촌노동력의 특성

농지개혁은 식민지시대 위력을 떨치던 식민지지주제를 해체하고 경자유전의 원칙을 실현하였다는 점에서 한국사에서 획기적인 의미를 가진다(조석곤, 2001b). 농지개혁의 의의는 첫째, 소작농을 자작농화함으로써 농촌을 안정시키는 데 결정적으로 기여하였으며, 둘째, 근대적 산업부문에 양질의 노동력을 제공할 수 있는 경제적 토대를 갖추게 하였다는 점에서 찾을 수 있다.[26] 농지개혁의 개혁적 성격에 대해서는 이전에는 부정적인 논의가 많았지만, 앞서 말한 두 가지 측면만을 고려하더라도 그것의 역사적 의의를 퇴행적인 것으로 평가할 수는 없다고 생각한다.

자본주의체제를 지향했던 남한에서 농지개혁이 가능했던 이유로는 무엇보다 먼저 사회주의 북한과의 대치 상황하에서 남한에 민주주의적 정권을 세우려는 미국의 세계전략을 언급해야 한다. 인구의 대다수를 차지하고 있는 농민의 토지소유에 대한 갈망을 해소하지 않고는 어떤 정권도 안정될 수 없기 때문이다. 둘째 이는 당시 이승만의 정치적 이해관계와도 일치하는 것이었다. 농지개혁은 이승만의 최대의 정적인 한민당의 후원세력인 지주계급을 무력화시키는 조치였기 때문이다(한국농촌경제연구원, 1989).[27]

농지개혁의 결과 대규모의 자작농이 창설되었지만, 〈표4-21〉에서 보는 바와 같이 경작규모는 더욱 영세해졌다. 소작료의 부담이 없어졌기 때문에 경작규모의 영세화를 곧 농가경영의 파탄으로 연결할 수는 없지만, 지가 상승과 곡가 하락이라는 조건이 형성되면 한계농들은 탈농이 더 유리한 상황에 직면하게 될 것이다.

---

26) 흔히 농지개혁의 의의는 자작농제의 창설과 산업자본의 원시적 축적을 위한 제도적 장치를 마련했다는 측면을 지적한다(장시원, 1995). 본고에서는 이에 덧붙여 양질의 노동력을 제공할 수 있는 경제적 토대를 갖추었다는 측면을 새롭게 부각시키고자 한다.

27) 『농지개혁사연구』에서는 이승만의 역할을 정적이었던 한민당의 무력화라는 측면에 초점을 두고 있었지만, 김성보(2001)는 이승만이 이미 정부수립 이전부터 '유상매수 유상분배'에 따른 농지개혁의 실시와 그를 통한 반공·자본주의체제 건설 방안을 가지고 있었다고 보았고, 그 배후에는 미국이 있었음을 입증하고자 했다.

〈표4-21〉 농지개혁 전후의 경작규모별 농가호수

(단위: 호, %)

구분	1947		1953	
	호수	비율	호수	비율
5단보 미만	894,775	41.2	1,011,032	44.9
1정보 미만	724,167	33.3	768,600	34.2
2정보 미만	409,204	18.8	370,848	16.5
3정보 미만	113,194	5.3	95,722	4.3
3정보 이상	31,095	1.4	2,930	0.1
계	2,172,435	100.0	2,249,132	100.0

자료 : 농림부(1955), 『농림통계연보』.

농지개혁은 그 자체가 자산재분배의 효과를 가진 것이지만, 나아가 그 것이 이후 농업생산성의 발전에 어떤 영향을 미쳤는지 분석하는 것도 필요하다. 먼저 자산재분배의 결과 가장 이익을 본 계층은 누구였을까? 우선 분배당한 지주가 가장 큰 피해자였음은 당연하다. 농지의 대가를 지가증권으로 보상받았다고는 하지만, 인플레이션을 감안하면 지주에게 크게 불리하였고, 그나마 전쟁기간에 대다수가 할인 판매함으로써 실질적으로는 큰 손해를 입었다. 특히 대지주들은 사전 방매를 통해 이런 피해를 줄일 수 있었지만, 중간규모의 지주들의 경우는 그렇지 못했을 것이다.

분배받은 농민의 경우 총상환금을 이자율로 할인한 현재가치로 보면 대략 연간 수확량 정도였으므로(전용덕 외, 1997), 그 정도 가격에 토지를 구입한 셈이면 이익을 보았다고 할 것이다. 반면 1950년대에 부과된 임시토지수득세는 농민의 잉여를 정부로 이전하는 효과를 가져왔음을 간과할 수 없다.

그러면 농지개혁이 농업생산성에 어떤 영향을 미쳤을까? 이는 소작지의 자작지화에 따른 비용과 편익을 고려해야 한다. 이 경우 편익은 경작자의 경제적 인센티브가 증가하고, 소작제 하의 감독비용이 없어짐에 따른 긍정적 효과를 고려할 수 있다. 반면 농업경영에 따른 손실을 모두 경작자가 부담하게 된다는 비용요인이 발생한다. 만일 전자가 크다면 농업경영의 효율은 증대하고 농업투자가 늘어남으로써 농업생산성의 상승을 기대할 수 있을 것이다. 실제로 농가의 농업투자는 증대하였으며, 이는 소작지의 자작지화가 당시 농촌상황에서는 효율적이었음을 보여준다.[28] 그러나 이러한 효율성은 가족노동의 대량투입에 기초한 것으로 노동생산성의 측면에서 살펴보면 바람직한 것은 아니었다. 다만 이는 농촌의 잠재적 과잉인구를 증대시킴으로써 후일 저임금 도시노동력으로 변모할 상대적 과잉인구의 풀을 넓히는 효과를 가져왔을 것으로 보인다.

(2) 도시노동력의 특성

앞에서 살펴본 바대로 1960년대 인구이동은 기원지와 목표지 사이의 미는 힘과 끄는 힘을 비교할 때 주로 목표지의 끄는 힘에 의해 발생했다. 당시의 경제상태나 도시상황은 경제적인 측면에서는 농촌으로부터의 노동력 유입을 필요로 하지 않는 상태였음에도 교육 등과 같은 사회문화적 요인 때문에 목표지의 견인력이 발생한 것이었다. 결국 1955년을 기점으로 하여 서울과 부산은 이미 100만이 넘는 거대도시의 특성을 보이기 시작했다. 그러나 노동력 흡입요인이 부재한 상황에서 교육 등 다른 요인에 의한 견인된 인구 때문에 도시는 실업자로 들끓고 있었다.

---

28) 앞 절에서 설명한 바와 같이 이 시기 농업생산성의 상승은 가족노동력의 증가에 따른 토지생산성 상승으로 요약할 수 있는데, 이러한 노동력 투입증가의 배경요인으로는 소작지의 자작지화에 따른 농민의 영농의욕 증대가 영향을 미쳤다는 점도 고려해야 할 것이다.

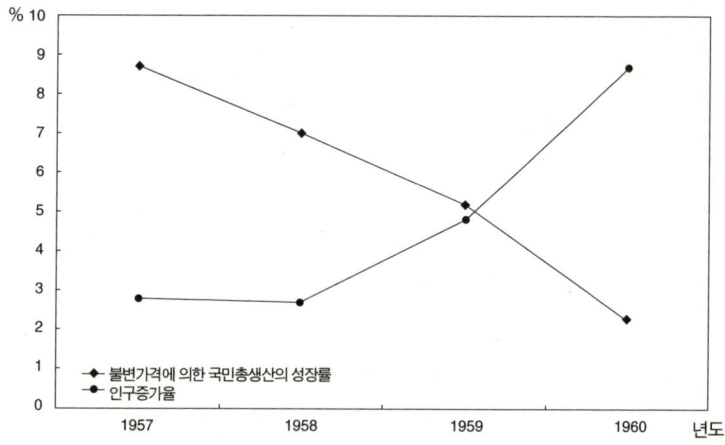

〈그림4-3〉불변가격에 의한 국민총생산 성장률 대비 서울 인구증가율

자료 : 서울특별시 도시계획위원회(1962), 『도시계획기본자료조사서』, p.198

위의 〈그림4-3〉에 보는 바와 같이 서울의 경우만 보더라도 이미 1959
년을 기점으로 인구 성장률 대비 불변가격에 의한 국민총생산 성장률은
마이너스로 기록되고 있다. 1950년대는 농촌과 도시 양쪽 모두 절대적인
인구의 포화상태였다고 할 수 있다.

〈표4-22〉1955~1960년 도시 전입자의 순이동량 및 성비
(단위: 명)

구분	순 이동		
	성비(%)	남	녀
서울	88.1	270,385	306,760
부산	153.4	-12,799	-8,346
대구	80.1	44,699	55,821
인천	91.2	11,655	12,684
광주	73.1	24,019	32,882

자료 : 〈표10〉과 동일, p.30.

그런데 당시 도시와 농촌의 순인구이동률을 남녀별로 볼 때 농촌에서 빠져 나온 인구 중 여성이 남성보다 더 많았다는 사실에 주목할 필요가 있다. 〈표4-22〉를 보면 대도시로 유입된 인구를 남녀별로 살펴본 것이다. 부산을 제외하면 유입된 인구는 남성보다 여성이 적어도 10% 이상 높은 것을 알 수 있다.[29] 당시 교육을 받기 위해 농촌에서 도시로 나간 사람들이 주로 남성이었다는 점에 비추어 볼 때 이들 여성들의 도시 이동에 대해서는 더 많은 교육을 받기 위한 것으로 해석할 수는 없다.

앞서 말한 대로 농촌은 이미 잠재적 과잉인구로 가득 차 있었다. 이러한 상황에서 도시로부터의 흡인력에 가장 민감하게 반응하는 것은 한계생산력이 가장 낮은 노동력, 즉 여성노동력일 것이다. 이들이 도시로 나와 서비스업 중심의 3차 산업 노동력을 제공했을 가능성이 크다. 이렇게 해서 축적된 도시의 여성노동력과 아직 농촌에 거주하고 있는 잠재적인 과잉 여성노동력이 1960년대 특정 도시와 지역을 중심으로 한 경공업 위주의 수입대체 산업화에 중요한 노동력을 제공했다고 볼 수 있다.

〈그림4-4〉 1955~1960년 사이 군부 및 시부의 연령별 인구이동량

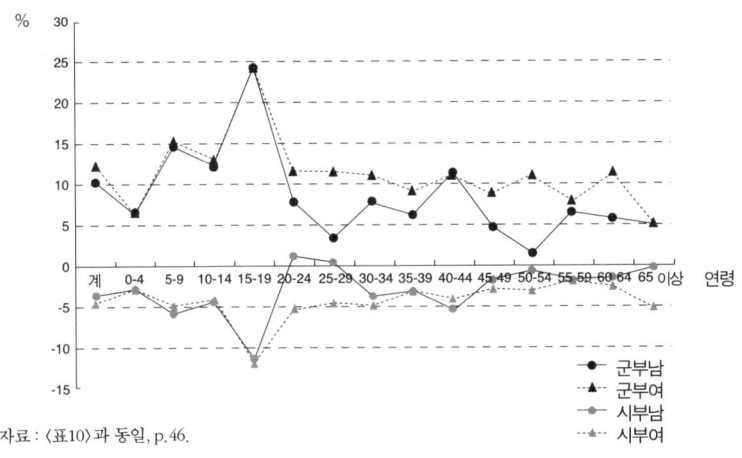

자료 : 〈표10〉과 동일, p.46.

29) 부산이 예외적인 것은 다른 대도시와는 달리 30대 이상의 장년층에서의 인구유출이

도시로 이동한 인구의 연령추이도 이를 뒷받침한다. 1955~1960년 사이 각 시, 군부에서의 순인구이동량을 연령별로 보면 〈그림4-4〉와 같다. 통계적으로 볼 때 1955~1960년의 5년 사이에 농촌은 순이동으로 4.3%의 인구(여성 -4.8%, 남성 -3.8%)를 잃었다. 이와는 달리 이촌민의 유입으로 도시지역의 인구는 11.1%의 인구증가(여성 12.1%, 남성 10.1%)를 보이고 있다. 농촌에서 나간 인구의 11.9%와 도시로 유입된 24.1%의 인구가 주로 15~19세에 집중되어 있는데, 이들 중에는 학생도 있겠지만 여성노동자들도 다수 존재했을 것이다. 이러한 젊은 노동력의 존재가 역시 1960년대 산업화에 중요한 노동력을 제공했다고 볼 수 있다. 또 20대의 경우 남성에 비해 여성의 경우가 도시로 더 많이 이동한 것으로 나타난다. 이는 취업요인이 아닌 또 다른 요인, 예를 들면 결혼 등의 요인에 기인하는 부분도 있을 것이지만, 이 시기 경제적 동기에 따른 인구흡인력이 남성보다는 여성 쪽에 더 강하게 작용하고 있었음을 보여준다고 할 것이다.

2) 자본형성

김대환(1998)은 1950년대 전후복구과정에서 이루어진 자본축적은 미국의 원조를 물적 기반으로 하여 민생안정과 산업부흥이라는 정책기조 하에 소비재의 수입대체산업화로 진행되었다고 평가하였다. 그는 이 시기가 비록 생활수준에서 그다지 큰 개선이 없었지만 산업화는 일정한 성과를 기록하고, 이는 한국경제가 수출지향적 경공업화를 추진할 수 있는 다음 단계로의 이전 내지 발전의 기초가 되었다고 보았다.[30]

많아서 전체적으로 순인구 이동률이 음수를 기록했기 때문이다. 이는 한국전쟁으로 피난했던 사람들이 다시 고향으로 돌아갔던 사정을 반영하는 것으로 보인다.
30) 앞서 말한 바와 같이 그는 1950년대의 해석에 있어서 전통적인 방식, 즉 1950년대의 파행성과 그것의 계승이라는 측면을 강조하는 방식을 따르고 있다. 수입대체산업화

이 논의는 수입대체공업화→수출지향공업화라고 하는 공업화 유형의
단선적 발전을 염두에 둔 서술이다. 이에 대해서는 이병천(1999), 박태균
(2000), 조석곤(2001a)의 비판이 있다. 이들은 1960년대는 이러한 단선적
이행이 일어난 시기가 아니라 수입대체와 수출지향이 복선적 공업화논
리가 작용하고 있었던 시기임을 주장하고 있다.[31] 압축성장이 가능했던
원인을 1950년대의 공업화에서 찾는 것은 수입대체에서 수출지향으로
의 선회가 갖는 의미를 제대로 파악할 수 없으며, 그것이 가능했던 내부
요인에 대해 깊이 천착할 수 없다는 점에서 한계가 있다.

1950년대 자본형성의 계기로는 귀속기업체불하와 원조 및 재정투융자
그리고 인플레이션과 환율을 꼽는 것이 보통이다.[32] 공신력있는 안정된
통화의 공급과, 부동산과 같은 고정자산을 유동성으로 바꿔줄 수 있는
금융제도의 형성은 시장경제의 안정성을 보장하고, 거래규모를 확대시
키는데 긍정적인 역할을 했을 것이다.[33] 그러나 그보다 근본적으로는 소

는 원료가공형 소비재 중심의 산업화로 원료와 자본의 대외의존심화에 따른 국내 산
업의 대외종속심화와 국내시장협소로 말미암아 산업부문간 불균형 발전을 낳았다.
이러한 자본축적과정은 소수에 대한 정책지원의 집중을 통하여 이루어졌는데, 이것들
은 향후 한국경제의 전개를 조건짓는 구조적 요인으로 작용하였다고 한다.

31) 물론 김대환도 1950년대를 개발시대와의 단절이 아니라 그 전제조건을 이룬 연속
적인 과정(김대환, 1998: 225)이라고 파악하고 있다. 그러나 수입대체공업화의 파행
성을 강조하다가 단지 '공업화' 라는 공통점에서 그것이 수출지향공업화로 '자연스
럽게' 전환될 수 있다고 주장하는 것은 무리가 있다. 수출지향공업화를 가능하게
한 여건은 원조에 기반한 수입대체공업화와는 구별되는 다른 맥락, 말하자면 자본
축적에 유리한 내부 조건의 성숙 등과 같은 점에서 찾아야 하지 않을까 생각한다.

32) 귀속기업체 불하나 원조에 대해서는 선행 연구가 한결같이 지적하는 바이다. 환율과
인플레이션의 영향에 대해서는 최상오(1998), 이에 따른 지대추구행위가 1960년대의
공업화에 미친 효과에 대해서는 김낙년(1999)이 자세하다. 이 요인들은 경제제도의
형성 및 운용과 관련된 사항이 크기 때문에 본고에서는 자세히 다루지 않기로 한다.

33) 금융제도의 골격도 1950년대에 완성되었다. 해방 후 조선은행의 업무는 1950년 설립
된 한국은행으로, 식산은행은 1953년 설립된 산업은행으로, 금융조합은 1956년에 설
립된 농업은행(이는 1961년에 구농협과 통합하여 오늘날의 농업협동조합중앙회가 되

유권제도 혹은 사유재산권의 절대적 확립은 자본축적의 전제조건이었음은 물론이다.[34]

다만 이러한 모든 요인을 복합적으로 고려하는 것은 경제제도가 경제성장에 미치는 효과에 대한 본격적인 분석으로 나가는 것으로 본고의 주제를 벗어난다고 생각한다. 여기에서는 1950년대 자본형성을 귀속기업체의 불하와 산업 발전, 그리고 이것이 노동력 흡수에 어느 정도 영향력을 발휘할 수 있었는가의 측면에 국한하여 살펴본다.

미국은 남한 점령 직후 식민지 시기 동안 조선 내에 축적된 일제의 공·사유 재산을 미군정에 귀속시킨 다음 미군정이 관리하도록 조치하였다(군정법령 제2호(1945.9)와 제33호(1945.12)). 귀속사업체는 미군정의 유관부서들에서 분할·관리하였는데, 법인사업체와 개인사업체로 대별할 수 있다.[35] 미군정이 1948년 10월에 한국정부로 이관할 무렵 추정해 놓은 전체 귀속재산의 가치는 약 3,053억원으로 당시 세출의 9배에 해당할 정도였다. 이 중에서 귀속기업체의 가치는 전체 귀속재산 가치의 2/3에 이르고, 신한공사 재산가치의 약 11배에 해당했다(김기원, 1990:37-38). 이로 미뤄보아 남한 경제에서 귀속기업체가 차지했던 비중이 매우 컸다는 것을 알 수 있다.

었다)으로 이관되었다.

34) 해방 직후 조선에 광범위하게 남아 있던 일본인 재산의 처리문제나, 당시 정치적 상황에서 어떤 방식으로든지 분배해야 했던 지주들의 농지에 대해서 사적 소유권의 보장이라는 큰 틀 내에서 처리한 것, 작업장에서 광범위하게 진행되던 노동자자주관리운동을 인정하지 않은 점 등은 이후 소유관계의 안정성에 크게 기여한 것으로 보인다.

35) 귀속농지와 달리 귀속사업체의 경우 남한 전체 사업체들 가운데 차지하는 비중이 어느 정도인지를 제대로 알 수가 없다. 이는 해방 직후의 혼란 속에서 빈번했던 소유권 불법 이전, 방매, 전매 등과 귀속사업체 접수에 대한 미군정의 시행착오 등으로 인해 많은 수의 귀속사업체가 유실되었기 때문이라고 짐작된다(최봉대, 1998).

〈표4-23〉 전후 귀속재산의 불하실적

구분	기업체	부동산	기타	총건수
1953	121	39,693	322	40,134
1954	233	92,735	95	93,063
1955	165	63,717	217	64,099
1956	61	36,418	162	36,641
1957	23	8,784	75	8,882

자료 : 김대환(1998), 『한국 현대사의 재인식』 4, p.204.

귀속사업체 불하는 미군정 하에서 일부 이루어졌고 거의 대부분이 한 국정부로 이관되어, 1950년 3월에 비로소 귀재불하에 대한 법적 조치가 완료되었다. 그러나 전쟁 때문에 본격적인 실시가 미루어졌다가 전쟁이 끝나고 나서 대대적인 불하가 이루어져 1950년대 후반까지 대체로 완료 되었다. 〈표4-23〉은 전후 귀속재산의 불하실적을 정리한 것이다. 그런데 1950년대 귀재불하과정은 불하정책(특히 유리한 대금상환 조건)과 불하 가격 등 여러 면에서 특혜에 가까운 혜택이 주어진 사실을 확인 할 수 있 다(공제욱, 1998). 무엇보다도 이러한 불하과정은 막대한 국유자본이 헐 값으로 민간자본으로 전환되는 과정으로서 그것이 부분적으로는 산업 부흥을 지원하는 역할을 하였다손 치더라도 그 과정에서 부정부패와 정 경유착을 동반한 부정적인 방식으로 1950년대의 사적 자본가가 급속하 게 성장하게 되었던 것이다.

그런데 이 귀속사업체, 혹은 그 과정에서 독점적 지위를 획득하게 된 산업자본가들의 노동력 흡수능력은 어느 정도일까? 우리는 이를 살펴보 기 위해 서울을 중심으로 자본축적과 노동력의 관계를 살펴보고자 한다. 도시인구의 산업별 구조는 그 도시의 인구수용능력과 자본축적정도를 측정하는 지표가 된다. 1950년 중 후반에 전국 이동인구의 70%가 몰린 서울의 경우를 살펴보면 당시 다른 도시의 사정도 이와 비슷하거나 더 열악한 사정이었을 것이라고 추측할 수 있다.

서울만 놓고 볼 때[36] 1961년 현재 서울의 취업자수는 604,097명으로 이는 전 시 인구의 23%에 불과하였다. 전체 취업률을 보면 1937년의 30%에 비하면 7% 정도 저하되었고, 3차산업 인구는 29%에서 47%로 급증했다. 23%의 취업률이란 정상적인 도시의 표준적인 취업률로 간주되는 45%에 훨씬 못 미치는 수준이다. 이러한 저조한 취업률은 산업시설의 부족으로 인한 고용기회의 부족에 그 원인이 있었다.

〈표4-24〉 서울시 산업구성의 변화

구분		1차산업	2차산업	3차산업	실업자
1954	수(명)	25,042	23,618	348,447	91,351
	취업인구에 대한 비율(%)	5.1	4.8	71.3	18.7
	총인구에 대한 비율(%)	2.0	1.9	28.0	7.3
1958	수(명)	14,751	27,077	305,103	109,635
	취업인구에 대한 비율(%)	3.2	5.9	66.8	24.0
	총인구에 대한 비율(%)	0.8	1.6	18.2	6.6
1961	수(명)	17,980	56,312	529,805	93,304
	취업인구에 대한 비율(%)	2.58	8.07	75.97	13.38
	총인구에 대한 비율(%)	0.67	2.11	19.82	3.49

자료 : 서울특별시(1960), 『서울도시요람』.

〈표4-24〉의 서울시 산업구성의 변화를 보면 생산적인 유효수요를 확보할 수 있는 2차산업 인구 비율의 절대적인 부족과 비생산적인 3차산업 인구가 1950년대 중반 이후 계속적으로 증가하여 70%에 달하고 있다는

---

36) 1950년대 서울을 제외한 다른 도시들의 상황은 취업의 기회라는 측면에서는 서울보다 열악했으면 했지 낫지 않았을 것이다.

점을 발견할 수 있다. 즉 도시의 발전은 인구흡수력이 강한 2차산업의 번영을 중심으로 이루어져야 하는 것이 정상이나 서울은 서비스업을 중심으로 한 3차산업 인구가 그 절대 다수를 점하고 있는데 많은 문제가 있다.

제조업과 건설업을 포함한 2차산업 인구비율이 적어도 40%선에 달해야 도시생활의 합리성이 유지됨과 동시에 취업인구비율은 대폭적으로 상승한다. 그러나 1961년 서울시 도시계획위원회가 조사한 시내 공장수는 1,910개(계절산업 시설은 제외)에 불과하고 200인 이상 노동자를 고용하고 있던 대기업체는 30개를 크게 넘지 못하는 실정이었다. 그것도 도시계획법[37]이 적용되는 공장지역이 아닌 지역에 46%에 해당하는 894개 공장이 불법으로 시설된 무허가 공장이었다. 이러한 상황에서는 결코 안정된 고용이 보장될 수 없었다.

〈표4-25〉 서울시의 3차 산업내역(1961. 9 현재)

년도	총수 및 비율	금융보험 부동산	운수통신 공익업	봉임업	공무	기타(도 · 소매업 포함 상업)
1960	총수(397,983명)	5,420	17,968	51,724	43,955	278,916
	비율(%)	1.3	4.5	12.9	11.0	70.0
1961	총수(416,459명)	6,547	20,714	59,943	45,881	283,374
	비율(%)	1.57	4.98	14.39	11.02	68.04

자료 : 〈표4-24〉와 동일

더구나 문제는 서울의 3차산업이 사실상 그 내용이 생산적인 3차산업

---

37) 1936년 실시한 시가지 계획령에 의해 지역지정이 체계화되었는데 그때에는 주거지역 64.3%, 상업지역 4.7%, 혼합지역 21.5%, 공업지역 5.1% 녹지지역 4.4%로 구성되어 있었다.

이 아니라 비생산적인 유통, 서비스업에 집중되어 있는 잠재적 실업자를 내포하고 있는 불완전한 것이라는 점이다. 〈표4-25〉에서 보듯이 비정상적인 3차산업 인구는 부동산업, 공무, 운수 및 봉임업을 제외한 기타가 70%를 상회하고 있다. 약간 분류상의 차이가 있지만 서울시의 1958년, 1959년의 시세일람에서 상업 및 기타로 분류된 3차산업의 비중을 보면 각 33.8%, 51.4%, 60.7%로 계속 증가하고 있음을 알 수 있다. 대개 기타는 약간의 도·소매업을 제외하고(1960년의 경우 28.3%) 영세상인들 즉 구멍가게와 같은 가족경영 형태를 취하는 싱행위나 노점, 지게꾼 등과 같은 불완전한 상행위가 주축이었다. 이들 중 대부분은 사회적 구호에 의하지 않고서는 생계를 유지하기 어려운 저소득층들로 구성되어 있었다. 이러한 서울시의 빈약한 산업별 구조와 생계구조 상황은 당시 서울시가 얼마나 생산성이 약한 도시였는지 단적으로 드러내 주는 지표라고 할 수 있다. 이러한 상황은 1950년대 후반에 접어들수록 점차 악화되었다. 결론적으로 말해서 1950년대 도시의 고용창출을 통한 노동력 흡수능력은 그다지 크지 않았다고 할 수 있다.

4. 소결

농지개혁은 계급으로서의 지주를 해체시켰으나, 과거 그들이 차지하고 있었던 농촌사회의 구심력 역할을 대신할 새로운 지배세력을 창출하지는 못하였다. 이 과정에서 단위가족의 생계를 겨우 유지할 수 있는 정도의 영세 자영농이 대규모로 창출되었으며, 이에 따라 농촌사회는 소가족단위로 급속하게 재편되었다. 이는 농촌의 과잉인구 특히 여성과잉인구를 도시로 향하게 한 배출요인으로 작용하였다. 어떤 형태의 사회보장도 존재하지 않았던 국가체제하의 소농은 자신을 위한 투자에 더욱 매달

렸을 것이며, 이 시기의 높은 교육열과 가족이기주의 또한 이런 관점에서 설명할 수 있을 것이다. 이 과정에서 형성된 규율이 잡혀 있고 문자해독능력이 있는 풍부한 노동력은 이후 한국의 압축성장에 크게 기여하였을 것이다.

귀속재산의 불하는 신흥자본가층 형성에 기여하였다. 특히 대규모 공장의 불하는 그 자체가 특혜였을 뿐 아니라 원조물자의 배분과 연결됨으로써 특정 자본가집단을 육성하는데 결정적인 역할을 하였다. 또 불하대금을 납부할 때 지가증권을 사용할 수 있었기 때문에 이를 매개로 지주계급의 부가 신흥자본가층으로 재분배될 수 있었다. 그러나 이렇게 해서 형성된 산업자본이 1950년대 행한 고용창출효과는 보잘 것 없는 것이었다. 농촌에서 배출된 도시인구는 제조업 등에 취업하지 못한 채 영세한 3차 산업에 정체되어 있는 것이 보통이었다.

요컨대 1950년대는 전후의 폐허 속에서 고통받고 있는 시기이기도 하지만, 민중의 대다수를 차지하고 있던 농민들은 농지개혁을 통해 '기회'를 잡았으며, 이를 자녀를 위한 교육비 지출에 투자하였다. 농촌의 과잉인구는 도시에서 취업기회를 잡지 못한 채 정체되어 있었지만, 그들이 농촌에서 받았던 초등교육은 이후 그들을 1960년대 압축성장 시기에 필요한 훈련된 양질의 노동력으로 전환시키기에 충분하였다.

본고에서는 충분히 다루지 못하였지만 그 자체가 부의 재분배효과를 가진 농지개혁이나 귀속재산의 불하에 있어서 국가가 행한 역할은 매우 큰 것이었다. 국가는 사적 소유권제도를 확립함으로써 자본주의체제의 기초를 다졌으며, 원조자금의 배분을 독점함으로써 자본가의 육성과 훈육에 성공할 수 있었다. 특히 식민통치과정에서 형성된 과대국가가 친일파 청산이 실패함으로써 그대로 연장된 것, 그리고 한국전쟁 또한 계급관계에 밀리지 않고 제도형성을 주도할 수 있는 강력한 국가가 가능한 한 이유가 되었다. 원조제공자인 미국의 입장에서 볼 때 원조는 반공국가 건설을 위한 군사원조적 성격과 한국경제에 대한 통제수단으로서의 성격을 다 가지는 것이지만, 한국정부의 입장에서는 전 국민을 동원할 수 있는 과대국가를 위한 물적 토대로 기능하였다고 볼 수 있다.

제5장

축적체제의 제도적 창출과 발전 : 1970년대

1960년대 초반 이후 동아시아, 특히 한국의 경제성장경험은 경제성장론 및 발전론 분야에서는 가장 핵심적인 탐구의 대상이었다. 대부분의 주류 연구에서는 한국의 산업화를 설명하기 위해 비교우위 부문에 대한 특화와 무역확대(수출주도와 개방)에 따른 이익을 강조해 왔다. 그러나 이러한 설명은 산업화를 위한 자원배분과정에서 한국정부가 수행했던 중심적 역할을 간과하고 있다. 이 때문에 고도성장을 수출지향의 결과로 보려는 주류적 설명을 비판하고 투자의 급증을 강조하거나(Rodrik, 1995a,b,c), 산업적 우선 순위에 따른 투자를 위한 정부개입, 비교우위를 재형성하기 위한 정부개입을 강조하는 견해(Amsden, 1989; 1991)들이 제시되어 왔다. 이후 논쟁은 한국의 산업화 정책이 시장원칙에 보완적이었는가 아니면 시장을 통제하고 주도한 것이었는가 라는 문제 즉, 국가개입의 성격을 둘러싸고 진행되었으며 많은 성과를 보였다(World Bank, 1993).

한국의 산업화에 대한 논쟁이 갖고 있는 가장 중요한 현실적 의의는 그것이 '인위적인 노력과 정책 개입에 의해 이른바 시장 원리에 따라 형성될 것으로 기대되는 것과는 다른 형태의 산업구조를 이룰 수 있는가' 라는 질문과 직접 관련되어 있다는 점이다. 이 질문은 후발 산업화를 추구하는 국가들이 출발점에서 부딪치는 가장 근본적인 문제 가운데 하나이며, 한국 등의 산업화 경험은 이 질문에 답하기 위한 중요한 소재이다.

비록 이용할 수 있는 경험적 자료와 연구가 매우 불충분하지만, 한국의 산업화 경험은 산업화에 대한 국민의 '집단적 의지(collective will)' 또는는 '공통의지(common will)' —이는 국가 혹은 정부의 정책 이면에 존재하는 것으로서 정책과정에서 내재적으로 표현된다—가 산업구조에 기본적인 영향을 끼친 사례로 해석될 수 있다. 산업화와 경제성장에 대한 암묵적 혹은 명시적 합의(consensus)는 해방 이후 급변하는 한국의 정치경제과정을 거치면서 국가 구성원이 가지게 된 공통의지이며, 이것은 때로는 인내로, 때로는 저항으로 표출되면서 정부정책의 입안 및 실시과정에 보이지 않는 중요요소로 작용하여 왔다. 동시에 암묵적 사회적 합의의 존재는 자의적 정부정책이 가져올 수 있는 '정부 실패'를 정치적으로 견제하는 역할을 하기도 했다(Yoo, 1999).

이 연구는 역사적 경험 속에 형성된 국민적 공통의지가 한국 산업화의 특징인 '정부실패의 최소화'와 '투자 극대화'에 어떻게 기여했는가 라는 관점에서 한국의 산업화 경험을 재해석하려는 것이다. 따라서 구체적인 산업정책의 항목들에 관심을 두고 관련제도의 개별적 효과를 주로 분석하려고 했던 기존의 연구와 달리, 특정 정책이 성과를 낼 수 있도록 한 포괄적인 사회적·정치적 조건에 주목할 것이다. 이러한 접근방식은 '표면적으로는 매우 유사한 투자계획, 금융 신용 정책 등이 왜 국가별로 그토록 커다란 산업화 정도의 차이를 가져오는가?'라는 후발 산업화 논쟁의 난제에 다가가려는 시도이기도 하다. 시장친화적 정책이든 아니면 시장통제적 정책이든 상관없이 아프리카 지역과 라틴 아메리카 지역, 그리고 동아시아 지역에 걸쳐 나타났던 산업화 정책들의 형태적 차이를 찾기가 매우 어려운 것이 사실이다.

1. 한국모델과 경제기적 : 역사적 개관

'개발독재(development dictatorship)' 체제에서 산업화가 본격적으로 추진된 이래 경제개발에 관련된 한국의 제도는 지속적이고 빠르게 변화하여 왔기 때문에, 한국의 산업화 과정을 역사적으로 개관하기 위해서는 몇 개의 국면으로 구분할 필요가 있다. '한국발전모델'로 일컬어지는 특정 제도적 체계는 대체로 '중화학공업화 시기'에 적용될 수 있을 것이다. 한국의 중화학공업화는 1973년 1월의 '중화학공업화 선언'을 기점으로 하고, 산업구조적인 측면에서 1980년대 중·후반의 '3저 호황'을 그 정점으로 한다(유철규, 1992).

이하에서는 한국모델의 형성기라고 할 수 있는 개발 독재기를 중심으로 한국의 산업화 과정을 개관해 보며, 이 과정에서 한국 국민의 공통의지의 형성 및 조직과정과 내용을 파악하기로 한다. 이는 한국의 경제성장과정에서 국민의 집단적 의지가 어떻게 정부실패를 최소화하도록 강제할 수 있었는지를 이해하기 위한 전제이다.

1) 개발독재의 배경

개발독재의 형성을 다루기 이전에 개발독재의 이념적 측면과 연결해서 그 이전의 역사적 배경을 지적해 두는 것이 필요하다. 서구 연구자들의 시각에서 볼 때 한국의 경제체제는 최소한 이념적 차원에서 대단히 평등주의적(때로는 사회주의적이기까지 한)이며, 대기업 특히 재벌에 대한 정치적 통제를 당연시하는 경향을 갖는다(World Bank, 1993 참조).

식민지 경험과 그에 대한 저항운동은 산업화의 필요성에 대한 대중적 공감대를 형성하는 데 중요한 역할을 했다. 36년간 지속된 일제의 식민지 시기 동안 매우 급진적이고 민족주의적인 저항운동이 전개되었다. 그 영향으로 해방 직후 정치적 공백 상태에서 한국의 많은 지역에서는 사회주의적 정치조직이 실질적 정치권력을 획득하였다. 또한 식민지 경험을 통해 한국 국민은 봉건사회구조의 급진적 변화를 열망하게 되었다. 특히 기층민중은 식민체제를 지원했던 대지주로부터 토지를 몰수할 것을 요구하기까지 했다. 이와 같은 진보적 운동과 의지는 미군정과 한국전쟁에 의한 '이념청소(ideological cleansing)'를 통해 제거되어, 자본주의적 발전 외에 대안적 발전 전략은 더 이상 고려될 수 없었다. 그럼에도 불구하고 민족주의적이고 사회주의적 이념은 완전히 제거되지 않았으며, 때로는 공동체주의적 형태로[1], 때로는 강력한 국민운동 형태로 나타나면서 발전제도의 정신으로 남아있는 것이다. 1997년 후반과 1998년 초반의 '금 모으기 운동'은 서구인에게는 우스꽝스럽고 극히 비합리적인 자기희생으로 보였겠지만, 이와 같은 이념적 정신적 잔재로 해석할 수 있다. '기적'이라고까지 표현되는 고도의 경제성장 뒷면에는 식민지 경험과 사회주의적 저항운동과정에서 치루었던 국민의 자기희생이 있었던 것이다.

한편 개발독재는 필연적으로 그 이전 정권에 대한 부정에서 출발할 수밖에 없었다. 이승만 정권 하에서는 국가행정부내에 부패한 연고주의가 팽배했으며, '국가-대기업집단 복합체'의 초기형태로서의 '관료자본'이 지배적으로 존재했고, 또한 공적 자금이 만성적으로 누수되고 있었다. 이러한 이승만 정권은 극심한 경제불황과 부정선거로 민주주의 국민국가 건설에 대한 민중적 열망이 폭발하여 무너지게 된다. 이후 대기업에 대한 정부의 태도는 정치적 지지를 판가름하는 데 결정적인 요인 중 하나로 작용했다.

---

1) '성장공유(shared growth; World Bank, 1993)'에 대한 우선적인 고려를 예로 들 수 있다.

2) 개발독재의 형성과 전개(1961~79년/ ~1980년대 후반), 그리고 해체(1980년대 후반~1997)

1960년 박정희는 쿠데타를 통해 집권한 후 개발독재를 수립하였다. 박정희 정권은 민중적 요구에 부응하지 않을 수 없었으며, 다른 한편 지배엘리트를 포섭하였다. 농촌고리채 정리를 단행하고 부정축재처리를 단행하는 등 민중적 요구를 수용하는 듯하면서도, 지배엘리트들에게 경제발전을 위한 국가계획에 참여하는 조건으로 정치적 면죄부를 부여함으로써 그들을 경제개발계획을 수행하는 데에 중요한 동반자로 삼았던 것이다. 이것은 이들의 이념적 지향이 해방운동과 학생시민혁명의 잔재인 민족주의적이고 공동체주의적 측면을 가지고 있으며, 동시에 신흥 자본 지배층을 정당화하고 있음을 의미한다. 적어도 일시적으로는 이전의 '관료자본'은 새로운 국가건설을 위한 수단으로서 자신을 세울 수 있었다. 정치적 분쟁이나 부패관련 추문은 제거되거나 적어도 은폐되었다. 이는 민중을 자극하고 체제의 합법성을 실추시킬 가능성이 있었기 때문이었다.

개발독재는 현상적으로 정치적 독재와 압축적인 산업화가 결합한 것으로 나타난다. 그러나 대부분 개발도상국의 산업화 경험에서 보듯이 정치적 압제체제가 자동적으로 자본주의적 산업화를 가져오는 것은 아니다. 따라서 산업화에 대한 대중적 요구와 국민적 공통의지가 정책에 부여하는 지지와 제약은 한국의 고유한 산업화 경험을 이해하는 중요한 요소가 될 수 있다. 그러나 독재는 민주주의에 대한 요구와 공존할 수 없기 때문에, 개발독재체제가 최소한의 정치적 지지를 유지하기 위해서는 암묵적이든 명시적이든 국민의 공통의지—민중의 요구—와 타협하거나 공통의지를 왜곡할 필요가 있다. 박정희 정권은 이 과제를 정치문제와 경제문제의 강제적 분리로 해결하고자 하였다. '선성장(先成長)·후분배

(後分配)' 등과 같은 구호가 이것을 보여준다. 이와 같은 정치적 약속은 언젠가 부를 재분배한다는 보장이 전제되어야 했으므로, 경제성장의 과실에 대한 정치적 통제를 유지하는 것이 반드시 필요하다. 결국 후분배의 보장은 독재정치와 경제개입을 유지하고 강화시키는 방식이기도 했다. 산업화를 향한 국민의 공통의지는 정치적으로 이용당한 측면이 있다. 그러나 적어도 경제문제와 관련해서는, 역사적으로 형성된 기층민중의 요구와 전국민의 공통의지가 정부의 정책입안 및 실시과정에서 견제역할을 한 것이 사실이다. 민주주의의 발전이라는 측면에서 억압되고 왜곡된 대중적 열망은 산업화를 위한 자기희생이라는 유일하게 허용된 출구로 분출되었다. 산업화는 이데올로기적 요구를 수용하도록 하는 물질적 유인이 되었다. 한국경제의 성장은 국민의 공통의지를 정치적으로 조직하고 왜곡한 결과로 가능했던 노동착취라는 국민의 희생 위에서 가능했다.

중화학공업은 산업의 성격상 비교적 긴 투자기간(1975~79)을 필요로한다. 이 기간 동안 중화학공업 부문에 이루어진 높은 수준의 투자로 무역적자의 확대와 빈부격차의 확대가 초래되었다. 1979년 2차 오일쇼크를 겪으면서 대외적 조건이 급격하게 불리해졌다. 이러한 정치경제적 위기는 1979년 박정희의 암살로 절정에 달하였고, 이어 쿠데타로 탄생한 전두환 정권은 지속적인 산업투자와 수출확대를 최우선으로 두고 평등과 민주주의에 대한 사회적 요구를 강력하게 봉쇄했다. 몇몇 부문에서 개방정책을 전개하기는 하였으나, 이른바 박정희 체제는 1980년대 후반까지 이어졌던 것이다.

1970년대의 자본집약적 중화학공업에 대한 집중투자는 1980년대 중반이후 대외 경제적 조건이 호전되고 1986~88년 동안 중화학공업 제품의수출에 성공하면서 결실을 맺었다. 이는 중화학공업 중심 산업구조로의 변화라는 개발독재의 경제적 비전이 성취되었음을 의미하는 것이며, 동

시에 그 때까지 연기되어 왔던 민주주의와 후분배의 약속 이행을 기층민
중이 요구할 수 있는 경제적 토대가 마련되었음을 의미했다. 노동자들은
실질적 민주화와 평등분배를 위한 제도개혁을 요구했고, 이에 맞서 재벌
로 대표되는 지배계급은 대항에 나섰다. 개발독재의 비전이 현실화되면
서 개발독재기의 산업화 이데올로기는 더 이상 국민동원 기제의 역할을
감당할 수 없게 되었고, 이는 노동계급 및 국민대중의 분배요구에 대한
국가개입의 근거가 무너진 것을 의미했다. 계급간 대립적 이데올로기와
요구는 1997년 경제위기 이전 1980년대 후반부터 본격적으로 서로 충돌
했으며, 위기에 대한 국가 정책적 대응능력은 이미 무력화되고 있었다
(유철규, 1999).

3) 한국모델은 있었는가

한국모델은 있었다. 후분배의 약속에 대한 기대를 가지고 자발적이든
강제적이든 국민의 집단적 의지를 발휘하던 시기까지는 한국모델이 있
었다. 이런 의미에서 한국의 발전모델은 1997년 경제위기의 원인이 될
수 없다. 경제위기에 이미 한국모델의 핵심은 존재하지 않았기 때문이
다. 본 연구에서는 경제성장에 최우선 순위를 두고 전국민이 총력전을
벌이기 시작하는 1962년 제1차 경제개발계획의 수립 이후부터 국민의
집단적 의지에 균열이 발생하기 시작하는 1980년대 후반까지의 시기에
한국모델을 적용시킬 수 있다고 판단했다. 그리고 그 이후 1997년 위기
까지의 시기는 잔재와 관성의 시기라고 파악할 수 있다고 보았다.
1960년대 초반 한국에서 가장 중요한 변화 중의 하나는 투자환경의 개
선이었으며, 이것은 정권의 우선순위가 재정립됨에 따른 것이었다. '비
교우위'와 단기적 효율성에 따른 투자계획이 아니라 산업화를 위해 무
엇이 필요한가 라는 '필요'에 따른 투자계획이 수립되었으며, 계획을 실

현시키기 위한 최대한의 투자가 지상과제였다. 이에 따라 정부정책은 투자환경의 개선과 투자촉진을 우선적 목표로 삼았다. 경제기반구축과 관련한 투자지원정책은 중화학 공업기 이후에 더 강화된다.

중화학공업 투자기간 동안 투자를 극대화하기 위해 정부는 선택적 개입을 통해 자금흐름을 통제하고, 정부가 원하는 부문 외로 자금이 분산되지 않도록 제도적 여건을 마련했다. 정부의 선택적 개입은 정책금융 프로그램의 실시 등을 중심으로 하는 금융신용정책을 통해서 이루어졌다. 다른 한편으로 자금이 유용되거나 경영이 방만해지는 등의 도덕적 해이 문제를 해결하기 위해 경제개발 계획에 참여하는 기업(집단)간 경합(contest)이 조장되었고, 실적이 가장 중요한 평가기준이 되었다.[2] 실적 우선 체제는 해당기업에게 신용을 제공한 금융기관은 물론 정권 및 경제부처의 공동체제였으며, 이 공동체제의 배후에는 국민의 집단적 의지가 있었다.[3]

한국의 성장과정에서 나타난 수출급증 및 생산(GDP)에 대한 수출비중의 지속적인 증가는 투자주도 성장전략의 결과로 보는 것이 타당하다 (Rodrik, 1995a). 자본재에 비교 열위를 가진 한국이 경제적 기반을 갖추기 위한 투자를 실행하기 위해서는 자본재의 수입이 필요했으며, 해외여신의 제약이 존재하는 상황에서 투자를 위한 수입에 필요한 외환확보의 수단으로 수출독려가 불가피했던 것이다. 따라서 한국의 경제성장은 근대적 산업화에 요구되는 투자가 수입증가를 유발하고, 수입증가가 수출증가를 요구하는 인과관계를 가지면서 투자주도의 성장경로를 밟게 되

---

2) 박정희는 성장지향 관료와 자본가를 전폭적으로 지원했으며, 자본가의 투자가 그가 제시하는 우선 순위를 충족시키는 투자를 할 경우 보상을 받으며 그렇지 않은 경우는 처벌당한다는 것은 명확히 했다(World Bank, 1993).
3) 한국형 발전 모델의 특징으로 상벌(discipline)체제를 꼽는 연구가 늘어나고 있지만 (Amsden, 1989; 1991 참조), 20~30년간 독특한 상벌체제가 유지될 수 있었던 근거에 대한 설명은 빈곤하다.

는 것이다. 거시경제적 관점에서 한국모델은 최대한 투자를 촉진시키는 시스템으로 이해되어야 한다.

한국모델은 1962년 이후 적어도 1980년대 후반까지 지속되었다. 한국모델의 특징은 더 많은 투자가 필요한, 그래서 더욱 수출이 강조될 수밖에 없었던 1970년대 이후 중화학공업기 동안 극대화되어 나타난다.

2. 수출주도 공업화와 경제계획

산업화를 위한 본격적 투자가 시작된 1960년대 초 이후 한국에서 나타난 가장 특징적인 현상은 수출의 급격한 성장과 이를 위한 지원제도의 형성이었다. 다수의 연구자들은 이와 같은 특징을 경제성장률의 변화와 연관시켜 그 인과관계를 설명하고자 했다. 그리고 1960년대에 시행된 경제정책이 한국 산업화에서 가장 중요한 발전전략의 전환이라고 평가했다. 이 때 발전전략의 전환이란 1960년대 초 한국이 수입대체산업화전략에서 수출지향산업화전략으로 전환했다는 것을 의미한다.

그러나 1960년대에 수립된 경제개발계획이 수입대체전략에서 수출주도형 산업화 전략으로의 전환이라고 보기에는 무리가 따른다. 제1차 경제개발계획의 기본목표가 "……자립경제의 달성을 위한 기반을 구축하는 데 있다"고 규정했던 것에서도 명확히 알 수 있듯이, 경제개발계획은 경제적 자립을 위한 생산기반의 구축에 그 목표가 있었으며, 경제개발계획은 이를 위한 투자계획이라고 보는 것이 타당하다. 이때 수출은 '목표' 라기보다는 투자를 계속 유지할 수 있게 만드는 '수단' 으로 파악될 수 있다. 달리 보면 수출주도형 산업화 전략은 경제개발계획, 적어도 1960년대의 경제개발계획을 관통하는 원리가 아니었으며, 수출에는 국제수지의 방어기제라는 역할이 부여되었을 뿐이다.

1) 1960년대의 정책방향

주류 연구에서 파악하듯이 1960년대 한국경제가 고도성장한 원인을 수출지향적 산업화 전략에서 찾는 것은 몇 가지 문제를 낳는다. 어떤 경제의 산업화전략에 대해 수입대체형으로 잡을지, 아니면 수출지향적으로 나갈 것인지는 단순히 경제이론에 근거한 정책적 선택의 문제라기보다는 한 국민경제가 처한 조건과 산업화 과정에서 노정된 한계 내지는 잠재력의 확인에 근거한 선택의 문제이다.

수입대체전략은 국내산업간에 유기적 생산관계를 구축하여 전후방 연관효과를 최대화하며, 수입수요를 국내생산으로 대체하여 취약한 국제수지구조를 개선하는 동시에 장기적으로는 내부 기술력을 배양한다는 전략이다. 이러한 전략은 일반적으로 가격기능의 제한이나 국가의 시장 개입 및 규제, 보호무역 등을 포함한 일련의 정책으로 인식된다. 반면 수출주도형 산업화전략은 부족한 자원의 효율적 이용을 위해 국제비교우위에 근거한 생산이 최선의 산업화 전략이며, 이를 위해서는 자율적 시장에 의해 형성된 균형가격에 의한 자원배분체계를 최대한 허용한다는 것이다. 따라서 이러한 전략은 시장의 자율성을 보장하는 것이 관건이며, 시장자유화, 무역개방화, 국가개입의 최소화 등의 정책과 동일시된다. 1960년대 초를 기준으로 한국의 산업화 과정이나 전략을 수입대체나 수출지향이라고 유형화하는 것은 이상과 같은 정의에 부합되지 않는 측면이 있다. 기존 연구들이 1960년대 초에 산업화 전략의 극적인 전환이 있었다고 주장하는 것은 1950년대와의 비교를 통해 끌어낸 선험적 추론의 성격이 짙은 것으로 판단된다.

첫째, 1950년대 원조물자의 가공생산에 의존한 경제를 수입대체산업체제라고 규정하는 것에 대한 문제이다. 1950년대는 외국원조를 최대한 활용하고자 하는 정책의 결과로 가공산업이 발달한 것이지, 남미나 인도와 같은 다른 개도국에서처럼 인위적 가격설정에 의해서 국내유치산업을 보호하거나 국내 산업연관을 강화하려는 것이 아니었다. 이 시기 경제를 수입대체산업체제라고 하는 것은 지나친 해석이다.

둘째, 당시의 정권이 1960년대 초에 대외지향을 기조로 하는 수출지향적 전략을 의도적으로 선택했을까 하는 점도 의문의 여지가 있다. 일반적으로 후발 산업화 경제에서는 정치가 산업화를 주도한다. 특히 권위주의체제가 지배하는 국가는 자원동원을 효율적으로 도모할 수 있기 때문에 국가의 시장개입이 광범위하게 나타난다. 또한 국가의 개입은 수입대체산업화에 필수적인 조건이며, 권위주의 체제를 유지하는 대부분의 국가는 수입대체산업화를 추구했다. 이렇게 보면 1960년대 초 강력한 군사정권의 지배하에 있던 한국은 수입대체전략을 선택하는 것이 오히려 자연스러웠다.

1961년 쿠데타로 집권한 신정부는 더 이상 외국의 원조에 의존하지 않고도 생존할 수 있는 자립경제를 경제목표로 정했음은 이미 기술하였다. 당시의 『경제백서』에서도 "제1차 경제개발 5개년 계획의 기본목표는 경제의 자립화……를 위한 기본조성에 있다"고 기술한다. 다시 말하면 강력한 계획성이 가미된 자유경제원칙의 테두리 안에서 경제성장을 극대화하여 자립경제를 이룩하는 한편, 공업화를 촉진하여 산업구조를 개선하는 데 그 목표(경제백서, 1962: 21-22)가 있다고 기술되어 있다. 이러한 언급은 수출지향적이라기보다는 전형적인 수입대체라는 성격을 갖고 있으며, 명시적이지는 않지만 정부는 수입대체산업화를 추진한 것으로 평가할 수 있다.

2) 수입대체와 수출지향산업화의 병행

1960년대 정부는 산업화를 추진함에 있어 기존의 공기업을 확장하거나 새로운 공기업을 설립하는 수단을 자주 활용했다. 제1,2차 5개년 계획 기간에 정부는 주요 투자가로서의 역할을 수행했으며, 기간산업으로 규정되는 전기, 철도, 시멘트, 정유, 화학비료산업을 집중 육성했다(오원철, 1995). 〈표 5-1〉에서 보는 바와 같이 총 투자에서 공기업투자가 점하는 비중은 대단히 높다.

〈표 5-1〉 공기업의 투자

(단위: %)

연도	1963	1970	1975	1980
공기업투자/총투자	40.9	34.2	42.2	35.2

자료 : Sakong(1993).

존스(Jones, 1975)는 이에 대해 한국의 공기업이 거의 대부분 수입대체산업, 특히 전방효과가 매우 높은 산업에 집중되어 있다고 지적한다. 전방효과가 높다는 것은 최종수요를 고려치 않고 오직 다른 생산자들의 생산을 유도하기 위한 투입재를 생산하는 수입대체산업의 전형적인 형태이다. 이것은 1960년대 이후 수출산업기반의 산업화에 있어 공기업을 중심으로 한 수입대체산업이 매우 중요한 역할을 했다는 증거라고 할 수 있다.

〈표 5-2〉 수입계수의 추이

(단위: %)

	1960	1965	1970	1975	1980
농업	6.9	5.6	8.1	18.4	19.1
광업	0.9	2.6	44.5	76.5	84.5
제조업	23.9	23.7	19.7	19.6	16.5
경공업	15.0	9.0	9.2	7.9	7.2
중화학공업	42.6	44.5	36.9	29.5	23.7
서비스업	1.3	1.7	2.9	1.5	2.4
전산업	10.4	11.1	11.2	15.8	14.8

자료 : 한국은행, 산업연관표, 각 년도.

수입대체 산업화가 수출산업의 성장과 동시에 진행되었다는 증거는 수입계수의 추세에서도 나타난다. 경제전체적으로는 수입계수가 비교적 안정적으로 나타나지만 산업별로 보면 현격한 차이를 보인다. 대부분 산업의 수입계수가 상승하고 있지만, 제조업에서는 뚜렷한 하락세를 보인다. 특히 중화학 공업의 경우 1960년과 비교하여 1980년에는 절반 정도의 수준으로 떨어진다. 산업화 초기였던 1960년대에도 제조업의 수입계수가 하락했다는 것은 산업화의 진행에 따라 국내생산능력이 배양된 이후에 수입대체산업이 성장한 것이 아님을 보여주는 것이다.

결국 한국의 산업화는 다른 나라, 특히 남미의 경험과 다른 형태로 진행되었다. 자립경제의 달성을 목표로 하는 수입대체산업화의 의지를 가지고 있으면서도 수입대체와 수출지향의 성격이 동시에 나타나고 있고, 대외지향적 전략을 추구한 나라와 달리 수입대체산업화가 현저하게 진행되었다. 한국의 전략은 "국내유치산업 보호정책이 수출진흥정책과 동시에 진행" 되었으며, "일단 국내유치산업들이 정착되면 정책보조와 신용 및 환율정책의 지원에 의해 수출산업으로 전환"(Dornbusch and Park, 1987)하는 것이었다.

3) 경제개발계획에서 부여된 수출의 역할과 경제성장의 성격

한국의 경제성장경험을 설명할 때 많은 경우에 수출이 가장 중요한 요인으로 꼽힌다. 경제개발계획의 수립이후 이의 실행과정에서 수출은 눈부신 성장을 거듭하였다. 그렇다면 경제개발계획에서는 수출에 어떤 역할을 부여하였을까. 처음부터 수출을 통한 성장전략을 가지고, 수출드라이브 정책을 시도하였을까.

1962년도 『경제백서』에는 수출은 단지 국제수지개선을 위한 수단으로만 언급되어 있을 뿐, 기존연구에서 주장하는 바와 같이 한국의 경제성장을 수출주도성장으로 파악하거나 수출이 산업화의 견인차 역할을 한다는 식의 인식은 전혀 없다. 무역정책의 기조도 역시 국제수지 적자를 줄이기 위한 '강력한' 수입규제가 주요 내용으로 다루어지고 있으며, 수출진흥정책에 해당하는 부분은 수출장려보조금의 교부에 대한 언급만 있을 뿐이다.[4]

〈표 5-3〉 제1차 및 제2차 5개년 계획 수출의 목표치 및 실적치

(단위: 백만 달러)

	제1차 5개년 계획			제2차 5개년 계획		
	목표치		실적치	목표치		실적치
	기준년도	목표년도	실적년도	기준년도	목표년도	실적년도
상품분류	1960	1966	1966	1965	1971	1971
총수출	32.9	137.5	250.3	175.1	550.0	1067.6
식료품 및 동물	10.3	35.8	47.4	29.1	121.4	84.9
비식용원재료	17.8	56.1	48.3	39.0	86.9	106.2
공산품	4.9	45.7	154.6	107.0	341.7	876.5

자료 : Hong(1979).

또한 제1차 계획의 완료결과 제조업 공산품의 수출이 거의 폭발적으로 증가했음에도 불구하고, 제2차 경제개발계획에도 수출을 산업화의 견인차로 자리매김하려는 언급은 보이지 않는다. 제2차 계획 수립당시 목표했던 전체 수출이나 공산품의 수출규모는 여전히 실적치에 훨씬 못 미치는 수준으로 예상되고 있었다. 제2차 경제개발 5개년 계획서를 보아도 수출의 역할은 여전히 국제수지개선을 위한 수단으로 이해되고 있다.

이상에서 보듯이 1960년대 전반기에는 산업화과정에서 수출의 역할은 커녕 비중조차 인식하지 못하고 있었기 때문에 경제개발계획을 기점으로 한국경제가 수출지향적 발전체제로 극적인 전환을 하였다는 평가는

───────────

4) 이와 같은 수출에 대한 인식은 제1차 경제개발5개년 계획서에서도 확인할 수 있다.

근거가 약하다. 실제 수출지원정책은 1950년대부터 존속되어 온 것이 상당히 있었으며, 1960년대에 와서 비로소 지원정책이 수립된 것은 아니었다(김광석·Westphal, 1976; Rodrik, 1994 외). 1950년대부터 존속해왔던 것을 제외하면 대부분은 1960년대 중반에서 와서야 비로소 추가되었다 (Krueger, 1995 외). 결국 수출에 대한 지원은 1960년대의 새로운 정책이 아니며, 수출이 증가하기 시작하면서 그러한 정책이 실질적인 역할을 하기 시작했다고 보아야 한다. 대표적인 수출지원책인 수출지원금융의 경우도 1950년부터 존속해 왔으나 1960년대 후반에 이르러서야 그 역할이 확대된다. 1960년대 초반 민간부문에 대한 국내여신에서 수출지원금융이 차지하는 비중은 10%에 불과하였으며, 1970년대 중반에 이르러서야 20%를 상회하는 것으로 나타난다(〈표 5-4〉 참조).

〈표 5-4〉 수출지원금융의 민간부문 국내여신 비율

(단위: 10억원)

	수출지원금융(A)	민간국내여신(B)	A/B (%)
1964	5.9	84.7	7.0
1966	11.1	149.3	7.4
1968	34.0	431.7	7.9
1970	83.0	919.4	9.0
1972	179.1	1,463.0	12.2
1974	606.5	2,862.5	21.2

자료 : 김광석·Westphal(1976).

수출지향적 산업화 전략은 필연적으로 경제의 개방화와 시장의 자율성 보장을 수반한다. 이론적으로 국제비교우위에 따라 산업구조를 형성시키고, 자율적 시장균형가격에 따라 자원을 효율적으로 배분하도록 해야하기 때문이다. 따라서 이 이론에 따르면 수출지향적 산업화에 의한 성장의 관건은 단순히 수출의 증가가 아니라 자유시장의 존재여부이다. 역으로 수입대체산업화의 문제는 국내산업보호를 위한 가격왜곡이며, 자유시장기제의 관리 혹은 통제인 것이다.

이렇게 보면 한국의 고도성장과정에서 수출이 수행한 역할은 설명되지 못한다. 산업화 초기단계에 자유시장은 기능하기 어려웠다. 더욱이 정부는 거시적 투자부터 미시적 가격결정까지 개입을 했으며, 정부의 재량권은 거의 무제한적이었다. 그러므로 한국경제성장의 원인은 시장기능에서 찾기보다 의도적 자본축적 또는 투자에서 찾아야 한다. 정부의 지원하에 경쟁의 압력으로부터 자유로웠던 기업들은 안정적인 기업활동과 수익률을 보장받으면서, 자원배분의 효율성과 상관없이 놀랄만한 속도로 자본축적을 진행시켰으며, 축적과정이 교란되는 경우에는 투자를 강요하거나 정부가 직접 투자자로 나서는 경우도 적지 않았던 것이다. 따라서 한국의 경제성장은 근대적 산업화에 요구되는 투자가 수입증가를 유발하고, 수입증가가 수출증가를 요구하는 인과관계를 가지면서 투자주도의 성장경로를 밟게 되는 것이다. 거시경제적 관점에서 한국의 경제체제는 투자를 최대한 촉진시키는 시스템으로 이해할 필요가 있다.[5]

3. 중화학공업 투자확대의 제도적 여건

국가 기간산업으로서의 중화학공업의 발전에 대한 열망은 제1차 경제개발계획에서부터 나타나지만, 당시 여건으로는 엄청난 자금이 소요되는 중화학공업투자를 본격적으로 전개할 수 없었다. 제한된 시장과 낙후된 기술수준, 그리고 자금부족 때문에 중화학개발은 뒷전으로 밀려나 있

5) 한국의 경제성장을 투자주도 경제성장(investment-led economic growth)으로 파악하려는 시도와 수출주도경제성장 주장의 오류에 대해서는 Rodrik(1994, 1995) 참조.

을 수밖에 없었다. 1973년 중화학공업 선언은 이 부문에 대한 자원총동원의 계기가 된다. 이른바 '선언'의 후속조치[6]에 의해 주도업종으로 선택된 철강, 비철금속, 선박, 기계, 전자 및 화학산업 등 6개 부문이 전략적으로 육성되었다.

전략산업의 선택기준을 시장논리로 설명하는 것은 궁색해 보인다. 이에 대해 웨이드(Wade, 1990)는 '기능적 개념(engineering concept)'을 도입한다. 전체 경제에 미치는 파급효과의 크기, 선진적 산업구조와의 갭 극복 등을 고려하여 집중 육성할 전략산업을 선택한다는 것이다. 여기에 한국의 경우는 정치적 상황도 고려되었다. 당시 남북관계의 악화로 자력방위를 위한 방위산업 건설의 필요성이 제기되고 있었을 뿐 아니라, 정부는 당시 북한의 경제성과를 추월해야 했다(오원철, 1995). 또한 박정희 정권의 정치적 취약성도 경제성장의 과실을 확대하고 또 조기에 가시화하도록 요구했다.[7]

문제는 중화학공업의 투자확대를 어떻게 달성할 것인가에 있다. 알려진 바와 같이 한국정부는 대규모 투자를 위해 정책금융을 사용하였으며, 금융시장에 개입함으로써 해당산업, 때로는 특정기업을 선택적으로 지원하였다. 이와 같은 선택적 지원 혹은 선택적 개입은 시장실패에 대처하고 사회적 이익과 사적 이익의 갭을 효과적으로 축소한 것으로 평가된다(World Bank, 1993).

---

6) 그 내용은 상공부장관의 "중화학건설 원칙(1973년 5월 11일)" 등 이후 발표된 다수의 정부조치 참조.

7) "유신주체는 유신에 따른 정치적 좌절을 경제적 드라이브로 달래려 했다. 유신의 기수는 매우 의욕적인 개발목표를 제시했다. 80년까지 수출을 1백억 달러, 1인당 GNP 1천 달러를 달성하겠다는 게 그 주요골자. 이른바 유신경제의 개발목표를 달성하기 위해 정부는 중화학공업화를 선언했다"(박병윤, 1980: 195).

1) 투자를 저해하는 조정문제

시장과 가격시스템은 다수 기업의 생산결정 메카니즘이다. 즉 기업은 가격신호(signal)를 통해 무엇을 얼마나 생산해야 하는지 결정한다. 가격기구가 시장이론에서처럼 제대로 작동하면 경제주체간 협조와 조정 문제는 중요하지 않다. 그러나 실제로 기업간의 공식적, 비공식적 정보공유는 일반적 관행이며, 협조에 의한 이득이 비용을 상회하는 한 계속 유지된다. 개도국의 협력과 정보공유 메커니즘은—그것이 시장을 통해서이건 비시장기구를 통해서이건—선진국에 비해 취약하다. 경제변화가 급격하여 미래예측이 어려운 상황에서는 많은 경우 시장(market force)이 해 낼 수 있는 것 이상의 조정이 필요하며, 따라서 조정을 위한 제도적 여건을 마련하는 것이 중요해진다.

한국의 중화학 공업기 동안에도 끊임없이 조정의 문제가 등장한다. 규모의 경제가 존재하는 경우 조정은 대규모의 이익을 초래할 수 있는데[8], 이는 중화학공업과 같이 엄청난 투자를 수반하고 상호연관되어 있는 경우 특히 뚜렷하다. 예컨대 제철산업과 기계산업 등 철강을 중간투입으로 사용하는 산업과 같이 상호연관되는 산업의 경우, 각각 독립적으로 육성되기를 기다리다가는 어떤 쪽의 투자도 이루어지지 않을 것이다. 대규모 투자가 필요한 경우 단일기업이 두 산업에 모두 참여할 수 있을 정도의

---

8) 산업의 상단과 하단에서 이루어지는 생산과 투자결정은 상호종속적이다. 이와 같은 결정이 독립적으로 이루어지면 기술집약적 산업화에 실패할 수 있다. 이론적으로 이러한 유형의 조정실패가 존재하기 위한 필요조건은 첫째, 규모의 경제가 존재하고, 둘째, 기술집약적 제조업과 관련한 재화, 서비스 혹은 기술의 교역이 불완전하다는 것이다. 이 경우 로우테크산업 중심의 경제균형과 하이테크산업 중심의 경제균형의 복수균형이 존재할 수 있는데, 정부개입 등과 같은 조정이 이루어지지 않으면 시장은 로우테크 산업 중심의 균형에 머무르게 되어 기술, 자본집약적인 하이테크 산업 중심의 경제균형으로 이행하지 않게 된다. 이와 관련한 이론적 논의는 Rodrik(1995a) 참조.

자본을 조달하는 것이 어렵기 때문이다. 현실적으로도 당시 한국과 같이 자본축적 수준이 낮고 자본시장이 불완전한 경우에는, 민간부문에서 독자적으로 이러한 산업을 시작하는 것은 불가능에 가깝다. 더구나 이러한 투자는 높은 위험을 부담해야 하지만, 시장이 위험을 분산하는 메커니즘을 제공할 수는 없었다.

한국 정부가 중화학공업화 선언 이후 연달아 관련조치를 발표하고 중화학공업추진위원회(1973년 5월 12일)와 중화학기획단에서 중화학공업화를 위한 제반조치들을 마련하고 있을 때, 대기업집단의 호응은 소극적이었다. 예를 들어 1976년 6월 정부가 발전설비 제작사업을 기계류 국산화 1호 대상 품목으로 지정한 후, 현대와 대우가 발전설비제작사업에 참여하여 파격적인 지원을 받게 된 이후에야 다른 대기업집단도 비로소 중화학공업에 투자하기 시작했다(박병윤, 1980). 1973년 '선언' 이후 1976년 중화학공업 투자가 본격화되기까지의 기간은 그 때까지 경공업체질에 젖어 있던 기업들이 중화학공업으로 전환하도록 하는 데에 조정을 위한 시간과 노력이 상당히 필요했음을 보여주는 것이기도 하다.

일본의 사례(Johnson, 1982)에서처럼 공식적이지는 않지만, 한국정부는 기업과 서로 정보를 교환하고 투자결정을 조정할 수 있는 기구를 만들었다.[9] 경제활동 참가주체간에 대면적인 의견교환을 가능하게 하고, 정부-기업간 혹은 기업간의 조정 및 협조를 촉구할 수 있는 제도적 기구의 역할이 강조될수록 시장 원리에 의한 산업화는 설득력을 잃었다.

---

9) 흔히 80년대 초반까지 가장 중요한 정보교환채널로서 『월례수출진흥회의』를 든다.

2) 투자확대의 제도적 여건

(1) 억압적 금융시스템

중화학공업은 투자에 따른 회임기간이 길고 그 규모가 막대할 뿐 아니라, 자금의 안정적 공급이 요구된다. 1960년대를 통하여 대기업이 등장하였지만 당시 대부분의 기업으로서는 대규모 설비자금을 내부적으로 조달하기 어려웠다.

이처럼 민간경제주체의 능력을 벗어나는 수준으로 투자를 촉진시키기 위해서, 혹은 민간에 맡겨둘 경우 (시장에 맡겨둘 경우) 이루어지지 않았을 투자를 촉진하기 위해 금융시스템을 필요금융자원 공급용으로 만들 수 있다. 쇼오(Shaw, 1973)가 '억압적 시스템(repressed system)' 이라고 불렀던 것이 이것이다. 그에 따르면 '억압적 금융시스템' 이란 이자율을 인위적으로 시장청산 이자율 수준 이하로 낮추고 정부가 신용배분을 관리하는 것을 말한다.

〈표 5-5〉 중화학공업에 대한 국민투자기금 대출금 비중(연말잔액 기준)

(단위 : %)

연도	국민투자기금 대출금/ 전금융기관 대출금	국민투자기금 설비자금/ 전금융기관 설비자금
1974-81	18.4	56.8
1982-91	14.4	37.0
1974-91	16.2	45.8

자료 : 김준경(1993), p.128.
주 : 전 금융기관은 예금은행과 산업은행 포함.

정부는 대규모 설비자금을 국내에서 조달하기 위해 1973년 국민투자기금을 설치하였다. 국민투자기금은 정부재정이나 외자, 중앙은행의 발권력이 아닌 금융기관 및 공공기금에 의해 조성된 국내저축에 의해서 재원을 조달하고 이를 금융기관에 대여하는 형태로 운용되었다. 〈표 5-5〉에서 나타나듯이 1974년부터 1981년까지 금융기관에 의해 공급된 설비자금의 절반 이상인 57%를 국민투자기금으로 조달했다. 1970년대 중반 1년 만기 정기예금의 금리가 16% 내외, 대출금리가 18% 내외인 데 비하여 중화학 국민투자기금에 의한 대출금리는 9%였다. 이러한 역마진은 정부가 보조하였다.

(2) '국가-은행-대기업의 결합신용'

중화학공업을 위한 재원조달 수단으로 외자도 적극적으로 이용되었다. 당시 국제금융기관은 한국 기업의 중화학투자에 대해 회의적인 시각이 많았다.[10] 그럼에도 서구 및 국제자본시장이 한국의 거대투자사업에 자금을 빌려준 이유는 '국가-은행-대기업의 결합신용' 시스템으로 일정부분 설명된다. 전체 국민경제 그 자체가 담보를 제공한 것이다. 여신제공자에게는 금리 수준보다도 원금 상환능력이 더 중요하다. 국제금융기관이 한국 기업의 중화학 투자에 회의적인 상황에서는 국가 자체가 변제 약속을 해야 했던 것이다. 1975년 정부가 소유하거나 정부가 통제하는 국내은행은 총상업차관의 88%에 대해 재지불보증을 했다. 그것은 중화학투자기간 동안 정부가 해외부채의 대부분을 담보했다는 것을 의미한다.

---

10) 관련 사례로 현대조선소 설립과 관련된 에피소드가 있다. 국제 금융기관은 외국은행의 보증을 요구하였고, 외국은행은 선박이 확실히 잘 팔릴 것이라는 보증을 원하였다. 현대의 경우 국제 건설시장의 진출로 얻게 된 신용을 기초로 결국 외자도입에 성공하지만 다른 기업은 어려움이 많았다.

〈표 5-6〉 상업차관의 재지불보증(1975년 말 현재)

(단위: 백만 달러)

	금 액
한국외환은행	1,786.070
상업은행	92.491
지방은행	12.093
한국산업은행	302.550
재지불보증 총액	2,193.204
상업여신 총액	2,491
A/B(%)	88.0

주 : 1) 상업은행은 전국적 상업은행을 말함.
   2) 지방은행은 두 개의 지방은행을 말함.

다른 한편으로 '국가-은행-대기업의 결합신용' 체제는 국내적으로도 금융제도 자체에 대한 신뢰를 구축하기 위해서 필요했다. 엄청난 규모의 중화학공업 투자를 위해 정부는 저축증대를 장려했다. 그런데 예금자는 금융기관이 파산하지 않는다는 믿음이 있어야 마음놓고 저축한다. 은행이 민간보험회사의 예금보험에 가입한다고 해도 예금자가 그 보험회사마저 신뢰하지 않는다면 저축하지 않을 것이다. 한국의 경우 은행의 채무이행에 대한 신뢰 문제를 정부보증으로 해결한다.

이러한 '국가-은행-대기업의 결합신용' 체제는 국가-은행-대기업의 경제적 결합구조가 전제되어 있다. 투자집중기에 산업 및 금융정책에 의해 수혜를 입은 기업 또는 기업집단의 대주주는 개인재산을 여신에 대한 담보로 제공해야 했다. 만일 국가를 담보로 한 투자에 실패하면 사유재산을 포함하여 모든 것을 잃을 수 있었다. 따라서 기업가에게는 장기투자를 위한 정책금융을 받는 것은 위험에 노출되는 것일 수도 있다. 그러나 정부제안을 받아들이지 않는다는 것도 생각조차 할 수 없었다. 정부는 자기 아닌 다른 기업에게 프로젝트의 수행을 요구할 것이고 이것이 성공한다면 경쟁에서 패배하게 됨을 알았기 때문이다.[11] 또한 다음 프로젝트에서 제외될 수도 있었다.[11] 정부는 국가 경제 전체를 담보로 한 중화학공업 추진계획을 정치적 관점에서 지속시키고 성공시켜야 했기 때문에 누군가는 반드시 해당 프로젝트를 성공적으로 수행해야만 했고, 따라서 그 누군가가 정치자금을 제공한 순서로 결정되는 것은 제약될 수밖에 없었다. 이로 인해 서구적 의미에서의 부패(corruption)구조 즉, 정치자금과 프로젝트 선정과의 일대일 대응과는 상당히 차이가 나타나는 집단적 정경유착의 구조가 나타났다.

(3) 투자위험의 사회화

한국정부는 중화학공업기 동안 선택된 부문에 대해서 투자위험을 사회화하는 방식으로 개별 자본가의 위험을 분산시켰고, 이것이 프로젝트 참가의 유인장치이기도 했다. 즉 정부가 민간부문과 위험을 공유하고 실질투자에 수반한 불확실성을 저하시킴으로써 투자의 증가를 도모하였던 것이다. 이것은 정부가 선정한 우선적 고려대상에 투자한 기업에 대해서 수익성이 위협받으면 구제해 주겠다고 암묵적으로 보장했음을 의미한다. 조선산업은 그 좋은 예로 꼽는다. 1975년 전세계의 조선산업이 붕괴되었을 때 현대는 정부의 지속적 보조로 생존할 수 있었다. 정부의 보조는 한국정유기업에게 한국국적의 유조선으로 석유를 운반할 것을

---

11) 박병윤(1980)의 서술을 통해 당시의 경쟁적 분위기를 엿볼 수 있다. "……중화학공업은 또 거대한 시설과 거액의 자본 및 기술, 그리고 고도의 경영능력을 필요로 하기 때문에 대재벌이 아니면 넘겨다 볼 수 없다. 그런 의미에서 재벌의 영토확장, 대형화, 비대화를 달성하는 첩경은 중화학공업을 일으키는 길이다. 중화학공업은 재벌의 영토확장, 대형화를 달성할 수 있는 최고의 찬스인 동시에 마지막 기회이기도 하다. …… 경제가 중화학단계를 넘어서면 대기업을 세우고 대재벌을 이룩할 수 있는 찬스는 사라진다. ……중화학공업은 정부의 지원과 보호가 약속되는 동시에 기업의 성장과 영토확장이 보장된다……."

강제하는 형태로 나타났다. 1980년대 과잉설비와 재무적 곤란에 처한 78 개 기업에게도 기대출분의 상환을 연기해 주었을 뿐 아니라 신규의 보조 금부 융자를 해주었다. 이로 인해 불량채권이 크게 증가하고 대출금리인 하로 수익이 감소한 은행에 대해서도 중앙은행이 보조금부 융자를 해주 었다.

이러한 방법은 중화학공업부문의 투자극대화에 공헌하였지만, "수익 은 개인에게, 손실은 사회로"라고 하는 정치역학을 창출하였다. 그리고 이 정치역학은 후분배의 약속이행을 기다리며 인내하는 기층민중의 희 생을 수반하는 것이기 때문에 산업화에 대한 국민적 공감대가 유지되는 한에서만 지속될 수 있었다.

정부-은행-대기업의 협조관계는 기업간 경쟁을 저해하고 경영을 방만 하게 하여 일반적인 효율성의 상실을 초래할 수 있으며, 기업과 정부의 협조는 부패문제를 야기할 수 있다. 한국정부는 기업간, 민간부문과 공 적 부문간 정보공유, 투자계획의 조정 및 상호연관을 가지는 투자촉진 등 협조적 행동을 독려하면서도 실적기준을 적용하여 기업간 경쟁을 조 장하여 이러한 문제를 해결하였다. 요컨대 경합관계를 창출하였고, 그 성과에 기초해 보상이 제공되었다.

한국 정부는 두 개의 기준으로 기업의 성과를 평가하였다. 첫째, 정부 는 업계별로 국제경쟁력을 갖추기 위한 시간표를 정했다(오원철, 1995). 그에 따라 국제적 표준에 기초하여 생산비용을 절감시켜야 했다. 그렇게 할 수 없었던 기업은 정책적, 경제적인 제재를 받았다(Kim & Leipziger 1993). 둘째, 중화학공업 투자가 수출에 직결되지 않았던 초기에도 중화 학공업 투자용 신용공여시 해당기업에 의해 생산된 다른 제품의 수출실 적에 연계시켜 적용했다. 사적 기업의 경영 및 투자 행위에 대한 정부의 직접적 개입은 물론 정부의 보증과 정치적 책임 부담에 의해 투자 자체 가 가능했기 때문에 정치적으로 정당화될 수 있었음은 물론이다.

4. 투자극대화 메카니즘 : 금융신용정책을 중심으로

1) 금융시스템의 특징과 금융억압의 정치학

1973년부터 1979년까지의 중화학공업의 투자확대기 동안 한국 정부는 금융자원배분에 깊숙이 개입했다. 이것은 '우선순위의 산업부문'에 대한 투자를 촉진하기 위해서였으며, 신용할당과 이자율 상한제를 이용하였다. 존스·사공(Jones & Sakong)이 언급한 바와 같이 "적정이자율 이하로 신용을 배분해 주는 것(allocation of under-priced credit)은 정부의 가장 중요한 미시적 통제수단이었다." 한국 기업은 자금흐름의 2/3가 차입금일 정도로 매우 외부신용 의존적이었으며(〈표 5-7〉), "실질은행이자율은 마이너스인 경우가 많았으며, 일반적으로 자본의 기회비용을 가장 보수적으로 추정한 결과보다도 낮은 수준이었다"(Jones & Sakong, 1980).

〈표 5-7〉 주요 중화학기업의 자금소요

(단위: 10억원)

연 도	1979년	1980년
자금소요(A)	1,907	1,698
자체조달(B)	562	551
외자조달	554	395
내자차입소요	791	753
정책자금	158	200
기타	151	190
내자부족액	483	363
B/A(%)	29.5	32.5

자료 : 박병윤(1980)에서 발췌.

금융정책은 산업정책의 부속품처럼 활용되었다. 다양한 직접금융정책이 수행되었으며, 정부가 통제하는 '은행중심(bank-based)' 금융시스템을 이용한 여신제공은 산업정책체제에서 가장 중요한 수단이었다. 소유구조와 무관하게 은행은 공기업처럼 운영되었다. 형식적으로는 그렇지 않더라도 은행의 실질적 경영권은 정부에게 있었다. 정부가 주주로서 주요한 위치를 점하지 않았던 은행의 경우도 1961년 도입된 임시법에 의해 정부가 절대적 통제권을 행사하였다. 민간 주주의 권한은 제한되었으며, 1981년 은행법 개정 이후에는 개인 또는 개인과 관계된 주주집단의 은행 지분은 8%를 넘지 못하게 하였다. 한편 정책금융 및 외채의 효율적 사용을 보장하기 위해서 1974년에도 한국식 주거래은행제도가 도입된다. 이와 함께 정책금융체제도 완성되었으며, 이를 통해 정부가 설정한 우선적 고려대상인 산업부문의 육성을 가속화한다. 그리고 이러한 형태의 내외자 통제가 가능하기 위해서는 자본의 유입과 유출에 대해 엄격한 통제제도가 유지되어야 했다.[12]

요약하면 1980년대 후반까지 지속된 경영체제는 억압적 금융체제를 특징으로 한다. 그러나 이 '억압'은 단순히 시장 개입을 통한 금리억압만을 의미하는 것은 아니다. 그 이면에서 금융-지주계급(financial rentier)의 이해가 억압되었음을 의미하기도 한다. 따라서 이러한 '금융억압'의 체제는 이념적으로 금융-지주계급은 필요악이라거나 기업발전을 저해하는 집단으로 간주하는 관점에 의해 뒷받침되었다. 이러한 관점은 1962년 『제1차 경제개발계획의 요약』에 나타난 1961년 이전 금융시스템에 대한 다음의 언급에서 잘 드러난다.

---

12) 자본유출에 대한 엄격한 통제체제의 중심에 이른바 외환집중관리체제가 있었다. 이 체제하에서는 모든 외환은 중앙은행에 양도되어야 했다. 또한 외환관리법은 외환의 사용에 엄격한 제한을 가하였다. 이러한 외환통제시스템은 1980년대 후반 이후 완화되기 시작했다.

"은행에서 대출을 받을 수 있었던 몇몇 특권그룹만이 생산활동에서 이윤을 누릴 수 있었다……. 다수의 기업가는 생산기술과 경영개선을 위한 창조적이고 정직한 노력을 기울이는 대신, 정치가 및 관료와 결합하여 쉽게 부를 축적하였다. ……산업은 고리 사채에 의존할 수밖에 없었으며, 그 결과 고리대금업이 성행하였다……. 은행제도의 타락은 경제개발을 저해할 뿐 아니라 국가제도의 기반을 왜곡하거나 부패시켰으며, 사회정의를 왜곡하였다."

1990년대 초반 이전 한국의 금융시스템을 이해하는 데 있어서 이러한 관점을 염두에 두는 것은 매우 유용하다. 달리 표현하면 금융억압정책은 정부개입을 정당화하고 국민들에게 경제개발계획에 참여하도록 하는 이데올로기적 기능을 이면에 가지고 있었다고 할 수 있다. 적어도 지배계급 일부가 자신의 이해관계에 반해서 산업발전의 비용을 분담하는 것으로 나타나기 때문이다.

금융지주계급의 억압으로 요약되는 금융억압의 정치적 성격은 금융지주와 노동계급의 희생 위에 제조업부문의 금융부담을 완화시키려는 특별조치를 통해 잘 이해될 수 있다. 1972년 정부가 선언한 사채시장에 대한 지불유예조치, 이른바 '8.3조치'가 그것이다. 8.3조치를 통해 금융지주의 이해는 엄청난 억압을 당했다. 1972년 8월 3일 발표된 '경제안정과 성장에 관한 긴급조치'는 1965년 매키넌-쇼(MacKinnon-Shaw; Shaw, 1973) 방식의 금융자유화 정책이 불러온 금융위기에 대한 대응책이었다. 1965년의 금융개혁으로 국내여신의 이자율은 해외여신의 그것을 큰 폭으로 상회하기 시작했으며, 이를 계기로 해외여신계약을 통해 투자붐이 일어났다. 그러나 1965년 자유화 조치 이후 나타난 높은 이자율, 당좌계정적자(current account deficit), 그리고 해외여신의 급증으로 결국 비금융기업의 수익성은 급락하고 은행부문의 부실채권이 증가하였다. 1972년까지 기업파산이 증가하면서 심각한 외환위기에 처하게 되었고, 이 때

파산한 기업 다수가 외채를 지고 있었으므로 한국정부는 특별조치를 취하게 된다. 8.3조치는 모든 회사의 부채를 3년 동안 지불유예함으로써 제조기업을 구제한 것이다. 이것은 아마도 세계자본주의 발전사에 있어 금융억압의 가장 극단적인 사례일 것이다.

2) 신용할당통제 : 미시적 수준

한국정부가 1973년 중화학공업 선언을 감행하기 이전부터 기업에 대한 장기신용공여 문제를 어떻게 해결할 것인가는 대단히 중요한 문제였다. 한국의 기업들은 신용등급이 낮거나 또는 관련 고정비용의 존재 때문에 민간 자금에 접근할 수 없었기 때문이다. 실제로 민간 금융가의 관점이나 여신제공의 기준에서 볼 때 거의 모든 민간기업은 대출기준에 미달했을 것이다.

국가소유 은행제도와 해외차관에 대한 국가보증제도를 이용하여 경제개발계획에 착수하기로 결정하면서 정부는 먼저 기본적 문제들을 타개해야 했다. 하나는 어떻게 하면 정부가 원하는 산업부문과 프로젝트에 자금이 투자되도록 할 수 있을 것인가이며, 다른 하나는 계획된 사용처 외에 자금이 분산되는 것을 어떻게 제한할 것인가였다. 이에 대한 제도적 장치에 대해서는 앞에서 간략히 언급한 바 있다. 이하에서는 미시적인 수준에서 투자흐름을 정부가 제한하는 제도에 대해서 살펴보기로 한다. 이러한 제한은 자본재 수입에 의한 산업화가 성공하기 위해 필요한 것이었다.

정책금융제도는 이상의 문제를 해결하는 중요 수단이었다. 정책금융제도가 그에 합당한 정책효과를 발휘하기 위해서는 자금흐름을 위한 적절한 파이프라인을 구축하는 것이 필요했기 때문에, 기업수준의 신용통제가 도입되었다. 이것은 은행제도, 국민투자기금과 같은 특별기금, 그리고 해외차관 할당을 정부가 실질적으로 통제하는 것을 의미했다. 앞에서도 언급했지만 이러한 통제의 경제적 기초는 정부보증이었다. 상업은 행들조차도 우선적 고려부문과 프로젝트에 대해 신규여신의 일정부분을 제공해야 했으며, 그 자금이 부동산투기와 같은 다른 부문으로 유출되지 않도록 감시하는 역할을 담당했다.

이를 위해 정부는 금융기관의 인사, 예산 등 세부적 내부경영에 깊이 개입하게 된다. 과거에도 몇 가지 조치가 있었지만, 사전적으로 은행을 감시자와 정보수집자로 활용한 신용통제기제가 도입된 것은 8.3조치 이후라고 할 수 있다. 정책자금 지원의 정치적 정당화의 중요성을 인식하고 있던 정책당국은 기업이 정부지원을 믿고 방만한 경영을 할 것을 두려워하였다. 실제로 정부는 8.3조치 이후 기업지배구조를 보다 체계적으로 개선하기 위한 일련의 조치를 마련하는 바, 1974년 5월 29일의 『기업의 체질개선과 내자동원을 위한 대통령 지시각서』가 대표적인 경우이다. 이것은 재벌의 금융상태를 감시하는 권한을 가진 은행감독기구의 설립을 수반하였다. 이들 재벌은 정책여신과 해외차관의 주요한 수혜자였던 것이다. 이것은 물론 공적 기금을 이용하여 정부가 편파적으로 구제하는 데에 대한 정치적 저항을 무마하는 역할을 담당하기도 했다.

세계은행(World Bank, 1993)은 정책금융 도입 등의 정부개입이 초래할 수 있는 도덕적 해이와 관련한 비용이 실질적인 감시와 조정에 의해 상당부분 감소하였다는 결론을 내리고 있다. 우선 사업의 성과에 대한 실질적 감시는 은행 등의 민간금융기관에서만 담당하는 것이 아니라, 개발은행, 정부관련부처 등의 기관이 공동으로 행하였다.

1970년대 초반 기업의 수익성을 높이고 금융구조의 건실성을 회복하는 데에 있어 정부가 주도한 기업구조조정, 그리고 8.3조치에서 볼 수 있는 금융지주계급에 대한 사유재산권의 제약은 상당히 중요한 역할을 하였다. 이와 함께 기업지배구조는 재벌에 대한 은행감시와 제재조치를 강화함으로써 개선될 수 있었다. 이보다 중요한 것은 한국정부가 외환관리법(1961)과 외채지불보증법(1962)을 통해 해외차관과 그 사용을 거의 완전히 통제하였다는 것이다. 이는 해외차관에 대한 보증절차의 효과를 개선시키기 위해서였다. 이러한 법제도를 이용하여 정부는 부족한 외환이 불필요하게 사용되거나 낭비되지 못하도록 규제했다.[13]

한국 정부가 이 기간동안 모든 해외차관에 대해 지불보증을 했다는 사실은 도덕적 해이를 초래할 수 있다는 비판을 받아 왔다. 그러나 특히 개도국의 경우에는, 해외차관이 정부에 의해 공식적으로 보증되든 말든 무관하게 외환 위기 시에는 정부가 결국 사후적으로 지불보증을 해야 하는 것이 역사적 경험이다. 한국에서 이러한 사실을 가장 잘 보여주는 예는 1997년 금융위기이다. 정부는 1990년대 채무와 관련하여 해외차관에 대해 사전적 공적 지불보증을 하지 않았다. 그럼에도 불구하고 금융위기가 발생하자 정부는 사후적으로 보증을 하도록 강요당했다. 만약 정부가 사후적으로 지불보증할 것을 강요당한다면 사전적으로 보증하는 것이 더 바람직 할 수 있다. 여신승인과 감시체계를 강화함으로써 체제 내적으로 도덕적 해이를 최소화하려는 제도적 장치를 움직일 수 있는 근거를 갖는 것이기 때문이다.

---

13) 해외공공차관의 경우 차관제안서는 먼저 관련 부처에 의해 검토되고, 그 후에 재무부가 경제적 효과와 실현가능성을 검토하였다. 경제기획원이 그 제안을 승인하는 데에 있어 그 제안이 제5차 경제개발계획과 정부예산계획과 일치한다는 확신을 주어야 했고, 마지막으로 의회의 승인을 받아야 했다. 그래야만 차관이 승인되었고, 정부지불보증이 보장되었다. 해외상업차관의 경우에는 제안서가 재무부의 상업차관 가이드라인을 충족해야 했으며, 재무부의 해외자본프로젝트 위원회를 통과해야 했다. 이것도 정부의 승인과 보증을 받기 위해서였다.

3) 정책적 여신

일본의 경우[14]와 다르게 한국에서는 중화학기업과 같은 우선순위에서 앞서는 기업에 대해서 투자기금을 우선적으로 사용하게 해주었을 뿐 아니라 이자율 보조도 적극적으로 활용했다. 정부는 최고금리, 기준금리 및 예금기간별 실행금리를 직접 통제했는데, 수출산업, 방위산업, 주요원자재 수입 등에 대해서는 낮은 금리를 적용하였을 뿐 아니라 금리조절대상에서 제외시켰다. 국민투자기금과 관련한 이자율 보조에 대해서는 앞에서 언급한 바 있다. 경우에 따라서는 수출과 투자금융 이자율은 1960년대와 1970년대의 경우 시장이자율보다 5~24%포인트까지 낮은 것으로 나타난다(〈표 5-8〉).

〈표 5-8〉 이자율의 추이(연율)

(단위: %)

	정기예금(1년)	은행여신		사채시장	CPI
		일반여신	수출여신		
1966~70	26.56	25.04	6.0	54.6	12.22
1971~75	15.92	16.8	7.4	41.42	15.58
1976~80	16.44	18.4	9.8	41.52	17.36
1981~85	10.44	12.0	11.0	28.6	7.34
1986~90	10.0	12.2	10.0	21.16	5.44

자료: 한국은행, 경제통계연보, 각년도.

우선적 산업부문으로 선택되기만 하면 이 부문의 자본비용은 명백히 감소하였다. 1973~81년 동안 중화학공업과 수출부문은 경공업과 내수

---

14) 일본의 신용정책은 대규모 보조금을 직접 제공하기보다 우선적 여신 대상자에게 신용 접근도(accessibility)를 높여주는 방식을 사용하는 경우가 많다.

〈표 5-9〉 부문별 여신비용 차이

(단위 : %, 포인트)

	1973~1981	1982~1986	1987~1990
내수부문 수출부문	1.4	2.1	0.6
경공업·중화학공업	2.8	1.4	0.8

자료 : 한국은행, 해당연도 『금융분석』.
주 : 평균여신비용은 회사채, 해외여신, 금융기관여신의 총합에 대한 금융비용의 비율을 말한다.

부문보다 훨씬 낮은 자본비용을 지불하였는데, 이는 각각 2.8% 포인트와 1.4% 포인트 낮은 수준이었다(〈표 5-9〉).

정책금융의 규모를 추계하는 것은 간단하지 않다. 정책금융의 정의에 따라 상당한 편차를 보이기 때문이다. 가령 정부가 주요은행을 실질적으로 소유하고 있었고 은행여신에 대한 이자율상한이 시장이자율보다 낮게 책정되어 있었다는 사실을 기준으로 삼는다면 모든 은행여신을 정책금융으로 간주할 수도 있는 것이다.[15]

선택적 부문에 집중적으로 제공되었던 정책금융의 원천은 중앙은행신용과 예금은행에 의해 동원된 예금에 주로 의존하고 있었다. 정책금융의 이자율 상한제에 따라 발생한 예대 역마진을 보조하기 위해 중앙은행은 일정부분을 자동할인으로 보조해 주고, 그 가격인 재할인금리를 상업은행의 수지상황을 보아가며 조정해 주었다. 중앙은행의 재할인율제도도

---

15) 이기영(1994)은 원화 자금에 국한하여 이자율의 관점에서 우선적 자금규모를 추정하고, 1962~92년 동안 예금은행과 경제개발기구가 제공한 전체 여신의 절반 이상이 우선적 자금에 해당한다는 연구결과를 내놓았다. 조윤제와 김준경(Cho & Kim, 1997)은 명시적인 신용공여계획에 초점을 맞추어, 정책금융이 1970년대에는 국내 금융기관에 의해 공여된 전체 신용의 절반 이상을 차지하였지만 1980년대에는 약 30% 수준으로 떨어졌음을 보여주고 있다. 예금은행의 총 여신에서 차지하는 정책금융의 비중은 1973~91년 동안 연평균 61.2%에 달한다. 또한 수출금융은 1973~81년 동안에 예금은행이 제공한 총 정책여신의 21.3%였으며, 1987~91년 동안에는 5.2%까지 떨어진다.

상업은행 여신을 전략부문으로 몰아주기 위한 중요한 도구로 기능하였다. 1973~91년 동안 중앙은행의 상업어음에 대한 재할인율은 거의 50% 수준에 이르렀다. 결국 정책금융은 한국은행의 본원통화에 상당히 의존하였음을 알 수 있다. 반면 정책금융이 재정자금 또는 정부에 의해 동원된 자금에 직접 의존 정도는 크게 낮았다.

이 점에서 일본과 대만의 경우와 차이가 있다. 이와 같은 차이는 역사적 경험에 기인한 정치적 이유들을 차치하더라도 한국이 일본이나 대만과 달리 경제개발을 위한 투자기간 내내 만성적 외환부족에 시달리고 있었다는 사실에 의해 설명될 수 있을 것이다.[16] 이상과 같은 사실을 볼 때 '온건한 억압'(mild repression)이 성공적인 금융 및 산업정책의 조건이라는 주장(Stiglitz, 1981)은 유보없이 받아들일 수 없다.[17] 정책방향에 걸맞는 사적 투자를 지원하기 위해 민간의 자금과 중앙은행신용을 사용하는 것이 정치적으로 정당화될 수 있었다는 점은 다시 한번 강조할 만하다. 결론적으로 금융정책이 성공할 것인지 혹은 실패할 것인지는 정치적 정당성을 확보할 수 있는지 여부에 강하게 영향을 받는다는 점이다. 왜냐하면 정치적 정당성의 확보는 궁극적으로 국민의 협조를 얻음으로써 (by getting people's corporation)만 재생산될 수 있기 때문이다. 마지막 문제는 누가 그 비용을 부담해야 하며, 어떻게 비용을 배분해야 하는가

16) 1973~81년 동안 중앙은행이 지원한 수출신용은 중앙은행 총여신의 51.1%에 달했으며, 1982~86년에는 26.1%, 1987~91년에는 7.2%를 점했다.

17) 일본의 정책금융에 관한 세계은행, 일본개발은행 그리고 일본경제연구소의 연구들은 다음과 같은 결론을 내리고 있다. '세계은행이 인식하는 바와 같이 낮은 이자율은 다음의 세 조건이 충족된다면 상당히 효과적일 수 있다. 첫째, 금융기관이 실행불가능한 (non-viable) 프로젝트에 기금을 조달하라는 정치적 압력에 굽히지 않고, 둘째, 충분한 평가능력을 가지고 금융관련 결정을 독자적으로 행하며, 셋째, 엄격한 사후감사를 수행하는 것이 그것이다. 이런 의미에서 일본개발은행이 이러한 유형의 기관이었다고 말하는 것은 과장이 아니다.' 놀랍게도 우리는 한국의 경제개발경험에서 정치압력으로부터의 독립과 금융기관의 평가능력을 발견할 수 없다.

이다. 완전한 자유시장을 지향하는 정책의 경우 시장을 보다 잘 이용하는 몇몇 참가자가 혜택을 입는다. 정치적 비용-수익 배분과 시장에 의한 배분간에 차이가 있다면, 후자의 경우 그 배분의 결과를 피할 수 없는 자연법칙의 결과로 국민 다수가 받아들여야 한다는 점이다.

5. 소결

중화학공업의 성장은 국민총생산(GDP)의 구성과 수출구성을 크게 바꾸어 놓았다.[18] 그리고 그 기간 중에 의도적인 정책개입이 한국경제의 중요한 요소로 존재했던 것이 사실이다. 이런 맥락에서 시장에 대한 순응을 강조하고 정책 개입의 효과를 과소평가하려는 기존의 실증연구와 다르게, 특정 산업구조에 대한 집단적인 의도와 산업구조 변화간의 관련성을 상정하는 것이 오히려 자연스럽다. 한국이 경험한 산업발전단계의 비연속적 도약이 금융 및 산업정책을 통한 정부개입 없이는 불가능했다는 것은 명백한 것 같다. 주류경제학의 관점에서 볼 때 한국의 산업화경험에서 가장 다루기 힘든 문제는 여기에 있다. 많은 연구자들은 경제효율성의 관점에서 양적, 질적으로 경제성장에 대한 금융억압정책의 효과를 구명하려고 노력해 왔다. 그러나 시기와 국가에 따라 모순된 결과를 보임으로써 명확한 해답을 내놓지 못하는 상태에 있다.[19] 금융변수의 고유한 불안정성(volatility), 자본시장의 단견성(short-term business hori-

---

18) 1991년 한국 수출에서 중화학제품의 비중은 60%에 달한 반면, 경공업제품은 35%, 1차 산품은 5%에 달했다.

19) 한국의 산업화와 관련된 문헌에서 산업 및 신용정책이 매우 성공적이었다거나 혹은 성장을 저해하여 부정적인 결과를 초래했다는 주장은 어느 쪽이든 순수한 경우가 드물다고 판단된다.

zons), 조정 또는 정보문제와 같은 금융시장의 일반적 특성을 고려할 때, 시장지향적 금융제도가 한국의 투자정책과 수출추진정책을 지탱할 수 있었다고 믿기는 대단히 어렵다. 따라서 억압적 금융시스템이 사회적 투자와 수출을 촉진하는 데 근본적인 결함을 갖고 있다고 일방적으로 주장하기는 어렵다. 이 장에서는 한국의 산업구조 변화에 있어서 의도적인 정책적 개입의 효과를 분석하기 위해서는 개입자체의 내용과 형태에 앞서, 보다 근본적인 측면 즉 개입의 정치적 · 사회적 조건을 검토할 필요가 있음을 제기하고자 했다. '자유로운' 자본시장의 효율성에 대한 맹신을 갖고 있는 한, 한국의 산업화 경험을 설명할 수 있는 만족스러운 이론은 발견되지 않을 것이기 때문이다.

제6장

축적체제의 위기와 재편 : 1980년대

1. 문제제기

1970년대가 중화학공업화를 통해 한국경제 고유의 축적체제, 즉 국가동원체제를 형성하는 시기였다면, 1980년대는 이러한 축적체제에 균열이 발생한 시기라 할 수 있다. 이러한 균열은 1979~80년 경제위기를 통해 드러나기 시작했다. 그것은 기존 축적체제가 직접적으로 초래한 과잉중복투자의 모순이 발현된 것이었다.

위기에 대한 대응은 세계은행그룹의 요구이기도 했던, 긴축과 구조조정을 내용으로 하는 안정화정책으로 표현되고, 이에 상응한 정책들이 제시되었다. 그러나 과잉투자의 처리를 위한 조정은 지난하게 지속되었고 부실기업 문제와 더불어 금융시장의 경색이 장기간 지속됨에 따라 이의 처리를 위한 정부에 의한 강권적 조정과 부실기업 처리가 불가피하였다. 이처럼 국가-재벌동원체제 하의 강권적 국가개입은 여전히 지속되었고 또한 안정화정책의 이름 아래 노동에 대한 강압적 통제는 오히려 강해졌다.

그러나 국가주도의 신용할당기구는 점차 약화되어 갔다. 신용할당시스템의 약화는 예컨대 기업부실의 은행전가에 따른 은행부실화, 제2금융권의 제도화와 이를 통한 기업자금 조달의 확대 및 직접금융시장의 육성과 이를 통한 자금조달의 증대 그리고 외국인 직접투자의 자유화 확대와 이와 연계된 집합적 투자방식에 의거한 자본의 외자유치 그리고 3저 호황을 통해 강화된 재벌계 기업의 내부자금조달 능력제고 등을 매개로 빠른 속도로 진행되었다. 물론 형식적이긴 하지만 은행 민영화가 추진되고 은행경영의 자율성도 확대되었다. 특히 이러한 과정에서 자본(재벌)의 자율성이 한층 제고되었다. 또한 개방확대도 국가 역할의 약화를 촉진하였다.

그 결과 기왕의 축적체제가 국가 주도하에 국가-금융기관-기업의 결합이라는 준내부조직의 효율성을 바탕으로 독자의 시장규율을 만들어 왔다면 국가의 역할 후퇴로 준내부조직은 이완되고 균형적 조절자를 상실한 자본과잉의 불균형적인 시장만이 남아 원리적 시장을 대체하게 되었다. 한편 1980년대 초반 국가의 강력한 통제로 억압당했던 노동자들 역시 1986년 이래 자신의 목소리를 높이게 되었고 이제 과거의 조절양식은 더 이상 작동하기 어렵게 되었다.

본 장은 1980년대를 축적체제의 이완과 새로운 모색과정으로 위치지우고 경제변동상 드러나는 1980년대 두 차례 순환에 상응한 시기(전반: 1980~1985과 후반: 1986~1989)로 각 구분하여, 정책 및 제도 변화를 중심으로 그 과정을 다루고자 한다.

2. 1980년대 전반 : 국가동원체제의 모순과 축적체제의 재편

1) 1979~80년 위기와 축적체제의 모순 노정

1980년대 한국 자본주의는 이전 시기 순환의 모순적 폭발, 즉 공황 혹은 위기를 출발점으로 한다. 특히 1970년대 중화학공업화에 따른 과잉중복투자에 뒤이은 위기였던 데다 오일쇼크로 인한 세계경제 전반의 침체가 결합되어 위기는 전례 없이 심도 깊은 것이었다. 산업생산지수의 추이로 보자면 1979년 5월 이후 무려 13개월 동안 생산 감소가 지속되었고, 다시 5월 수준으로 회복되기까지 20개월이나 소요되었다.

〈표6-1〉 80년대 주요 경제지표

(단위: %)

	1980	1981	1982	1983	1984	1985	1986	1987	1988	1989
GNP 성장률	-4.8	5.3	7.2	12.6	9.3	7.0	12.9	12.8	12.2	6.7
제조업생 산증가율	-1.1	9.9	6.7	15.4	17.3	7.1	18.4	18.3	13.0	3.7
설비투자 증가율	-30.7	-24.7	15.4	28.2	58.4	48.8	47.5	21.9	25.8	27.7
제조업 가동률[1]	71.8	67.6	66.8	72.9	77.6	76.3	79.5	82.2	80.3	77.7
경상수지 (억달러)	-5.32	-46.5	-26.5	-16.1	-13.7	-8.9	46.2	98.5	141.6	50.5

자료 : 경제기획원, 『주요경제지표』 및 『경제백서』, 각년도; 산업은행, 『설비투자계획조사』, 각년도.
주 : 1)은 제조업(이는 산업은행의 조사통계임).

경제위기는 물론 투자확대에 상응한 자본의 유기적 구성 고도화, 그에 따른 이윤율 저하를 수반하는 순환성 위기의 성격을 갖지만, 이른바 '국가-재벌 동원체제'의 특징이었던 국가주도의 신용할당시스템에 의거한 중화학공업 부분 중심의 무분별한 투자확대가 초래한 구조적 위기이기도 하였다. 예컨대 1980년 당시 주요 중화학공업의 가동률을 살펴보면, 제1차 금속만이 74.8%로 제조업 평균 71.8%를 웃돌고 있을 뿐 기계 42.3%, 수송기기 44.05%, 전기기기 58.6%, 비철금속 62.0% 등 대부분 업종의 가동률이 극히 부진하여 생산과잉이 심각한 수준에 달하였음을 짐작할 수 있다. 국가에 의해 주도된 중화학공업 중심의 투자확대는 과잉

설비=조업단축 가능성을 안고 있었는 데다 수출경쟁력을 갖추기 전에 실현의 문제에 부딪힌 것이다.

위기는 '국가-재벌 동원체제'에 내재된 모순을 극명하게 드러냈다. 경쟁과 이윤동기가 취약한 투자확대가 과잉생산의 위기에 봉착함에 따라 다수 기업이 수익성 악화로 부실화되지 않을 수 없었고, 이는 다시 국가주도의 신용할당에 동원되었던 은행에 부실채권을 안겨주는 결과를 초래하고 말았다. 국가주도의 투자확대와 여기에 동원된 '금융억압'을 통한 신용할당 시스템이 가지고 있었던 고유의 효율성에 의문이 제기되지 않을 수 없었다. 따라서 중복과잉투자의 조정은 물론 신용할당제도의 변화 자체가 요구되었다.[1]

기존 축적체제의 모순 노정은 여기서 그치지 않았다. 위기는 기층민중의 성장 몫에 대한 배분 기대를 와해시켜 버렸고, 그 결과 값싼 노동력의 동원체제도 흔들리지 않을 수 없었다. 공업화 과정에서 급속히 성장한 노동자들의 계급이익이 표출되기 시작하였고, 공업화과정에서 상대적으로 피폐한 농업 종사자들의 사회적 불만도 증폭되었기 때문이다. 이제 '국가-재벌 동원체제'를 지탱하는 이데올로기로서 '성장 제1주의'의 신념체계 자체가 붕괴되지 않을 수 없는 상황에 놓이게 되었던 것이다.

2) 축적체제의 재편 : 투자조정과 노동통제

위기대응의 1차적 과제는 물론 과잉투자를 조정하고 이완된 축적체제의 주요기제를 정비하는 데 있었다. '경제안정화정책'의 이름 아래 인위적인 산업개편을 통해 생산기반의 효율성을 제고하는 한편, 금융완화를

---

1) 당시 은행의 저축동원 능력도 저하되고 있었다. 예금은행의 재원조달에서 국내 예금이 차지하는 비중이 1975년 48.6%에서 1980년 47.2%로 낮아졌고 1985년에는 45.3%로 더욱 낮아지게 된다(김상조, 1991).

통해 신용경색을 치유하고자 하였다.[2)]

1979년 5월의 투자조정에 이어 1980년 8월의 중공업 통폐합조치, 9월의 중화학공업 2차 투자조정 그리고 기업체질강화대책, 자동차공업투자조정계획, 석유화학공업육성기본계획 등 중복과잉투자 문제를 국가의 강제적인 산업재편정책을 통해 해결하려고 했다. 예컨대 발전설비, 자동차, 디젤엔진, 전자교환기, 동제련 등의 경우 직권적 통합과 조정이 이루어졌고, 이와 더불어 일부 기업에 대해서는 중화학공업 참여 배제, 통폐합 그리고 기업합병의 억제 등 초법적 강제력이 발휘되었다.

여기에는 신용할당체계를 활용한 금융지원도 수반되었다. 투자조정과 더불어 관련기업에 대한 직접적인 자금지원[3)]이 이루어졌음은 물론 신용지원을 위한 금융완화에도 적극적이었다. 1980년 1월 대출금리를 인하한 이후 1982년까지 3년간 총 9회에 걸쳐 금리를 인하함으로써 기업의 자금경색을 막고자 하였다. 이와 함께 연불수출협조융자제도(80.1.18), 장기신용은행 설립(80.6.2), 신종 기업어음 도입(80.6.20), 국민주택기금 설치(81.4.1) 등도 금리인하와 그 궤를 같이 하는 것이며, 1982년 7월 발표했던 금융실명제 실시를 연말에 1986년으로 연기한 것도 같은 맥락이라고 할 수 있다. 이러한 금융완화는 안정화정책과는 배치되는 것이었으나 계속된 금융경색을 완화하기 위한 불가피한 정책선택이었고, 이는 곧 경제일반에 대한 긴축과 달리 대기업에 대한 특혜적 지원을 의미하는 것으로 보지 않을 수 없다.

---

2) '안정화정책'은 물론 IMF, IBRD 등의 정책권고사항이기도 하였다. 이에 따라 재정긴축과 수입억제 그리고 물가안정에 초점이 맞추어지게 되었다.

3) 투자조정대상이 된 12개 기업에 대한 산업은행의 자금지원이 대규모로 이루어졌다. 1980년부터 1983년 6월까지 3,221억원 대출과 6,251억원 지급보증 그리고 1,884억원 투자를 합하면 모두 1조 1,357억원의 자금지원이 이루어졌다. 이 외에도 경영부실이 계속된 28개 기업에 대해서는 1981년 9월 1,988억원의 시중은행 대출금에 대한 원리금 상환유예(3년) 조치가 이루어졌다.

〈표6-2〉 한은 상업어음 재할인금리 정책 추이

시기	80.6.5	80.9.16	80.11.8	81.11.9	81.11.28	81.12.29	82.1.14	82.3.27	82.5.6.
내용	(21.0) →20.0	→18.0	→16.0	→15.0	→13.0	→11.0	→7.0	→5.5	→5.0

자료 : 한국은행(2000), 『한국의 금융 · 경제연표(1945~2000)』.

경제안정화정책이 지속되는 가운데 1983년 경기가 일시적 회복 양상을 보이기도 하였으나 과잉중복투자의 모순은 지속되어 기업 부실화 문제가 더욱 증폭되었다. 1982년 초 은행관리에 들어간 부실기업이 40개사, 재벌그룹사라는 이유로 보류상태로 있는 기업이 60개사에 달하였다. 이에 따라 시중은행의 부실기업 구제금융은 급격히 늘어나 1985년 8월 말 당시 3조 45억에 이르는 등 은행의 잠재부실이 크게 증대되어 신용할당시스템의 근간이 흔들리게 되었다.

결국 강권적인 국가개입이 다시 동원된다. 1986년 7월에 '공업발전법', 12월 '조세감면규제법' 등의 법적 장치를 구체화하고 이를 근거로 투자조정의 대상이 되었던 업종을 합리화업종(중전기, 건설중장비, 디젤엔진, 자동차 등은 투자조정업종으로 그리고 섬유직물, 합금철, 염색가공, 무기질화학비료 등은 구조불황업종으로 지정)으로 지정하여, 신규참여의 배제와 제품별 전문화 등으로 강권 조정이 이루어지게 되고 구조불황업종에 대해서는 자금지원에 나섰다. 또한 법제도 정비와 더불어 기존 신용할당시스템을 활용한 부실기업 정리에 나섰다. 모두 다섯 차례에 걸쳐 79개 기업을 대상으로 이루어졌는데, 57개 기업은 제3자 인수, 21개 기업은 합병 · 법정관리 · 계열기업 정리 · 청산처리 등의 형식으로 정리되었다. 이 과정에서 원금탕감, 원금유예, 이자감면, 손실보상대출 등의 금융지원에다 조세감면이 대규모로(약 8조원 규모) 이루어졌고, 이에 따른 시중은행의 손실보전을 위해 약 1조 7천억 규모에 연리 3%라는 저리의 한국은행 특융이 제공되었다.

축적체제의 재편은 노동자계급에 대해서도 강제되었다. '총으로 권력을 장악'한 전두환정권은 노동입법의 개악을 통해 노동3권을 극도로 제한하고 나섰다. 제3자 개입 금지, 교섭단체위임 승인제, 유니온 샵 폐지 등 제도 개악을 통해 노동조합의 활동을 약화시키는 한편, '사회정화'의 이름 아래 노동조합 지도자들과 조합원들을 폭력적으로 탄압하였다. 더욱이 안정화정책에 따른 물가안정 목표의 실현을 위해 임금비용을 극도로 억제하였다. 1980년과 1981년 실질임금이 감소한 데다 계속된 임금억제로 1985년까지 임금상승률이 노동생산성 상승률에 미치지 못하였고 노동시간도 줄곧 늘어났다. 물가안정을 이유로 추곡수매가도 동결되었다. 주곡의 인상 억제로 복합영농(축산, 상업성 작물 재배 등)이 제시되지만 수급불균형과 계속된 가격폭락으로 적자영농에 허덕이는 농가가 더욱 증가하였다. 호당 농가 부채가 1980년 33만 9천원이던 것이 1986년 219만 2천원으로 6.5배로 늘어났다. 노동자, 농민 등 민중을 희생시켜서 '국가-재벌 동원체제'의 비효율을 극복하려는 과거의 정책이 되풀이되었다.

3) 개방과 경제자유화의 단초

1979~80년 경제위기로 나타난 경제전반의 부실화 문제로 인해 한편으로는 이완된 축적체제를 재정비하려는 노력이 지난하게 지속되는 가운데, 다른 한편에서는 '국가-재벌 동원체제'의 효율성에 대한 의문이 제기되기 시작하였다.(KDI, 1995: 224) 국가 주도의 투자촉진 메커니즘이 경쟁을 제한함에 따라 산업의 체질 강화가 이루어지지 못하였다는 점을 주목하며 개방을 통한 경쟁촉진 또는 대내 경쟁의 확대 등의 주장이 제기되었다.[4]

---

4) 관변(KDI 등)에서는 개방을 통한 경쟁 촉진을 내세운 반면 민간(전경련 등)에서는 규제 완화를 통한 경쟁확대를 주장하였다(이용우, 1991) 참조.

1980년 5차 경제개발계획의 작성을 위해 작성된 '경제사회정책협의회 보고서'(KDI, 1980)는 1980년대 경제정책의 핵심을 '경제의 자율화와 시 장경제원리의 창달'이라고 제시하며 정책금융의 축소와 각종 지원의 통 합관리를 주장하고 나섰다. 이와 함께 개방과 자율화 정책의 단초는 정 책 및 제도상의 변화로 나타나게 된다. 예컨대 자본시장 국제화 장기계 획(1981.1.14), 외국인전용 수익증권 발행(1980.10.28), 은행민영화 계획 (81.6.28)에 의거한 민영화 추진(1981년 한일은행, 1982년 서울신탁은행 과 제일은행, 1983년 조흥은행 순으로 민영화가 추진됨), 1982년 대형금 융사고(이·장어음사기사건) 이후의 투자금융 및 신용금고 신설러시[5] 등이 이러한 정책의 흐름들이다. 나아가 자본시장 기능확충방안, 코리아 펀드 설립, 증권거래 대중화, 주식관련 해외 증권 발행, 외국은행 국내 지 점 CD업무 허용 등이 이어진다. 물론 이러한 정책들은 1차적으로는 기 업들의 부족한 자금동원을 위한 정책수단이기도 하지만 이들 정책과 더 불어 금융시장 개방의 단초가 마련되었고, 특히 제2금융권의 제도권화 로 제2금융권이 자금조달의 중요한 통로로 등장하게 되었다.

이는 결국 국가-대기업-은행의 결합이라는 준내부조직의 이완을 의미 한다. 국내 은행을 국가가 완벽하게 통제하면서 이를 바탕으로 기업들을 관리하던 기존의 방식에 상당한 변화가 일어나고 있음을 의미한다. 이는 1980년 12월의 '일반은행 경영의 자율화 방안'을 통해 제시된 정책금융 의 축소, 부실채권의 정리, 각종 규제 철폐 등의 정책방향을 통해 표출되 었었고, 특히 1982년부터 1983년까지 이루어진 주거래은행제도의 개편 및 협정의 개정 그리고 은행법의 개정(1983년 1월)을 통해 한층 분명해 진다. 이러한 제도의 개편을 통해 기업과 주거래은행간의 거래에 대한 은행감독원의 승인대상을 축소하여 금융기관의 자율성을 제고하는 한

---

5) 1982년부터 1983년초에 걸쳐 12개사의 투자금융사가 신설되었고 신용금고도 1983년 11월까지 58개사가 신설되었다.

편 주거래은행의 기업에 대한 여신관리를 강화하게 되는데, 이는 기업-은행-국가로 연결되는 직접적 통제구조 중에서 국가-은행 간의 고리를 약화시키는 과정이라 할 수 있을 것이다. 비록 연기되기는 했지만 금융실명제의 추진이나, 은행민영화계획의 발표도 이러한 흐름을 반영하는 것이다.

산업정책 측면에서도 구조적 불황 산업에 대한 국가개입이 장기간 지속되면서도 정부개입을 제한된 범위로 한정하고 '경제자율화와 시장경제원리의 창달'에 상응한 정책 변화가 엿보인다. 이 점은 구조적 불황업종이나 사양산업의 구조조정을 위한 제도적 장치역할을 하였던 공업발전법(1986년 7월)과 조세감면규제법(1986년 12월) 등의 제정을 통해 명확해진다. 두 법률은 산업합리화 지정을 통한 구조조정 수단으로서의 역할을 넘어서 규제완화, 특정산업 지원책을 지양하는 간접적·기능별 지원체제로의 전환, 민간참여 유도 등 민간(자본)의 자율성을 한층 제고하는 역할을 하게 되었고 이는 특히 성장·성숙산업의 국제경쟁력 제고라는 정책과제와 결합, 이들 산업의 국제경쟁력 제고에 기여하는 제도적 역할을 하게 된다.

이와 함께 성숙·성장산업의 국제경쟁력 강화 및 고부가가치화를 위한 제도적 기반 정비도 계속되었다. 이들 산업의 생산기반을 내실화하기 위해 하청계열화, 부품·소재 및 기계류의 국산화, 근대화·협동화·유망중소기업 지원 등 중소기업 구조고도화와 기술개발 촉진을 위한 제도정비가 확대되었다. 이와 함께 전반적 투자부진에도 불구하고 기계, 전기전자 부문의 투자는 급속히 증가하였고 산업용 화학, 자동차, 제1차 금속 등에서도 투자확대와 빠른 성장이 이루어졌다. 그 결과 1980년대 전반을 경과하며 전기전자와 자동차 부문이 성장기여율면에서 전통적 성장산업이었던 섬유 및 음식료 부문을 앞지르게 된다.

3. 80년대 후반 : 3저호황, 전면개방 및 산업구조조정

1) 3저호황의 성격

1980년대 전반은 경제안정화정책과 과잉중복투자의 조정, 제한적이지만 민간 자율의 확대 등 이완된 축적체제의 효율 제고를 위한 정책적 대응이 지속되지만 내외의 수요기반 제약으로 고유의 성장탄력을 회복할 수 없었다. 그럼에도 불구하고 국가의 강권적 개입을 통한 불황업종의 조정과 부실기업의 정리, 그리고 직접적인 자금지원 등과 임금억제, 노동시간 연장 등으로 확보된 투자의 효율성 제고, 국내 생산기반 확충을 위한 정부정책 등을 배경으로 전기전자, 기계, 자동차 등을 중심으로 한 성숙·성장산업을 중심으로 높은 투자수준이 유지될 수 있었으며 이들 산업을 중심으로 1986년 이후 대외여건의 호조건과 결합되어 유례없는 호황을 기록하게 된다.

1986~88년의 3년 동안 매년 12~13%의 고성장을 달성함은 물론 대량수출에 따른 국제수지 흑자로 경제개발과정에서 최대의 취약점으로 거론되어 왔던 국제수지 적자누적 문제를 일거에 해소하였고 그 결과 대외채무도 급감하였다.

이 호황은 1979~80년 위기 이후 순환성 호황의 성격을 갖는 것이지만 특히 '3저'라는 대외환경상의 이점이 크게 작용하였다. 3저란 당시 쌍둥이 적자(재정적자와 무역적자)라는 미국경제의 거대 불균형—당시 세계경제 최대의 불안정 요인이었던—문제를 시정하기 위한 선진국간 모순적 정책협조(이른바 플라자합의)의 산물이었던 '저달러, 저금리, 저유가'를 의미하는데, 이는 세계경제 전반의 순환성 호황에도 기여하였으며 특히 한국경제의 성장에 유리하게 작용하였다. 물론 호황은 성장산업을 중심으로 한 투자확대와 관련 부품산업의 육성 그리고 저임금체제의 유지 등 축적체제의 재정비 효과이기도 하지만, 3저라는 유리한 외적 환경과 밀접한 연관을 갖는다. 예컨대 이 시기 국민총생산에서 수출의 비중이 돌출적으로 증가하였음을 볼 수 있는데, 이는 특히 저달러 하에서 원화의 상대적 저평가에 따른 가격경쟁력 개선효과를 반영한 것으로 볼 수 있을 것이다. 이는 주요 수출품목의 구성에서 중화학부문 성장산업은 물론 섬유의복과 같은 경공업도 폭발적인 증가세를 기록한 데서 그 가격경쟁력 개선효과를 확인할 수 있다.

한편 3저호황은 만성적인 경상수지 적자 구조에 종지부를 찍고 흑자로 전환되는 결과를 낳게 되는데 그 과실의 대부분은 대기업의 손으로 집중되었다. 그 결과 대기업의 내부축적 능력이 크게 향상되고 민간주도의 경제자유화 논의도 한층 확대되고 구체화된다.

2) 전면개방과 개방불가피론

1980년대 들어서면서 개방의 필요성이 제기되기도 하였으나 대외개방이 본격화되는 것은 1980년대 중반 이후 국제수지가 대폭 흑자로 전환된 이후부터라고 할 수 있다. 1980년대 전반에는 구조적 위기가 장기화되고 외채누적으로 외화자금 조달에 애로가 발생됨에 따라 이를 시정하는 차원에서 외국인투자 제한을 부분적으로 완화하는 정도로 제한되었다. 그러나 1980년대 중반 이후 국제수지 흑자와 더불어 미국의 개방압력이 강화되면서 문호개방도 전면화되기 시작하였다. 1983~85년 시기에 연속적으로 발표되는 미국의 자국 시장 보호 및 타국 시장 개방정책은 일본, 독일 등의 자본시장 자유화 등 대외개방 정책과 맞물려 점차 힘을 얻어가기 시작하였다. 이런 가운데 미국은 한국을 일반특혜관세대상(GSP)에서 제외하는가 하면 이른바 슈퍼301조라는 무역압력수단을 휘두르는 등 개방압력을 직접적으로 강제하고 나섰다.

이에 따라 상품 수입자유화가 빠른 속도로 진행된다. 수입자유화율은 1979년 68.6%에서 1985년 87.7%로 높아지고 1990년에는 다시 96.3%까지 높아지게 된다. 특히 1980년대 말에 이르면 보호의 당위성을 갖고 있던 농산물시장까지 개방에 내몰리게 된다. 관세율 역시 한미간 통상마찰이 격화되며 1985년 21.3%에서 1989년 12.7%로 크게 낮아지는 등 수입개방이 전면적으로 확대되었다. 1984년 7월부터는 외국인 투자에 관해서도 '네가티브 시스템'이 도입되어 투자자유화 업종 자체가 크게 확대됨은 물론 자동인가제 도입, 지분제한 폐지, 송금제한 폐지 등 외국자본 진출의 조건이 정비되었다. 특히 1980년대 전반 수출의 경쟁력 강화에 기여하였던 원화의 절하 추세도 '흑자경제화'를 배경으로 1985년 플라자합의 이후 반전하여 1989년 10월까지 32.8%가 절상되었다.

물론 개방압력에 상응하는 제도적 변화는 금융·자본시장에서도 나타났다. 코리아유럽 펀드의 설립, 생명보험시장 개방, 자본시장 국제화 추진 계획(1988. 12)의 확정, 외국은행 국내지점의 업무영역 확대 등 특히 자본시장 개방을 위한 제도적 변화도 시도되었다. 다만 이러한 조치들은 급격한 자본유출입 문제 등을 우려하여 매우 제한적으로 이루어졌지만 외국금융기관은 속속 국내로 들어왔고, 국내 금융기관들도 해외시장에 지점·현지법인·사무소 형태로 해외로 진출하기 시작하였다.

개방이 전면화되면서 특히 주목해야 할 점은 개방에 대한 자본의 입장 변화이다. 1980년대 들어서며 민간자본은 정부개입의 축소와 민간자율의 확대를 주장하면서도 1980년대 전반까지는 국내시장의 독점적 지배를 목적으로 개방의 시기를 늦추어야 한다고 주장해 왔다. 그러나 1985년 경상수지 흑자가 실현되면서 개방을 요구하는 통상마찰이 심화되자 개방의 불가피성을 인식하고 주력품목의 수출을 위해 '줄 것은 주어야 한다'는 논리로 변신하는 한편, 이 개방불가피론을 자신들의 경제자유화론 혹은 민간주도경제론과 결합시키고자 하였다.

3) 신용할당시스템의 변화

1980년대 전반 계속된 부실기업의 양산과 이에 따른 은행의 부실채권 증가로 은행을 통한 국가 주도의 신용할당시스템은 그 기능을 제대로 발휘할 수 없게 된 반면, 신용할당의 새로운 통로로서 단자회사, 증권회사, 보험회사 등 제2금융권의 역할이 커지게 되었고 종래의 간접금융을 대체할 수단으로서 직접금융시장을 확충하려는 시도가 계속되었다.

〈표6-3〉 금융기관의 예대출비중 추이

(단위: %)

		1979	1982	1985	1987
예금 및 채권발행	예금은행	60.3	50.3	42.0	37.4
	연금, 보험기금	8.5	10.6	15.1	16.0
	기타 금융기관	25.6	39.1	42.9	46.6
대출 및 유가증권	예금은행	60.1	54.3	47.7	42.9
	연금, 보험기금	5.6	-6.4	9.0	10.9
	기타 금융기관	34.2	39.3	43.3	46.5

자료 : 한국은행(1988), 『주요국의 금융구조』.

1980년대 들어 제2금융권의 신설이 급속히 확대되고 주거래은행의 계열기업군에 대한 여신관리가 강화됨에 따라, 대기업의 제2금융권을 통한 자금조달이 확대되었다. 금융기관 차입은 과거 주로 예금은행에 의한 것이 대부분이었으나 1980년대를 거치면서 제2금융권차입이 늘어나

1980년대 말에 이르면 비은행 금융기관 차입이 예금은행 차입을 넘어서는 결과를 낳게 된다. 특히 이 과정에서 재벌기업들은 제2금융권에 직접 진출함으로써 단기운전자금을 안정적으로 확보함은 물론 생보험사나 리스회사 등을 통해 장기설비자금까지 조달할 수 있게 되는 등 국가 주도의 신용할당으로부터 자유로워지게 되었다.

제2금융권의 역할 증대와 더불어 직접금융시장을 활성화하는 제도 및 정책의 확대 결과, 기업의 외부자금 조달에서 직접금융의 비중이 지속적으로 높아지게 되는데 특히 1980년대 후반에는 매우 빠른 속도로 늘어나게 된다. 기업부문의 외부자금 조달에서 직접금융(유가증권 발행 등)의 비중은 1975년 19.9%에서 1980년 22.0%, 1985년 26.2%에서 1990년 42.4%로 급증하여 직접금융이 간접금융을 넘어서게 된다. 이는 주식시장을 통한 자금조달에 의한 것이기도 하지만, 주로 제2금융권의 역할 제고로 반영되는 회사채 및 CP시장을 통한 자금조달이 크게 확대된 결과라 할 수 있다.

〈표6-4〉 외국인 직접투자 추이

(단위: 백만 달러)

	1962~71	1972~76	1977~81	1982	1983	1984	1985	1986	1987
제조업	676.2	482.2	930.9	103.2	254.4	180.9	269.3	779.3	738.2
(화공)	172.0	140.7	118.0	4.8	5.1	39.2	30.8	153.4	237.5
(기계)	40.5	58.1	53.9	3.0	11.9	7.2	29.8	87.6	65.0
(전기전자)	104.2	124.4	253.4	42.3	68.9	55.5	66.6	212.2	267.9
(수송용기기)	39.6	38.7	255.3	16.2	117.7	44.8	61.1	119.5	43.1
서비스업	191.0	232.1	836.9	65.2	164.3	167.4	346.9	83.1	277.2
(숙박업)	160.8	71.3	671.9	28.1	155.6	118.3	308.3	61.6	248.9
합계	879.4	720.6	1767.7	189.0	269.4	422.3	532.2	353.7	1,060.2

자료 : 재무부(1989), 『외국인투자 동향』.
주 : 신규 및 증액인가의 합계.

직접금융시장의 활성화 노력은 1980년대 중반까지 누적되어 온 외채 문제 그리고 차관의 감소와도 연관되어 있다. 1980년을 전후한 개도국의 외채위기로 세계은행그룹의 자금공여가 단순한 프로젝트융자에서 구조조정융자로 변경되고 자금공여 규모도 크게 감소함에 따라 차관을 축으로 한 과거의 신용할당에 애로가 발생하였기 때문이다. 이에 따라 기업부문의 외부자금 조달에서 외화차입이 급감하였다. 반면 외국인투자에 대한 자유화 폭이 확대되는 가운데 1980년대 초반까지만 해도 연간 1~2억 달러 수준에 불과하던 외국인 직접투자가 1985년 5.3억 달러, 1987년 10.6억 달러 등 급증하였다. 이 시기 외국인 투자는 합작투자 형태가 주를 이루는 한편 주로 전기전자, 수용기기, 화학공업 등으로 집중되고 있음을 볼 때, 외자조달도 직접차입보다는 합작투자형식을 통한 직접금융 방식으로 전환되고 있음을 확인할 수 있다.

4) 산업구조조정

1980년대 전반 구조불황 산업의 조정 및 합리화 그리고 성장·성숙산업의 국제경쟁력 제고를 위해 실시된 중소기업 육성 및 기술개발 촉진 등의 정책 성과로 경공업-중화학공업간에 그리고 중화학공업간에 그 분업연관이 한층 심화되었고, 이와 함께 대기업-중소기업간의 분업연관 역시 크게 확대되었다. 국내 산업간 및 기업간 분업연관은 특히 대규모의 '소나기식' 수출을 통한 경상수지 흑자가 실현되는 3저호황 시기에 크게 심화된다.

한편 3저호황을 거치면서 축적조건에 있어 또 다른 변화가 나타나게 된다. 1980년대 중반 이후 국제간 협조로 세계경제가 호황을 보이게 되고 한국 역시 경제개발 이래 최대의 호황을 보이게 되나, 국제간 가격변수의 조정에 따른 원화절상, 속도가 빨라진 국제간 산업조정, 호황기에

임금조건의 일정한 개선에 따른 노동비용 상승 등으로 새로운 생산기반 재편에 나서지 않을 수 없게 되었다. 이른바 '산업구조조정' 정책으로 불리는 이 정책은 환율절상에 따라 가격경쟁력이 약화된 데다 임금상승에 따른 비용부담에 따라 구조적으로 약체화가 불가피한 업종의 폐기 또는 업종전환 및 해외진출, 첨단산업화, 기술개발과 자동화 등을 통한 고부가가치화, 기업경영의 다각화 등으로 요약된다. 이러한 경향은 1980년대 후반 자본의 투자동향을 통해 확인되는데, 요컨대 ① 주요 성장산업에서 내수와 결부된 투자증대와 소재·부품·기계설비 등에서 국내 공급기반의 확충을 위한 신제품 생산 투자의 급증, ② 전기전자·자동차 등 주요 성장산업에서의 자동화 및 연구개발투자의 급증, ③ 주요 성장산업에서 수출보완을 위한 대선진국 투자 및 쇠퇴산업의 동남아시아지역 투자진출 등으로 요약된다(임휘철, 1992: 102).

이 시기 정책이 1980년대 전반의 그것과 구별되는 것은 정책방향이 강압적인 정책수단에 의거한 정부의 개입을 통한 것이 아니라 이윤동기를 축으로 한 자본의 자율적 판단에 기초한 것이라는 사실이다. 요컨대 이 시기 구조조정은 자본 스스로 그 축적기반을 강화하려는 전략에 상응하는 것으로 볼 수 있으며, 그 방향은 국제적 산업조정의 과정에서 국제 분업망의 스펙트럼내 자신들의 위치를 재확정하는 것이라 할 수 있을 것이다. 이를 위해 수익기반을 상실한 업종은 폐기하거나 해외로 생산기반을 이전하는 한편, 첨단산업화 그리고 고부가가치화라는 재편에 필요한 자본과 기술 확보를 위해 합작투자방식으로 외자와 결합을 강화하고 기술도입을 확대하였다. 그러나 자본 주도의 구조조정 역시 자본이 갖는 과잉의 시장지배력에 기초한 것이었던 만큼 재벌의 지배력 확대가 우선시되어 자본의 효율성은 제고되지 못했고 결국 1990년대의 위기를 배태하게 된다.

5) 노동통제양식의 변화

1980년대 초반 전제적 억압상황이 점진적으로 완화되며 분배의 개선과 복지에 대한 사회적 요구가 확산되었고 특히 노동자들의 집단적 요구가 점차 거세지기 시작하였다. 이러한 가운데 특히 3저호황을 배경으로 일련의 변화가 시도되기 시작하였다. 노동3법의 전면개정을 통한 노동자들의 단결권 보장 확대, 최저임금제 시행, 국민연금제도 시행, 농어촌 의료보험제도 시행, 법정근로시간 단축 등을 들 수 있다. 우리는 이것들로부터 국가의 노동통제 양식변화의 특성을 곧바로 살펴볼 수 있다.

우선 1987년부터 시행된 최저임금제는 1988년, 1989년을 거쳐가면서 점차 그 대상범위를 확대하였다. 그 결과 1989년에는 상시 근로자 10인 이상인 전 사업장에 최저임금제가 시행되었다. 또한 1989년에는 법정 근로시간이 주 48시간에서 주 44시간으로 단축되었다. 직장의료보험 적용대상이 상시 근로자 16인에서 5인 이상으로 확대되었다.

이러한 제도의 변경에서 쉽게 알 수 있는 것은 노동자들의 요구에 대한 보상이 전적으로 기업의 부담 하에 이루어졌다는 것이다. 물론 이것은 그간의 국내 노동자에 대한 전근대적 지배를 정상화한 것에 지나지 않는다. 하지만 이것이 국가에 의해 제도화되고 국가의 동원 이데올로기로 정당화되었다는 것을 고려할 때, 국가의 노동자들에 대한 보상이 전혀 없었다는 것은 결국 국가가 노동자들에 대한 직접 통제를 포기한 것이며, 따라서 반대급부로서의 자본통제도 포기한 것이라고 해석할 수 있다.[6]

실제로 이 시기에 국가가 중심이 되는 정책수단으로는 국민연금제도, 농어촌의료보험의 시행 등이 있었으나 그 실질적인 내용을 살펴보면, 국가는 단순히 관리운영비 등 최소한의 부담만을 지고, 나머지는 해당 노

---

6) 물론 의식적인 것은 아니었다.

동자, 농민과 사업장이 책임을 지도록 하고 있을 뿐이다. 이것은 지금까지의 경제성장과정에서 국가의 노동자 동원 이데올로기였던 성장과실의 배분이 결국 허구였음을 노동자들로 하여금 확인케 하는 것이었고, 따라서 국가의 동원 이데올로기가 폐기될 수밖에 없음을 의미한다.

4. 기층계급의 상태 변화

1980년대를 거치며 '국가-재벌 동원체제'가 균열을 보이기 시작하였다면, 이는 한편에서는 자본이 독자적 축적기반을 구축하며 축적체제의 중심축을 형성하게 되었음을 의미하고 다른 한편에서는 노동자, 농민의 이데올로기적 동원구조가 붕괴되면서 노동자-자본가 사이에 보다 직접적인 긴장관계(계급적 이해대립)가 형성되었음을 뜻한다. 이와 관련하여 마지막으로 1980년대 노동자계급의 성장과 농업 및 농민층의 피폐화 내용 및 원인을 살펴보고자 한다.[7]

1) 노동자계급의 구성과 노동조건의 악화

노동자계급의 구성과 노동조건 실태를 살펴보기 위해 크게 세 가지 지표를 중심으로 검토할 것이다. 노동자계급의 양적 성장은 어느 정도인가, 이들의 임금은 어떻게 변화하고 있는가, 그리고 노동강도는 어떻게 변화하고 있는가가 그것이다.

먼저 노동자계급의 성장 추이를 살펴보면 〈표 6-5〉와 같다. 〈표 6-5〉에

---

7) 국가 및 자본과 노동과의 관계를 보다 정확히 살펴보기 위해서는 80년대에 발생한 각종 노동운동에 대한 검토가 있어야 한다. 그러나 이것은 다른 과제에서 구체적으로 검토될 것이기 때문에 여기에서는 객관적인 상황을 기술하는 데 주력하고자 한다.

서 확인할 수 있듯이 1988년 현재 우리나라 노동자의 수는 1970년의 다섯 배에 달할 정도로 급격히 성장하였다. 또한 1980년과 비교해 보아도 불과 8년 사이에 200만 정도가 증가하고 있다. 또한 노동자로 분류되지 않는다고 하더라도 임금생활자라고 할 수 있는 피고용자도 1970년의 250%, 1980의 50%가 증가하였다. 고용 구조를 보아도 1990년 기준으로 고용기간이 1개월 이상인 상시고가 전체 피고용자의 83%를 차지하고 있다. 한편 산업별 취업구조는 제조업 및 서비스업이 1990년 기준으로 전체의 54.4%를 차지하고 있다.

〈표6-5〉 노동자계급 성장의 추이

(단위: 천명, %)

	노동자[1]	피고용자[2]
1970	1,084	3,746
1971	1,251(15.4)	3,923(4.7)
1972	1,223(-2.2)	4,004(2.1)
1973	1,485(21.4)	4,153(3.7)
1974	1,606(8.2)	4,443(7.0)
1975	1,513(5.8)	4,750(6.9
1976a	1,022(33.6)	5,140(8.2)
1976b	2,158	5,140
1977	2,846(31.8)	5,713(11.1)
1978	3,105(9.1)	6,241(9.2)
1979	3,346(7.7)	6,479(3.8)
1980	3,219(-3.8)	6,464(-0.2)
1981	3,139(-2.4)	6,605(2.2)
1982	3,384(7.8)	6,839(3.5)
1983	3,642(7.6)	7,171(4.9)
1984	4,022(10.4)	7,632(6.4)
1985	4,107(2.1)	8,104(6.2)
1986	4,461(8.6)	8,433(4.1)
1987	3,795(7.4)	9,191(9.0)
1988	5,128(6.9)	9,610(4.6)

자료 : 노동부, 『사업체 노동실태 조사보고서』, 각 년도; 경제기획원, 『경제활동인구연보』, 각 년도.
주 : 1)의 1976a 이전은 10인 이상 사업체, 1976b 이후는 5인 이상 사업체.
　　2)( )안의 수치는 연평균 증가율임.

이와 같은 노동자계급의 구성은 1980년대 후반에 광범위하게 발생한 노동운동의 물적 기반을 형성한다. 실제로 1970년대 이후 우리나라 노동자계급은 양적으로 급격히 성장했을 뿐만 아니라 취업구성의 측면에서도 계급적 동질성을 충분히 확보할 수 있을 만큼 근대화되고 조직화된 형태를 보여주고 있다.

그렇다면 이들 노동자들이 1980년대 중·후반에 대대적으로 국가와 자본에 저항한 원인은 무엇인가? 이에 대해서는 가장 기본적인 자료인 임금수준과 노동강도의 변화를 통해서 어느 정도 확인할 수 있다.

1980년을 기준으로 한 우리나라 노동자들의 임금 수준 변화를 살펴보면 1986년까지 실질 임금이 지속적으로 하락하고 있는 것을 확인할 수 있다. 똑같이 불황을 겪었던 일본, 미국 등은 불황기를 거치면서도 일시적인 예외를 제외하고는 실질임금이 끊임없이 상승하고 있는데 비해 유독 우리나라만 실질임금이 하락하고 있는 것이다.

〈표6-6〉 국가별 임금 추이 비교

(단위: %)

	한국	대만	일본	미국
1980	100.0	100.0	100.0	100.0
1981	91.0(-9.0)	108.5(8.5)	105.9(5.9)	107.3(7.3)
1982	91.0(0.0)	111.3(2.6)	97.2(-8.3)	111.3(3.7)
1983	84.9(-6.7)	107.4(-3.5)	101.1(4.0)	110.0(-1.1)
1984	81.2(-4.4)	119.4(11.1)	96.6(-4.4)	108.7(-1.2)
1985	78.9(-2.7)	121.1(1.4)	95.0(-1.7)	107.9(-0.8)
1986	72.1(-8.6)	131.1(8.2)	134.1(41.1)	106.1(-1.7)
1987	76.7(6.4)	158.6(21.0)	150.1(12.0)	104.2(-1.8)
1988	91.9(19.8)	182.3(15.0)	158.8(5.8)	104.6(0.4)
1989	117.2(27.5)	206.8(13.4)	141.1(-11.1)	105.5(0.9)
1990	116.9(-0.3)	212.8(2.9)	140.8(-0.2)	105.3(-0.2)

자료: 한국노동연구원(1992), 『1992년 KLI 노동통계』.
주: 1) 제조업—미국달러 기준(1980=100).
    2) (   )안의 수치는 실질임금의 연평균 증가율.

이것은 80년대 초반의 불황으로 인한 곤란을 노동자들에게 전가시켰음을 의미한다. 즉, 경기불황으로 인한 축적의 위기를 인플레이션 정책 및 강권적 탄압을 통해 노동자들에게 전가시켰던 것이다.

〈표6-7〉 노동강도지수 추이

	(A)	(B)
1978	129.5	126.7
1979	119.3	117.7
1980	100.0	100.0
1981	95.8	126.8
1982	107.3	83.5
1983	103.2	97.7
1984	106.1	78.4
1985	121.3	87.9
1986	133.6	134.2
1987	125.7	130.0
1988	131.8	-

자료 : (A)는 한국은행, 『기업경영분석』, 각 년도.
　　　 (B)는 산업은행, 『재무분석』, 각 년도.
주 : 노동강도지수는 '노동자 1인의 1노동시간당 부가가치지수' / '기계장비율지수' 를 80년을 100으로 하여 계산한 것임.

이와 같은 사실을 뒷받침하는 또 하나의 증거는 노동강도지수이다. 역시 1980년을 100으로 한 노동강도지수는 80년대를 관통하여 지속적으로 강화되고 있음을 확인할 수 있다. 이것은 결국 노동자들의 실질임금을 하락시키는 동시에 노동강도를 강화하여 이윤율을 제고하려는 정책이 1980년대에 시행되었음을 의미한다. 기존 체제를 강화함으로써 위기를 극복하려 한 것이다. 바로 이것이 1980년 후반의 노동자 대투쟁을 촉발하는 중요한 한 원인이 되었으며, 1987년 이후 자본과 국가의 강권적 동원 구조를 붕괴시키는 계기가 되었다고 할 수 있다.

2) 농업 및 농민층의 피폐화

80년대 농업의 몰락을 표현하는 대표적인 단어는 농축산물시장 개방과 가격지지정책의 포기이다. 농축산물의 수입은 70년대 후반 농산물의 가격파동으로 인해 처음 시작되었다. 그러나 한국경제가 불황에서 벗어나지 못하고 있던 1983년부터는 농축산물 수입개방에 관하여 훨씬 더 대담한 주장이 관변학계를 중심으로 나오기 시작했다. 즉, 비교우위론에 입각한 전면적 수입개방의 필요성이 제기된 것이다. 이러한 문제제기를 바탕으로 정부는 1983년 7월 수입자유화율을 80.4%로 올리는 등 일련의 개방조치를 취하였다. 그러나 1984~85년의 연이은 농산물 가격폭락으로 농축산물 수입에 대한 농민의 저항이 강화되자 개방론은 궁지에 몰려 일시 후퇴하지 않을 수 없었다.

이러한 상황이 크게 변화한 것은 1985년 9월 미국이 신통상정책을 제시한 이후이다. 이 때부터 미국은 자국의 무역수지 적자 해소를 위해 얼마 남지 않은 비교우위산업이라고 할 수 있는 농업에서의 수출을 적극 모색하였고, 그것은 한국에 대한 농산물 수입개방 압력으로 나타났다. 이러한 외압은 1986년이래 한국 자본주의가 기록한 높은 성장률과 국제수지 흑자 때문에 더욱 가중되었다. 외자와 특혜를 통한 구조조정의 대가를 농축산물 수입을 통해 농업이 치러야 하는 결과를 빚은 것이다.

농산물 수입개방은 1986년 양담배, 쇠고기를 필두로 이후 1989년까지 지속적으로 이루어져 1989년에는 수입자유화율이 71.9%로 높아졌다. 이러한 수입개방으로 인해 수입품목을 경작하는 농가는 물론 대체작물 재배 농가도 과잉생산의 피해를 입는 등 연쇄반응이 발생하였다. 그러나 이에 대한 정부의 정책은 기업농의 육성, 영농기계화 등 선언적 내용에 그쳤고, 이것이 결국 농민들의 반발을 촉발시켰다.

수입개방과 더불어 또 하나 중요한 정책적 변화는 가격지지정책의 포기이다. 주곡작물인 쌀 생산의 확대를 위해 시행되던 고미가 정책과 이중가격제는 1970년대 후반 이후 재정적자 및 물가상승의 요인으로 공격을 받는다. 그런데 이중곡가제가 물가상승을 유발하는 것은 이중곡가제에 따른 재정부담을 일반회계의 세입으로 충당하지 않고 한국은행 차입과 같은 방식으로 충당함으로써 통화를 증발하기 때문이었다.

그럼에도 불구하고. 정부는 여론을 바탕으로 1980년대 전반부터 고미가정책을 포기하기 시작하였다. 농가구입지수로 디플레이트된 실질수매가격은 1975년 이후 계속하여 하락하였고, 1983년에는 명목수매가격조차 동결되는 전례없는 최악의 사태를 경험하였다. 이러한 미가의 실질적 하락에 1978년 이후 미곡생산량의 감소가 겹쳐 농가경제는 심각한 타격을 받지 않을 수 없었다.

이와 같은 고미가정책의 포기에 대한 대안으로 정부가 제시한 것이 복합영농이었다. 즉, 벼와 함께 지역특화작물을 병행 생산하여 상업적 농업으로 전환함으로써 농가경제를 회생시킨다는 것이었다. 그러나 이러한 복합영농은 결국 특정 생산물의 과잉생산에 직면하면서 극심한 가격변동을 낳았고, 다시 농가경제를 파탄의 상태로 몰아넣었다.[8] 이것의 대표적인 사례가 1985년을 전후하여 발생한 '소값 파동', '고추파동' 등으로서 더 이상 물러설 곳이 없는 농민들의 집단행동을 촉발하였다.

이것은 결국 독점 대기업의 시장논리와 이를 합리화해주는 국가에 의해 농민들이 커다란 피해를 입게 된 것으로서, 1980년대 중반 이후 국가 동원

---

8) 농가경제의 파탄을 보여주는 대표적인 지표는 농가부채의 증가이다. 1980년 339억원에 불과하던 농가부채는 1989년에는 3,899억원으로서 10년 사이에 10배 이상 증가하였다. 이러한 농가부채의 증가는 농산물 가격의 파동과 더불어 영농기계화라는 명목으로 추진된 각종 농기계의 외상 구입 장려 때문이었다. 이러한 정책들은 농촌경제의 구조를 고려하지 않았다는 점과 지속적인 지원이 이루어지지 않았다는 점 때문에 모두 실패로 돌아갔고, 그 결과는 부채의 증가로 이어졌다.

체제에 대한 농민들의 집단적이고 조직적인 반발에 부딪치게 되었다.

5. 소결: 축적체제의 연속과 변화, 그리고 새로운 모습

우리는 1970년대까지의 축적체제를 '국가-재벌 동원체제'로 특징짓고 그 세부적 특징으로 ① '성장 제일주의'의 신념체계라는 개발독재의 이데올로기에 기초한 국가 주도의 투자촉진 성장시스템, ② '금융억압'을 특징으로 하는 국가 주도의 금융시스템(신용할당 시스템), ③ 대량의 자본투입(대량투자)에 주도된 대외무역 확대, ④ '정부-금융기관-대기업 결합'이라는 준내부조직이 신용결합으로서 또한 경제적 결합으로서 효율적으로 기능하였다는 점 그리고 ⑤ 노동요소의 값싼 동원 등에 주목하였다. 요컨대 이러한 특징을 갖는 투자촉진 메커니즘의 고유의 효율성을 기초로 고성장이라는 성과를 올려 왔고 그 성과가 민간기업의 고축적으로 이어지며 이른바 '재벌체제'로 귀결되었던 것이다.

1980년대는 이 축적체제의 모순 노정이라 할 수 있는 과잉중복투자의 위기(1979~80년 경제위기)로 시작된다. 무엇보다 '성장 제일주의'의 신념체계 자체가 해체될 위기에 놓이게 되었고 경제위기는 국가 주도의 신용할당시스템에 내재된 비효율을 확인하는 직접적인 계기가 되었다. 특히 국제적으로 개도국에 대한 국제기구 등의 프로젝트식 융자가 제한되고 개도국의 외채위기를 배경으로 개도국 국내 경제정책에 보다 깊숙이 개입하는 '구조조정융자' 방식으로 전환됨에 따라, 세계은행그룹으로부터 제공받는 융자의 조건으로 '긴축과 구조조정'이 요구되었으며 이들 정책방향은 당시 정부정책에 그대로 반영된다[9]. 이에 따라 '경제안정

---

9) 당시 4대 채무국의 하나였던 한국은 1979~85년 사이에 구조조정융자 5.5억 달러, 부문조정융자 2.2억 달러 등 약 7.7억 달러를 제공받게 되는데, 이는 융자를 공여받은 35

화정책'이 실시되는데, 여기에는 재정긴축과 금융긴축 등의 전통적 안정화정책 수단과 더불어 구조조정 차원에서 중화학공업의 투자조정, 수입자유화 및 자본자유화, 경제자율화를 반영하는 일련의 조치들(금융자율화, 산업정책의 지원·보호에서 기능별 지원체제로 전환 등)도 포함되었고 일련의 성과를 보이기도 하였다. 무엇보다 물가안정에 크게 기여하였고[10] 이에 따라 임금상승률도 억제되고[11] 금리도 크게 하락하였다. 이외 시중은행의 민영화, 정책금융의 축소 등 경제의 자율성 확대를 도모하려는 정책적 변화도 시도되었다. 물론 산업정책에서도 공업발전법과 조세감면규제법 등에서 나타나듯이 정부개입의 자의성을 최소화하도록 하는 한편, 특정전략산업에 대한 지원보다는 간접적이고 기능적인 지원방식으로 바뀌었다.

그럼에도 불구하고 1980년대 전반 동안에는 변화보다는 이전 축적체제의 연속이라는 측면이 한층 강하다. 경제위기로 만연한 부실기업의 정리를 위한 정책수단이 필요했으며, 결국 과잉중복투자에 대한 강제적 조정과 부실기업정리를 위해 은행을 기반으로 한 신용할당시스템을 다시 동원하지 않을 수 없었다. 부실기업 정리에 필요한 자금부담은 시중은행에 할당되었고 시중은행의 수지 보전을 위해 한국은행의 특별융자가 시

개국 가운데 터어키에 이어 두 번째로 많은 것이었다(Richard E. Feinberg, 1987: 74). 따라서 세계은행그룹의 정책적 개입이나 간섭도 컸을 것으로 짐작된다. 예컨대 전두환정권 당시 경제개발의 부작용으로 (1) 인플레이션 누적 (2) 경제·사회의 비능률 요인 잠재 (3) 소득계층간·지역간 불균형 문제를 지적하고 있는 것도 세계은행그룹의 진단과 상응하며(KDI, 1995: 224)는 이를 두고 경제관료들의 사고가 크게 전환되었음을 의미하는 것이라고 하지만), 세계은행의 '긴축과 구조조정'이라는 정책권고 역시 당시 정부의 주된 정책방향과 정확히 일치한다.

10) 1980~81년 중 연평균 25% 이상이었던 소비자물가 상승률이 1982년 7.05%, 1983~87년간 연 2.8%로 안정되었다.

11) 제조업 실질임금 상승률이 1976~79년 연 18%를 상회했으나 1980~87년에는 연 4.7%로 낮아져 같은 기간중 노동생산성 증가율 6.7%를 밑돌았다.

행되었다. 이는 시중은행의 민영화에도 불구하고 은행에 대한 국가의 통제력이 여전히 유지되었음을 반영하는 것이다. 더구나 부실기업의 정리과정에서 은행이 부실해짐으로써 국가의 지원 없이 존립이 불가능하였기때문에, 은행의 민영화는 형식적인 수준에 머무르지 않을 수 없었다.또한 노동법의 개악과 임금억제가 강력히 시행되었던 것에서도 알 수 있는 바와 같이 국가주도의 동원체제는 노동억압에서 보다 명확히 나타난다.

그러나 1980년대 전반을 거치면서 경제개발 주도자로서 국가 역할은 점차 후퇴하는 경향을 보이게 된다. 국가의 통제하에 있었던 예금은행의 자금 동원력 자체가 약화되었을 뿐 아니라, 경제위기를 통해 국가주도의 대규모 투자확대의 비효율성(과잉중복투자)이 확인된 만큼 정부 스스로도 개입수단을 줄이지 않을 수 없었기 때문이다. 정책금융 축소가 대표적인 예이다. 이는 곧 국가-금융기관-기업의 결합이라는 준내부조직의 이완을 의미한다.

한편 자본은 제2금융권의 활용, 직접금융의 조달 등을 통해 독자적인 자금동원에 나서는 등 자율성을 키워 갔다. 특히 3저호황을 거치면서 기업내 여유자금이 축적됨에 따라 자본의 자율성은 한층 강화된다. 지난날 '국가-재벌동원체제'에서 직접적인 투자자로서 그리고 관리자이자 조정자로서의 국가의 역할이 후퇴하는 반면 새로운 축적양식에 상응한 조정양식은 마련되지 못하였다. 막연히 '민간주도경제', '시장경제'라는 이름 아래 시장이라는 '제도'에 조정을 위임해 버리는, 사실상 조정을 포기하는 경향이 형성되어 갔다.

한국경제에서 역사적으로 시장이 존재했다면 그것은 국가가 주도하고 관리해 온 시장에 다름 아니다. 따라서 국가라는 관리자가 후퇴한 가운데 시장의 조정이란 사실상 재벌들의 뜻이 일방적으로 관철되는 것을 의미했다. 이러한 시장은 시장참가자들간의 조화로운 조절을 기대할 수 없는, 그래서 새로운 제도를 만들어낼 수 있는 기제가 될 수도 없는 한계를 드러내게 된다.

한편 지난날 압축성장 과정에서 '과실의 분배'라는 약속이 허황됨을 깨달은 노동자와 농민들의 저항이 군사독재정권의 정통성 시비와 결합되어 폭발적으로 분출되기도 하였다. 특히 3저호황과 대외개방이 전면화되면서 노동자·농민의 요구 분출이 지속되자 이에 대한 새로운 조절 필요성이 제기된다. 실제로 노동3법의 전면개정을 통한 노동자들의 단결권 보장 확대, 최저임금제 시행, 국민연금제도 시행, 농어촌의료보험제도 시행, 법정근로시간 단축 등 일련의 개량화 시도가 이루어지기도 한다. 그러나 자본과잉이라는 시장의 왜곡을 시정하려는 노력이 필요한 단계임에도 불구하고 국가는 제도 변화의 부담을 사용자인 자본과 수익자인 노동자·농민에게 부담토록 하는 무정부성을 드러내고 만다. 경제정의 차원의 경제민주주의에 대한 사회적 요구가 새로운 조절의 대상으로 등장하였지만 이 역시 자본과잉의 불안정한 시장에 내맡겨지게 되었던 것이다.

이처럼 1980년대는 기왕의 축적체제의 이완과 새로운 조절양식에 대한 필요성을 확인시켜 주며 마감하였고 이는 1990년대의 과제로 이월된다.

제7장

제도마찰의 극대화와 체제위기 : 1990년대

1988년 한국경제에서 제조업이 차지하는 비중은 32.1%에 달해 정점에 이르렀으며, 그 이후 제조업의 비중은 지속적으로 하락하기 시작했다. 이는 1980년대 후반이 되면, 제조업의 비중을 확대한다는 것과 같은 의미를 갖는 기존의 산업화가 한계에 이르렀음을 의미한다. 이로 인해 산업구조의 재조정(restructuring)이 1990년대 한국경제의 핵심 과제로 부각되었다. 산업구조의 재조정이 담고 있었던 중심 내용은 경제운영 원리로서 '미국식' 시장제도의 도입과 금융 및 자본시장 자유화이다. 글로벌라이제이션은 이제 자본주의에 속한 각 나라들에게 있어서 가장 중요한 제도환경이 되었다. 특히 80년대 중반 이후 미국의 공격적 자유주의는 한국과 같이 수출에 대한 의존도가 극히 높은[1] 자본주의 국가의 '대외관계' 개념을 송두리째 바꾸는 것이다. 과거의 대외관계라는 것이 주로 수출입시장을 의미했다면 이제 대외관계는 자본시장의 개방을 의미하게 되었다. 80년대까지는 상품시장 개방이었지만 90년대에 이르러서는 본격적인 자본시장 개방이 요구되었고, 국내의 경제주체인 재벌, 관료, 그리고 경제학자들도 대외개방의 필요성을 역설하였다. 그러나 자본시장의 개방은 국내의 경제체제 전체를 뒤흔들만한 제도환경의 변화였고

---

1) 한국의 경우 수출입의 GNI 대비 비율은 1970년 40.5%에서 1998년 90.5%로 높아졌다. 1998년 현재 동 비율은 미국 23.8%, 일본 20.2%, 독일 56.0%이다.

그 결과 대안을 갖지 못한 채 체제 통합성의 붕괴가 가속화되었다. 따라서 이것이 가져온 제도적 부조응은 1997년 위기와 그 이후의 급격한 경제구조 변화와 밀접한 관련을 갖는다(유철규, 1999). 이 장의 목적은 90년대 한국경제의 변화가 갖고 있는 성격을 분석하고, 나아가 자본자유화와 그것을 위한 제도개혁을 핵심내용으로 하는 글로벌라이제이션이 국민경제의 발전전략(특히 후발산업화 국가에 대해)을 대체할 수 있는가라는 질문에 대답하기 위한 실마리를 찾아보려는 것이다.

1. 80년대 후반 이후 경제구조와 제도의 변화

1) 제도환경으로서의 글로벌라이제이션

'멋진 신세계'를 가져 오리라던 글로벌라이제이션과 정보화의 결과가 벌거벗은 모습으로 우리에게 다가오고 있다. IMF체제라는 상황이 우리의 목을 죄고 있어서 더욱 실감나지만 세계 어디를 보아도 글로벌라이제이션을 계기로 목소리를 높였던 시장주의자들의 예언은 파탄이 나고 있다. 〈표 7-1〉은 이들의 주장과 결과를 간명하게 보여주고 있다.

특히 다섯 번째 항목인 국제영역은 국제신고전학파의 산뜻한 주장이 실로 정반대의 결과를 낳았음을 보여준다. 적어도 현재까지 "국내 정책의 자유도는 높아지지 않았고 오히려 각국 경기가 동조하는 현상을 일으켰으며 환율변동의 폭은 더욱 커졌다. 문제를 일으킨 것은 바로 문제를 해결해 주리라던 '규제에서 풀린 자본시장'이었고 거대한 규모의 단기 투기자금의 이동이 시장 '교란'=활성화의 주범"(정태인, 1994: 182)이다. 국제적 자본이동은 역설적으로 국가간 실물경제의 조정이라는 환율의 역할을 축소시키고 새로운 위험을 낳았으며 최근 반복되는 세계적 금융

〈표 7-1〉 자유시장주의자들의 예언과 결과

	약 속	결 과
1. 자본-노동 관계	· 탈규제가 완전고용을 보장할 것.	· 명확한 결과를 알 수 없다
2. 경쟁 형태	· 탈규제가 과점 시장력을 잠식해서 자유경쟁을 복원할 것이다.	· 재규제, 더 적은 생산자; 하나의 과점형태에서 또 다른 과점형태로의 이행을 가져왔을 뿐.
3. 화폐 영역	· 본원통화의 통제는 가능하다.	· 금융혁신이 통제를 방해했다.
4. 국가	· 최소국가가 성장과 생산성을 끌어올릴 것이다.	· 교육 토대의 부족으로 인해 별로 사적 부문의 생산성이 향상되지 못했다.
5. 국제 영역	· 환율의 원활한 조정 · 대외 불균형의 소멸 · 국내 경제정책의 완전한 자율성	· 환율의 격심한 요동 · 전례없이 뚜렷해지는 흑자국과 적자국으로의 양극화 · 국내 정책에 대한 더 강력한 제약

자료 : Boyer(1996), p.109.

위기는 이제 국제자본이동과 변동환율제의 결합이라는 현재의 국제통화체제가 한계에 도달했다는 것을 보여준다.

경제단위의 안정성을 보장하는 제도를 시장이데올로기가 대체할 수는 없다.[2] "알고 있는 것은 세계적 단위로 정치-경제 공간이 이동하고 있다는 사실 뿐, 그것을 운용할 제도적 장치, 더 나아가 사회통합 및 동원의 정치나 이념을 발견하지 못한 상태에서 생기는 혼란" (정태인, 1994: 261)

---

2) 물론 시장 이데올로기의 힘을 과소평가할 생각은 없다. 시장의 이데올로기적 효과는 어마어마하다. '선택의 자유'와 '결과에 대한 책임'은 현실 시장에서 일어난 모든 결과에 대해 개인이 책임을 져야 한다는 행동윤리를 강제한다. 주식시장에서 어떤 결과가 나타나든지 투자자는 몽땅 그 책임을 지게 된다. 따라서 자본주의 사회에서 정말 자유롭게 선택했는가가 언제나 문제가 되지만 자유의 조건에 대해서는 항상 애매하고 법적 소송의 대상이 되기 일쑤이다.

이 필연적이다.[3]

　그 대표적인 혼란이 한국을 비롯한 아시아의 금융위기, 그리고 그 뒤를 잇고 있는 러시아의 금융위기와 브라질의 금융위기였다. 80년대 이후 경제위기가 특별히 금융위기로 나타나는 것은 금융부문이 가장 정보기술 혁신의 혜택을 많이 받았고 금융자본에 관한 규제가 가장 많이 풀렸기 때문일 것이다. 각 부분이 글로벌화하는 속도는 사뭇 다르다. 땅과 같은 자연은 아예 글로벌화할 수 없으며 자본에 비해서 노동은 속도가 느리다. 국민경제에서 어느 정도 통합되었던 금융자본과 생산자본의 분리가 일어나며 이에 따라 '금융의 자립'[4]이 일어난다. 자유로운 금융자본은 될만한 경제로 몰려들어가고 문제가 생길 듯하면 썰물처럼 빠져나간다. 흥청망청과 초토화가 되풀이된다. 고전적인 산업순환의 산도 높아지지만 골은 더욱 깊어진다. 세계경제를 이루고 있는 각 부분인 국민경제나 지역경제의 진동폭은 삶 자체를 위협한다. 반면 자본이동의 대상조차 되지 못하는 지역도 존재한다. 과거 제3세계는 분화해서 자본이 완전히 외면하는 '제4세계'가 생겨난다. 이제 각국 경제, 특히 후진국 경제는 완전

---

3) 가장 문제가 되는 것은 1970년대 중반 이래의 국제통화체제이다. 현재의 세계체제가 안정적으로 재생산되려면 무엇보다도 현재의 변동환율제도와 국제자본이동이라는 제도가 어떻게든 바뀌어야 할 것이다. 최근에 단기자본을 규제해야 한다는 목소리가 공공연하게 나오고 변동환율제가 가져오는 불안정성을 어떻게 보완할 것인가의 논의가 분분한 것은 그 때문이다. 그러나 아직도 새로운 방향은 모호하다. 유로화의 출범은 적어도 달러 헤게모니를 무너뜨릴 것이고 그 경우 세계적 차원의 자본배분이 어떻게 되어야 할 것인가 논의될 것이다. 이것은 단순한 이론의 문제가 아니다. 현재 상황에서는 국제위기를 겪고 나서야 실질적인 방안이 논의되고 현실화할 것이다. 현재 세계를 지배하고 있는 금융자본-월스트리트-미재무성이라는 삼각 복합체가 실로 대대적인 위기를 겪고 나서야 스스로를 규제할 것이기 때문이다.

4) 7~80년대의 금융자유화는 민스키(Minsky, 1986) 등이 설명하는 금융불안정성의 조건을 국제적으로 충족시킨 것이라고 할 수 있을 것이다. 민스키 이론을 이용해서 일본의 금융위기를 설명한 것으로는 이종권(1996), 금융위기에 관해서는 아글리에타(Aglietta, 1998)도 참조.

히 외면 당하거나 떼거리(herding) 자본이동의 죽 끓는 변동에 몸을 맡기는 수밖에 없는 것처럼 보인다. 불균형의 심화라는 면에서는 선진국도 마찬가지여서 국제수지 흑자국과 적자국으로의 분화는 더욱 뚜렷해지고 수지 불균형의 규모도 더욱 커지고 있다.

개방 이데올로기는 금융자본의 이동을 전세계적으로 보장하라는 금융자본의 이데올로기적 요구에 부응하는 후진국의 산물이다. 모든 시장을 개방하지 않은 나라는 영원히 뒤쳐질 수밖에 없으므로 하루 속히 모든 문을 열어제쳐야 한다는 것이 이 이데올로기의 핵심이다. 과연 제4세계의 존재는 이러한 논리를 뒷받침해 주는 듯하다. 1990년대 들어 부쩍 강해진 미국의 개방 압력은 개방이 단순한 논리가 아닌 세력관계의 문제라는 것을 여실히 보여주었다.

2) 개방의 논리

이러한 제도환경의 변화에 대해서는 여러 가지 대응이 있을 수 있다. 1990년대 들어 한국은 사실상 '급진적 개방'으로 방향을 택했다. 즉 개방이라고 해도 개방이 국내 경제에 미칠 효과를 고려하면서 단계적인 제도 변화, 즉 대외환경과의 제도적 조응을 고려하는 단계적 개방의 방향을 취할 수도 있었으나 미국의 요구에 부응하는 최소한의, 그러나 급진적인 제도 변화만을 선택했던 것이다. 칠레와 같은 외국의 사례는 너무나 간단히 무시되었다.

한국에서 개방의 논리=시장논리가 공공연하게 학자는 물론 관료의 입에서 나오기 시작한 것은 1980년대 초부터였다. 단순히 외부 압력 때문만 아니라 내부의 필요에 의한 것이기도 했다.[5] 그러나 일부 진보학계나

---

5) 다음과 같은 이야기가 일반적인 견해일 것이다. "1980년대 초 이래로 진행되어 온 대내

일반이 해석하는 것과는 달리 이러한 논리의 내용과 실천이 일관된 것은 아니었다. 우선 "한국의 금융혁신과 금융자율화는 1980년대 초부터 금융기관이 아닌 정부주도로 추진되었"(신상기, 1996: 52)지만 1980년대 후반에는 "급진적 자유화 논의가 재벌을 중심으로 형성되고 있다"(유철규, 1998: 280). 실제로 1980년대 초 경제 위기 하에서 외자유입의 확대를 위해 추진되었던 금융자유화는 경기회복과 더불어 큰 진전을 보이지 않았지만 1980년대 후반, 특히 1988년 이후의 논의는 뚜렷한 경제위기를 매개로 하지 않은 것이었다. 그 내용을 보아도 보통 이야기하는 금융시장의 자유화(이자율 규제의 폐지)를 넘어서 80년대 말 이후에는 은행의 대형화 문제, 은행의 '주인 찾아주기' 문제가 핵심 의제로 제기되었다(유철규, 1998: 279-280).

즉 기존 체제가 한계에 이르자 재벌 등 국내 경제주체들은 개방에서 돌파구를 찾았다. 그러나 '재벌체제의 한계' 는 체계 전체의 조정문제였고 '자본시장 개방' 은 그 중 일부인 자금조달 문제에 대한 해법이었을 뿐이다. '이질적인 요소' 의 도입에도 불구하고 과거의 나머지 제도 및 관행이 그대로 유지되었기 때문에 새로운 양상의 위기가 닥치게 되었다. 그 핵심은 제도적 불일치(institutional mismatch)라고 할 만한 것이었다.

적 금융자유화(또는 금융자율화)에 대해서 경제학자들은, 적어도 그 기본방향에 대하여, 거의 이의없는 지지를 보였다……. 이러한 대내적 금융자유화가 내적 필요성에 의해서만 진행되어 온 것은 아니다. 그 배경에는 대외적 금융자유화, 즉 금융시장 개방을 요구하는 선진 외국의 압력이 있어 왔으며, 이러한 압력이 금융개방은 물론, 장기적으로 이에 대비한다는 측면에서 대내적 금융자유화의 중요한 추진력이 되어 온 것을 부인하기 어렵다. 이제 금융개방은 구체적인 시기와 속도, 방법이 문제일 뿐, 불가피한 사실로 받아들여지고 있다"(장세진, 1996: 98).

3) 투자영역 규제의 폐지와 자본활동의 자유화

한국의 경제개발과정에서 금융부문은 '경제개발 5개년 계획'의 실행을 뒷받침했다는 점에서, 폭력적 정치권력과 더불어 국가주도 경제개발체제의 축을 이루고 있었다. 따라서 한국의 금융자유화는 곧 기존 경제체제 전체에 걸친 구조적 변화와 직접 연관된다.

80년대 후반 한국경제는 중화학 공업부문을 중심으로 제조업의 비중이 정점에 이르렀으며, 대량의 무역수지 흑자로 만성적 외환부족이 양적으로 해소되었고 대기업집단을 중심으로 해서 막대한 유휴 자본을 형성했다(유철규, 1992). 이 유휴자본은 경제개발이 시작된 이래 최초로 대기업군 스스로 투자계획을 수립하고 실현할 수 있는 기초를 주었지만, 제조업의 성장 한계로 투자영역은 상대적으로 좁았다. 더구나 금융기관 여신 제약을 통한 제조업 이외 부문에 대한 투자 규제가 여전히 존재하고 있었다. 결국 무역수지 흑자 자금의 상당량은 중화학 공업 부문에 대한 과잉 중복 투자와 대외채무 상환에 사용되었다. 대외채무 상환은 거시경제적 필요에 따른 무역수지 흑자관리이지만, 사적 자본의 관점에서 보면 부채 상환 일정 이전에 미리 상환하는 것이므로 자본의 파괴적 소모라고 할 수 있다.

한편 산업 집중의 급속한 진행과 중화학 공업에 대한 지속적 투자는 자금수요의 집중을 가속화시키면서 파편화된 금융시장에서의 자금조달상 애로를 가중시키게 된다. 이렇게 보면, 산업자본의 투자영역 확대와 금융시장의 통합을 통한 자금조달의 집중이 1990년대 산업구조 조정에 있어서 축적상 필요한 과제였다고 할 수 있다. 따라서 사적 자본축적 영역의 확장과 산업집중에 대응한 금융부문의 집중이라는 두 가지 점에서 금융자유화의 핵심을 찾을 수 있다. 국가와 대기업 집단의 산업 자본은 이러한 문제인식을 공유했으며, 문제의 해답은 투자영역 규제의 완화(혹은 폐지)와 금융시장의 통합 및 집중이었으므로 어떻게 보면 간단했다.

그러나 경제력 집중을 정당화하는 데 따른 정치적 부담을 극복하고 이해관계의 조정을 달성하기 위해서는 한국경제모델의 근간을 이루며 산업화의 정책 이념을 지탱하고 있었던 국민적 공감을 그대로 놓아 둘 수는 없었다. 그러나 이를 위해서는 무엇보다도 계급간 역관계를 결정적으로 뒤집는 것이 필요했기 때문에 결코 쉬운 것은 아니었다. 예를 들어 부실채권의 처리없이 금융 기관의 민영화(privatization)는 불가능한데, 이를 누가 부담할 것인가하는 문제는 단순히 제도적인 것만이 아니다. 자본 자유화가 필요로 하는 노동 이동의 자유화는 기존의 노자 계급 관계를 전면적으로 부정하지 않으면 불가능한 일이었다.

실제 금융산업개편 논의는 정책능력 저하에 대한 우려와 경제력 집중의 문제 등과 얽히면서 이후 '신경제 5개년 계획'이 수립되고 금융산업개편을 포함한 경제제도 전반의 변화 방향이 일단 확정되기까지 상당 기간의 과도기적 논쟁에 그쳤다. 이 기간에 그나마 실행된 자유화 조치들은 부분적(고립적)인 성격을 갖는 것이었다. 또한 개방과 자유화에 영향을 주는 국내외의 여러 가지 요인들의 타협과 조정·절충의 결과로서 정책적인 내적 일관성을 갖는 것이었다고 보기도 어렵다(정운찬, 1991). 요컨대, 80년대 후반 이후 90년대 초까지 금융자유화(자율화)의 실행이 지체된 것은 금융규제를 둘러싸고 각 계급간 경제주체간의 이해 관계가 조정되고 타협되기 어려웠음을 의미한다.

최소한 80년대 중반부터 이미 미국정부는 자본계정의 개방 특히 자본의 한국내 유입에 대한 개방을 강하게 요구하고 있었지만, 그것이 적극적으로 반영될 수 없었다. 외국의 개방요구가 강력하더라도, 경제적 성과가 좋은 조건에서, 내부적 이해관계의 조정이 방향을 잡지 못한 상태에서는 당장 수용되기 어려웠기 때문이다. 따라서 금융산업 개편의 방향이 잡힌다는 것은 산업자본을 중심으로 이해관계의 전반적 재조정이 이루어졌다는 것을 의미하는 것이고, 일단 그렇게 되면 국내 금융 억압의 해소(자유화)와 자본계정의 자유화(개방)는 거의 동시에 추진된다. 그 전까지는 몇몇 지엽적인 조치들만이 실행될 수 있었을 뿐이다.

글로벌라이제이션으로 집약되는 외부 경제적 조건의 변화는 집중화된 산업자본이 주도적으로 내부적 이해관계를 조정할 수 있는 가능성을 높였다. '금융산업의 개방' 이라는 외부적 압력도 현실화되었다. 투자영역 규제의 폐지와 자본 활동의 전반적 자유화는 국내의 지배적 자본과 외국 자본 양자의 이해가 결합될 수 있는 공간이었다. 투자영역의 확장은 금융업에만 국한되는 것이 아니고, 경제개발 과정에서 재벌과 외국 자본에게 투자 제한영역으로 설정되어 있었던 부문들, 예를 들어 유통업, 부동산업, 모두에 해당하기 때문이다. 실제로 경제개발협력기구(OECD) 가입과 관련해 준비되었던 제도적 조치들은 한 · 미 금융정책협의의 합의나 UR 금융협상 등을 통해 마련된 기존의 금융 및 자본 자유화 계획을 앞당기는 형식으로 이루어졌다.[6] 미국의 개방 요구를 수용해 가는 과정에서 금융산업 개편은 표면적으로 서구식 시장의 도입이라는 명확한 방향성을 확립하게 되며, 이런 의미에서 OECD 가입 결정은 금융부문 재편에 대한 하나의 형식적 결론이라고 할 수 있다. 이를 형식적이라고 부를 수 있는 것은 실제적인 실행을 가능하게 할 만큼 노동 계급의 세력이 약화

---

6) 3저 호황기에 대폭의 경상수지 흑자가 발생하면서, 한 · 미간 통상 마찰이 커졌는데 특히 금융분야의 양국간 의견 대립을 조정하기 위해 89년 8월 '한 · 미 금융정책협의(Financial Policy Talks)' 를 개최하기로 합의하였고 91년 9월 1차 협의가 개최된다. 대체로 미국의 일방적 요구와 이에 대한 한국의 답변이나 상응 조치들이 논의되었는데 특히 중요한 것은 92년 3월의 협의였다. 이 때 한국정부는 '3단계 금융자율화 및 개방계획(Blue Print)' 의 수립을 위한 작업 일정을 발표했으며, 이에 따라 1, 2단계 계획이 1992년 3월과 6월에 각각 확정되었으며, 1992년 6월말에 3단계 계획이 발표되었다. 이 3단계 작업에는 금리자유화, 여신관리제도 개편, 단기금융시장의 발전, 외환 및 자본자유화 등 한국 금융산업의 중요 과제들이 거의 대부분 망라되어 있으며, 추진일정은 신경제 5개년 계획의 금융개혁안과 연결되어 있었다.

되지 않았었다는 의미에서이다. 결국 OECD 가입은 자본 계정의 대외적 자유화와 외국인(기관)의 내국민 대우뿐만 아니라, 대내적 금융시장의 자유화와 금융기관 경영과 투자의 자율화를 의미하기 때문에, 과거 개발 금융체제의 제도적인 청산을 최소한 형식적 의미에서는 선언하는 것이다. 그러나 그 실제적인 전면적 실행은 1997년 위기와 IMF의 구조조정을 기다려야 했다(유철규, 1987: 1998).

2. 1997년 위기의 성격

1) 기존 체제의 특징— 금융제도를 중심으로

한국의 축적체제에서는 국가가 주도적 역할을 해 왔다. 예외 국가라든가 발전국가, 혹은 강성국가(Wade, 1990)라는 개념은 국가가 특정 이해집단에 얽매이지 않고 오히려 개별 이익을 억누르면서 자율적으로 경제 발전 전략을 실행할 수 있는 능력을 가졌음을 의미한다. 그러나 케인즈주의 국가가 만능이 아니듯이 제3세계의 국가 역시 언제나 올바른 전략을 사용한다거나 노동-자본을 올바로 동원할 수 있는 것은 아니다. 성장 제일주의를 내세우고 전체 경제의 효율 향상을 위해 자본을 감시하지 않으면 안되는 계급적 상황, 국제적 상황이 배후에 있었다. 원조 및 차관, 그리고 국내 저축을 일부 자본에게 몰아주고(이자율 규제와 신용할당) 노동자 계급을 통제하는 대신 투자의 방향과 경영 결과를 강력하게 감시(수출성과에 따른 신용할당)해서 높은 경제성장률을 유지하는 것[7]이, 북

---

7) 정책금융이나 신용보증을 받은 기업은 위험을 정부와 공유하는 것이 된다. 이렇게 되면 과도한 모험적 투자를 행할 유인이 생기는데 이를 제어하기 위해서 성과를 감시하는 것이다. 이것이 일반적인 동아시아 모델의 위험 공유 → 모험투자 유인 → 감시 제도

한이라는 경쟁 상대가 존재하는 상태에서 정권을 유지하는 유일한 길이었다. 또한 냉전 체제 하에서 미국이 상대적으로 좋은 조건의 지원을 했다는 것도 중요하다. 뿐만 아니라 단일민족이라는 특징에 더하여 한국전쟁을 거치면서 평등 사상이 뿌리를 내렸다는 것도 간과해서는 안될 것이다. 이러한 배경이 낳는 성장의 메커니즘과 그를 뒷받침하는 제도배열은 이 체제의 모순과 위기를 이해하는 데 필수적이다.

국민경제의 특성을 결정하는 것은 금융제도와 노동관계제도, 그리고 그로부터 비롯되는 산업체제이다. 한국의 금융제도는 특정 자본, 즉 재벌에게 돈을 공급하는 기구에 지나지 않았으며 따라서 그것은 정부-관리 가격에 의해 지배되는 신용체제(Zysman, 1983)이다. 그것은 곧 흔히 관치금융이라고 하여 지금 집중적인 공격 대상이 되는 체제이다. 신고전학파의 이론틀에서 보면 결코 효율적일 수 없는 이 체제(유철규, 1997: 273)는 지난 20년 이상 결과로 보아 대단히 좋은 성과를 거뒀다.[8] 거래비용이론에 기초한 연구는 정부와 은행, 그리고 기업간에 존재하는 이러한 관계지향 금융(relational banking)을 준내부조직으로 개념화함으로써 이러한 제도가 자본시장이 발전할 수 없는 조건에서, 즉 후진국에서 효율적일 수 있음을 논하고 있다(Haggard and Lee, 1995). 비교적 주류경제학에 충실하려고 하는 이들의 논리는 이 제도가 수출 성과에 따른 신용할당을 채택함으로써 경쟁에 의한 효율성을 유지한다는 것으로 이어진다. 이 논리의 연장선상에서 한국이나 일본의 경우 국내에서 형성된 과점간의

의 정식화이다(World Bank, 1993: 117).
8) 그러나 실제의 금융은 결코 신고전파가 상정하듯이 시장 원리에 따라, 즉 균형 이자율 수준에서 이루어지는 것이 아니다. 일반시장에도 존재하는 정보의 비대칭성과 불완전성, 계약 이행 비용은 금융시장의 경우 특히 문제가 된다. 이자는커녕 원금조차 떼일 염려 때문에 어떤 식으로든 차입자를 차별하여 신용할당을 하게 마련이다. 이러한 현실은 신용할당이 원리적으로 비효율적이라는 신고전파 논리에 대한 기초적 비판이 된다(Stiglitz, 1995).

'과당경쟁' 도 기업의 생산성 향상에 기여하고 따라서 여신 상환을 보증한다고 덧붙일 수 있을 것이다. 이 금융체제는 곧바로 산업정책과 연관된다. 정부가 특정 산업을 육성하기 위해서 금융을 사용할 수 있기 때문이다.

이러한 금융제도 하에서는 신용에 대한 항상적 과잉수요가 존재할 수밖에 없다. 정부 스스로가 개입된 제도의 안정을 위해 정부는 예금의 보증과 은행의 안전을 보장할 수밖에 없고 이에 따라 이른바 기강해이[9]가 일어나기 때문이다. 결국 과잉투자를 막으려면 정부가 적절한 감시와 통제를 하지 않을 수 없다. 첫째, 과잉설비를 막으면서 동시에 규모의 경제를 달성하기 위해 투자 규모 자체를 업계와 정부가 계획하고(일본의 철강산업이 대표적 예이다), 둘째로 거대규모의 투자에 대해서는 모든 금융기관이 위험을 분담한다. 그러나 이러한 투자의 사전 조정은 역설적이게도 기업으로 하여금 보다 적극적으로 신용을 얻으려고 노력하게 만든다. 일단 은행으로부터 거액 대출을 받으면 그것은 곧 정부의 보증을 받은 것과 같은 의미로 해석될 수 있기 때문이다. 투자 중에는 금융기관의 신용 만기 연장(roll-over)에 정부가 영향을 미침으로써 감시의 눈길을 늦추지 않는다. 문제가 발생하면 사후 조정에 들어간다. 불황카르텔의 창설과 사양산업의 조정 지원, 정부에 의한 구제가 준비되어 있다. 정부의 구제는 80년대 이른바 구조조정 과정에 나타났듯이 부실기업에 대해서 새로이 융자를 해주고 대출금리를 인하해 주고 이에 따라 부실채권을 떠안은 은행에 대해 고수익 금융서비스 분야 진출을 허용하는 등 다양한 일련의 조치로 이루어진다(World Bank, 1993: 222). 그러나 이들이 주목

---

9) 정부 보증에 따른 기강해이는 미국의 저축대부조합(S&L) 사건 이후 이론화된 설명이다. 정부 기관이 예금을 보증하는 것을 이용해 일부 저축대부조합이 모험적 투자를 강행하여 높은 수익을 올리자 다른 저축대부조합들도 경쟁적으로 모험에 뛰어들어 결국 파국을 맞은 사건이다. 그 이론화에 대해서는 Milgrom & Roberts(1992: 170-176) 참조.

하지 못한 국가의 폭력적 산업 재편과 노동억압은 더욱 중요한 사후 조정 방식이었다. 여기서 우리는 준내부시장으로 파악될 만큼 국가가 깊숙이 개입되어 있는 금융제도에서 기업의 과잉투자 유인이 생겨나고 그것을 국가가 투자 전, 투자 중, 투자 후에 감시, 조정하는 메커니즘을 발견한다.[10]

물론 처음부터 누구의 머리 속에 이러한 제도배열의 얼개가 있었던 것은 아니었고 경제성장을 위해 이러 저러한 시도를 하다 보니 그러한 틀이 짜여져 나갔을 것이다. 따라서 글의 서술 순서 때문에 금융제도를 먼저 썼지만 그것과 공존했던 다른 제도들이 여기서부터 파생되었던 것은 아니다. 제도가 자리잡기 시작하면 어느 덧 경제행위자들의 행동패턴이 결정되고 이에 따라 제도는 실제의 내용이 채워지고 동력을 획득한다. 아마도 최초의 시작은 식민지와 전쟁을 거친 사람들의 "살아남아야 한다"는 생존 의지였을 것이다. 1960년대 들어 이 생존의지와 정부의 성장 제일주의가 결합한다. 특정 산업에 돈을 몰아주기 위해[11] 금융제도가 만들어졌고 은행을 비롯한 금융기관이 해야 할 일은 저축의 증대였다. 저축을 장려하기 위한 온갖 정책이 행해졌다. 흔히 경제학자들은 특정 상품의 가격과 관련된 정책이 아니면 분석대상에서도 제외하지만 초등학교 이전부터 귀에 박히게 듣고 실제로 저금통장을 만들어 강제로 저축하게 한 사실의 효과는 의외로 대단했다. 물론 높은 수신이자율은 위에서 얘기한 과잉 투자유인의 필수조건이었다. 외자와 국내 자금의 총동원은 기금제도를 도입한 중화학공업화에 이르러 정점에 이른다. 끊임없는

---

10) 같은 동아시아형이라고 해도 한국과 달리 일본에서는 주거래은행이 기업의 주식을 소유함으로써 통제권을 가지게 되고 사전단계, 중간단계, 사후단계의 감시활동을 한다(Aoki & Okuno-Fujiwara ed, 1996: 254-255). 물론 기본적으로 대출 회수의 위협에서 은행의 통제권이 나오는 것이므로 한국의 은행도 통제권을 행사할 수 있지만 일본에 비해서 대단히 미약하다고 할 수 있을 것이다.

11) 정책금융의 효과가 높은 산업의 조건.

성장은 고저축, 고투자의 결과이기도 하지만 전제조건이며, 또한 정권 유지의 기본 요건이었다.[12] 중화학공업화와 더불어 한국은 전형적인 투자주도성장 국면(Porter, 1990)에 들어갔다. 이러한 상황은 여러 가지 파생적 행동양식을 만들어낸다. 산업정책 자체가 대기업을 만들어냈고 기업이 크다고 하는 것은 다시 신용을 얻기 유리한 위치를 차지하게 된다. 금융제도의 특징은 또한 재벌이라는 특수한 산업조직을 만들어내게 된다. 호송선단(護送船團) 방식이 특정 기업의 선정, 감시에 유리하기 때문이다(シェアド, 1997: 23-26). 이러한 요소들이 서로 되먹여지면서 국가주도 재벌체제가 자리잡게 된 것이다.

기업의 감시가 미시적 조정 메커니즘이라면 거시 조정 메커니즘은 인플레이션이다. 인플레이션은 여러 면에서 기존 체제와 어울리는 거시 현상이다. 성장이라는 정권의 목적, 그리고 기업의 부채 자체와 이자율을 낮춰준다는 점, 동시에 은행에 쌓이는 부실채권의 부담을 덜어주고 담보로 잡은 자산가치를 높여서 은행의 부담을 줄여준다는 점, 노동자의 실질임금을 깎아내린다는 점에서 그러하다. 물론 고통은 국민 전체에게 돌아간다. 항상적 인플레이션은 또 다른 관행과 행위 양식을 낳는다. 그것은 자체로 과잉부채 모델(Wade & Veneroso, 1998)을 강화하며 은행이 부동산 담보를 잡고 돈을 빌려주는 관행을 낳는다. 부동산 소유가 이 체제에서 살아남는 방법이 되고 국민의 행위 패턴은 이에 맞춰진다.[13] 이

---

12) 케인즈 단순 모형은 문제를 아주 간명하게 보여주지만 인과관계를 호도하는 경향이 있다. 예컨대 저축률과 투자율의 차이가 국제수지 상황을 설명해준다. 아시아 위기와 관해서도 그러한 논리가 제시되었다. 이유를 설명하기 어려운 높은 저축률이 과잉부채 모델(high debt model)을 낳았고 따라서 그러한 저축률이 유지되는 한 이번과 같은 위기는 필연적이라는 것이다(Wade & Veneroso, 1998).

13) 기업의 부동산 소유를 통박하는 언론기관들 역시 스스로 부동산을 소유하기에 골몰했다. 80년대 후반부터 90년대 중반까지 대부분의 언론기관이 자신의 사옥을 신축했다. 빚으로 이루어진 거대 빌딩들이 이제는 이들 언론기관을 부도 상태로 몰아넣고 있

렇게 해서 미시적으로는 국가에 의한 은행 및 기업 통제, 그리고 거시적으로는 인플레이션이 체제의 유지 메커니즘이 되었다.

2) 조정없는 재벌체제(순수재벌체제)의 한계— 대내적 위기

최초에 재벌이라는 체제가 어떠한 합리적 근거를 갖고 생겨났건 간에 일단 성립한 재벌체제는 뜻하지 않은 결과물에 의해 되먹여지면서 더욱 더 확대, 강화된 것이다. 이것은 완전한 기능주의의 예가 된다. 최초에는 정부의 산업정책에 부응하고 수없이 널려 있는 사업부문에 참여하기 위해 재벌체제가 형성되었다. 이 체제가 '진화'하면서 대출의 용이성이라든가, 부실기업 살리기의 용이성이라는 '의도하지 않은 결과'가 나타났다. 이제 이 의도하지 않은 결과에 반응하여 다각화를 적극적으로 수행한다. 이에 따라 재벌체제가 강화되고 다른 모든 제도는 재벌체제에 적응, 흡수된다. 예컨대 금융기관은 대출 조건으로 담보와 지급보증을 요구하게 되며 이러한 기준은 다른 모든 기업에게도 적용된다. 외형성장이 기업 행위의 목표가 되고 다른 기업들도 재벌체제라는 이러한 환경에서 "동형화(isomophism)" 압력을 받게 된다. 이제 재벌체제는 자체 모순에 의하지 않고서는 붕괴되지 않는다.

순수재벌체제는 국내 축적의 산물인 동시에 그 체제는 글로벌라이제이션에 대한 '잘못된' 대응물이었다. 그것은 외부에서 주어진 환경 변화를 계기로 과거 체제의 단점을 보완하는 것이 아니라 조정 메커니즘을 스스로 포기함으로써 해악을 극대화한 체제이다. 그 모순이 개방과 더불어 외환위기의 형태로 나타났던 것이다. 더 이상 재벌체제는 지속될 수

다. 일반 서민들은 내집마련을 필생의 목표로 삼게 된다. 다른 재산 증식 수단이 없는 상태에서 이러한 목표는 역설적이게도(인플레이션으로 인해 실질금리가 저하함에도 불구하고) 저축의 증대를 가져왔다.

없으며 설령 재벌의 독점화(합리화)를 통해 미봉으로 이번 위기를 빠져나간다고 하더라도 내재되어 있는 모순은 다음 시기에 더욱 큰 규모로 폭발할 수밖에 없다.

재벌체제가 더 이상 지속될 수 없는 이유는 다음과 같다. 첫째부터 세 번째까지는 경제의 조정 수단과 관련된다. 첫째, 미시적으로는 무엇보다도 금융시스템이 마비되는 것을 들 수 있다. 흔히 너무 커서 죽일 수 없게 되면 금융은 그 모든 부담을 떠 안아야 한다. 부실채권을 처리할 수 없기 때문이다. 이것은 일상적인 미시 통제 수단이 작동 불가능해졌다는 것을 의미한다. 둘째, 국제화의 효과이다. 이러한 국제화는 과거의 인플레이션 조정을 불가능하게 만든다. 경제의 국제화 자체가 재벌체제가 서 있는 제도 환경을 바꿈으로써 이제 더 이상 과거와 같은 인플레이션 조정은 불가능하게 된다. 재벌은 경제성장의 둔화에 따라 끊임없이 외자를 끌어대겠지만 현재의 국제금융 상태는 격심한 주기적 변동을 예고하고 있다. 앞에서 보았듯이 인플레이션 정책은 곧 외환위기로 이어지게 될 것이다. 재벌체제는 스스로의 성장에 의해 체제의 내적 조정 메커니즘을 스스로 무력하게 만든 것이다. 그것은 곧 재벌체제의 위기를 조정할 수단이 없어진다는 것을 의미한다. 셋째, 현재와 같이 관료가 전체를 보지 못하고 자기 이익을 추구하는 한, 국가가 사후조정을 통해서 과거와 같이 경제를 조절하는 것도 기대할 수 없다.

다음 넷째부터 다섯째까지는 한국경제의 발전단계와 연관된 사항이다. 넷째, 현재와 같은 투자주도형 성장이 한계에 다다랐다. 한국의 주도 산업들은 이미 성숙산업 단계에 들어가서 후발자의 추격이 만만치 않다. 예컨대 중국은 반도체 산업 등을 추격할 조건을 모두 갖추고 있다. 한국의 재벌체제에 못지 않게 중국의 사회주의 체제는 자금을 대규모로 집중 동원할 수 있으며 실리콘 밸리에 있는 중국계 인력 역시 언제나 동원될 수 있다. 반도체 설비는 한국과 똑같이 일본이나 미국에서 수입할 수 있다. 대만의 D-RAM산업 진입이 이번 위기의 하나의 요소가 되었다는 점을 고려해 보면 앞으로 각국의 진입에 따라 한국 경제가 대단히 동요할 수 있다는 것을 짐작할 수 있다. 따라서 한국경제는 지속적인 발전, 아니 현재의 수준을 유지하기 위해서라도 몇 년 내에 새로운 산업기술체제로 이행하여야 하는데 재벌체제는 이러한 이행에 오히려 방해가 된다. 재벌 체제는 명백히 포터가 말하는 혁신주도체제와 어울리지 않는다. 선도자가 뚜렷해서 모방과 부수적 기술혁신이 수익성의 원천인 단계에서는 재벌간 과점 경쟁, 즉 자금의 집중 동원 경쟁이 유효하지만 수입하거나 모방할 기술이 더 이상 존재하지 않거나 돌파적 기술혁신(break-through innovation)이 수익성의 원천인 단계에 들어서면 자금의 집중 동원은 필요조건은 될지언정 경쟁우위의 충분조건이 되지 못한다. 오히려 자금이 몇 개의 재벌에 집중됨으로써 다른 전문 기업의 기술 발전에 커다란 장애가 될 것임에 틀림없다. 다섯째, 일반적인 과점체제와 마찬가지로 재벌체제는 끝없는 수요의 확대라는 조건하에서만 유지될 수 있다. 과거에 10%에 가까운 성장을 지속했다는 사실은 바로 이 조건을 충족시켜 주는 것이었다. 재벌의 상당수 주요 사업이 세계시장에서 과점적 위치에 참여하게 된다면 과거와 같은 수요의 확장은 기대할 수 없고 그것은 곧 재벌 체제가 유지될 수 없다는 것을 의미한다.

흔히 재벌을 옹호하는 경제학자들이 신제도경제학이나 신기업이론을 동원해서 합리화하고 있는 재벌(체제)의 내적 효율성도 다음과 같은 한계에 부딪힐 가능성이 높다. 여섯째부터 일곱째까지가 여기에 해당한다. 여섯째, 재벌체제의 효율성은 산업 체제의 변화와 더불어 점점 힘을 잃게 된다. 다각화에 의한 위험의 분산과 내부금융시장에 의한 자금 동원, 일본의 계열과 유사한 중간 조직에 따른 시너지 효과는 성숙산업, 특히 중화학공업에서 효과가 높다. 1990년대 들어 일본 산업이 위기에 빠진 채 거의 10년이 다 가도록 헤어나지 못하고 있는 것도 이와 관련되어 있는 것이다. 일곱째, 앞에서 보았듯이 현재 재벌 내부의 조정은 총수가 있어서 가능하다. 그런 면에서 총수는 재벌체제의 필요불가결한 구성 요소이다. 그러나 현재와 같이 총수가 세습된다면 내부에서 통제되지 않는 총수의 경영능력 때문에 재벌은 수시로 위기에 빠질 것이다.

한국에서 재벌체제의 위기는 곧바로 재벌이라는 울타리 바깥의 모든 산업의 사멸을 의미한다. 현재 진행되고 있듯이 모든 자금을 빨아들이는 상황에서 중소기업이 설자리는 거의 존재할 수 없게 된다. 재벌의 국민경제에서 차지하는 비중이 커짐에 따라(1990년대에 10대재벌이 부가가치 생산에서 차지하는 비중이 줄어들었다고 하지만 재벌에 하청계열화된 중소기업의 생산까지 포함하면 재벌의 생사는 가히 국민경제의 생사와 동일할 정도로 커졌다) 재벌의 행위는 강력한 유사외부성효과(externality-like effect, Stiglitz, 1994)를 가지게 된다.

3) IMF위기— 자본시장개방과 체제위기의 결합

재벌의 요구와 미국의 개방요구를 결합하여 시장자유화의 이름을 내걸고 순수재벌체제로 전환한다는 것은 곧 기존 체제의 조정수단이 무력화된다는 것을 의미했다(정태인 1998a; 1998b). 1988년 이래 본격적으로 진행된 개방화/자유화는 김영삼 정부의 '세계화', 그리고 OECD 가입에 이르러 정점에 달했다. 재벌의 요구에 따라 종합금융사를 무더기로 허용하고 이들을 통해 아무런 규제없이 단기자본을 들여온 결과 한국의 자본수지는 〈표 7-2〉에서 보듯이 1994년부터 1996년까지 엄청난 흑자를 기록했다. 재벌의 투자에 대한 사전적 조정은 정치자금 수뢰로 대치되었고 단기자본에 의한 장기 투자 자금 조달이 가져오는 갭은 6대 재벌 이하 30대 재벌의 급격한 부실화를 가져왔다. 과거와 같은 인플레이션 조정은 외자의 급격한 유출만 낳을 것이고 5대 재벌은 투자의 사후 조정에 전혀

아랑곳하지 않고 국내외의 돈을 끌어모으는 데 급급했다. 바로 개방화, 자유화의 화신인 재벌에 국가가 포획된 결과 순수재벌체제가 성립되었고 그 모순이 적나라하게 드러난 것이 1997년의 외환위기였던 것이다.

<표 7-2> 자본수지 추이

(단위: 억 달러)

	1992	1993	1994	1995	1996	1997	1998,1~8
자본수지	66	27	103	168	233	13	7

자료: 통계청, www.nso.go.kr

재벌의 요구에 부응하여 기존의 축적 패턴을 그대로 유지하거나 혹은 강화하면서 개방화/자유화를 진행시킴으로써 국내 구조와 국제 환경간의 괴리가 더 커졌다는 것이 1997년 위기의 핵심인 것이다.

아시아까지 포함하여 외환위기의 근본적 원인은 역시 국제 금융자본의 움직임에서 찾아야 한다. 이들이야말로 이른바 글로벌라이제이션의 진정한 주체이자 수혜자이다. 이들이 쓸고 지나가면 폐허만 남는데 1980년대 라틴 아메리카, 1992~93년 유럽(특히 영국), 1994~95년 라틴 아메리카(특히 멕시코)가 그렇다. 1990년대 아시아의 붐은 당연히 이들을 불러들였다.

새로운 자금의 유입으로 흥청망청하던 경제는 이들이 떠나고 나면 붕괴하고 만다. 이제 국내정책의 자율성은 완전히 사라지고 금융자본의 요구에 따르지 않을 수 없다. IMF 요구의 본질은 바로 그것이다. IMF는 위기 극복책으로 완전한 개방화를 요구한다. 이제 금융자본의 입장에서는 그 나라 경제가 돈 벌 기회를 제공할 것인가만 문제가 된다. 현재의 불안정한 금융 상황을 볼 때, 국제 금융위기는 조만간 닥칠 것이다. 시스템 위기와 국제금융의 움직임은 어떻게 관련되어 있었던 것일까?

이전의 축적체제에 민간의 해외 자본 조달이 끼어들면 제도적 불일치가 발생한다. 그리고 이 제도적 불일치는 외환위기라는 위기의 특수한 형태를 만들어 낼 수 있다. 한국의 경제는 과잉투자와 국제 평균을 훨씬 넘는 기업의 과잉부채를 체제 내에 구조화하고 있다. 김영삼정부시기 민간의 해외 자본 차입을 허용한 것은 한국의 축적체제에 외국 금융자본이 끼어들었다는 것을 의미한다. 결국 1994~1996년 사이에 외국의 민간자본을 한국의 은행과 종금사가 들여와서 장기투자를 했기 때문에 과거의 조정방식이 통하지 않게 된 것이다. 과거 거의 비슷한 상태에서는 외환위기로 이어지지 않았는데, 왜 이번에는 거시 지표가 과거에 비해, 또 다른 외환위기를 겪은 다른 나라에 비해 그다지 나쁘지 않은 상태에서 위기가 촉발되었는가. 이를 설명하기 위해서는 한국의 축적체제에 끼어든 외국금융자본의 움직임을 지적하지 않을 수 없다. 즉, 과거에는 폐쇄된 울타리 속에서 가치를 잃고 만 돈(인플레이션에 의한 감가)이 이번에는 빠져나가 버린 것이다(평가 절하). 체제 내화해 있는 담보대출 관행 역시 급속한 기업-은행 도산을 부채질했다.

결국 기본적으로는 기존 체제 자체의 모순이 폭발하면서 외환위기의 형태를 띠게 된 것으로 보아야 할 것이다. 즉 축적체제 자체가 특정 자본을 집중적으로 육성했는데 그 재벌의 성장은 기존 체제의 조정 메커니즘을 해체하고 말았다. 노태우-김영삼 정권은 그러한 상황을 감지하지 못하고 모순을 강화시켰다. 체제 유지의 감시기제가 사라진 상태에서 기업은 기존의 행위 패턴을 그대로 유지하거나 혹은 강화하면서(이제 재벌이 은행을 통제함으로써 필요한 자금을 얼마든지 조달할 수 있었다) 개방화를 진행시켰다는 것은 모순이 더욱 자유롭게 발전하도록 만들었다. 이에 따라 과거의 거시 조정메커니즘은 더 이상 통할 수 없게 되었다. 국가는 시장이라는 말로 스스로를 세뇌시킴으로써 자진하여 통제를 포기하면서도 대안적인 조절양식을 만들어내지 못한 채 팔짱만 끼고 있었던 것이다. 시스템 위기는 이미 1980년대 후반 시작되고 있었다. 단지 국내외 시장 환경이 기존 체제의 문제점을 가려주고 있었다. 사실 1990년대는 국가의 감시없는 재벌체제였다. 재벌이 자유화와 개방화를 주장했고 그들이 외화를 들여왔으며 그들이 온갖 과잉투자를 일삼았다. 그리고 드디어 체제 위기가 겉으로 드러나게 된 것이다. 지금 위기는 걷잡을 수 없이 전개되고 있다. 외화 부채를 갚으면 모든 문제가 사라지리라는 기대는 우리의 분석에 비추어 완전히 틀린 것이다. 그간 체제 유지의 매개물이었던 은행은 부실채권에 의해 완전히 멍들었고 은행의 여신회수에 따라 산업의 몰락이 가속화했다. 더구나 IMF의 고금리 처방은 이러한 과정을 부채질했다.

3. 소결— 발전전략으로서 글로벌라이제이션의 한계

한국의 산업화 과정에서 나타난 이른바 구체제는 '수출과 외자에 의존하는 노동 억압적 발전체제', '재벌체제에 의한 집중체제' 라고 할 수 있다. 이러한 국민경제발전의 관점에서 이 경제체제의 개혁 과제는 국내 산업간 연관의 확대와 강화, 그리고 내수 소비재 시장의 발전을 통한 경제의 '두터움' 의 확보, 그리고 이미 내용적으로 사회화된 재벌의 생산력을 제도적 차원에서 사회화시켜 제도적 일치를 확보하는 일이다.

그러나 1997년 외환위기 이후 IMF가 주도한 구조조정과 이에 따른 한국경제의 전개는 이와 같은 국민경제의 발전과제에 부합하지 않는다. 개혁의 출발점에서 한국의 산업화 과정 전부를 부정하고 폐기해야 할 것으로 인식함으로써, 그 속에서 발전해 왔던 체제 부정의 내재적 요소와 부분적으로 발전하고 있었던 발전의 내적 동력 또한 함께 거부되어 버렸다. 대신에 자본 자유화를 핵심 내용으로 하는 '더 많은 세계화' 만이 대안으로 제시되었다.

결과적으로 IMF 위기 이후 수출산업에 대비해 내수산업이 상대적인 (혹은 절대적인) 침체에서 벗어나지 못하고 있는 등 산업간 연관은 오히려 약화되고 있으며, 국내 저축과 국내 투자의 연관성이 약화되어 외자 의존적 성격이 강화되었다. 또 사회화된 재벌의 생산력을 재사유화함으로써 제도적 불일치를 확대했다(유철규, 1999).

현실적으로 점점 더 많은 국가들에서 세계시장에 대한 통합이 국민경제의 발전 전략과 동의어로 사용되고 있다(Rodrik, 2000). 이러한 전략은 시장의 힘이 최선의 결과를 가져온다는 믿음에 근거하고 있다. 진보적 관점에서 이러한 주장에 동의할 수 없는 가장 기본적인 이유는 진보 그 자체의 개념에 내재해 있다. 진보적 관점의 전제는 현 사회의 문제를 그 구성원의 '의지' 혹은 '의사'에 의해 해소하거나 최소한 약화 혹은 변형시킬 수 있다는 것, 그리고 사회적 문제를 항거할 수 없는 자연 법칙의 결과로 이해하지 않고, 바로 그 사회 내부의 운동에서 발생된 것으로 인식하는 것이다. 자본주의의 발전에 따른 생산력의 사회화는 바로 이 진보의 가능성을 확대시키는 객관적 조건이다. 이데올로기로서 시장주의의 확산이 초래하는 가장 부정적인 부작용은 여기에서 나타난다. '시장의 법칙'이 모든 사회적 가치보다 우위에 서면 어떠한 사회적 불평등이나 공황과 같은 참혹한 재앙이 초래되어도, 그것들이 최소한 시장 원리에 의해 나타난 것으로 받아들여지는 한 '천재(天災)'가 된다. 인류 사회가 발전하면 할수록 이전에는 '천재'로 인식되었던 것들도 점점 '인재(人災)'의 영역으로 포함되어 가는 것이 역사의 진보이다. 다시 말해 사회적 재앙을 '인재'로 받아들이는 것은 재앙에 적극적으로 대처하고 사회를 발전시키기 위한 출발점이 된다. 인간의 주체적 의지와 의식적 행위가 전체 사회를 변화시킬 수 있다는 가능성을 인식하는 것이 진보적 의식의 출발점이므로, 시장 원리의 강요는 진보적 의식을 약화시키고 기성 질서를 옹호하는 역할을 수행한다. '천재'에 대해서 인간이 할 수 있는 일이란 피해를 줄이고 적응력을 높이는 정도로 소극적인 것일 수밖에 없다. '워싱턴 합의'라고 이름 붙여진 신자유주의 정책 처방, 또는 구조 조정 프로그램이 가르치는 것은 '시장의 힘'이라는 것을 저항 불가능한(저항할수록 더 나빠지는) 어떤 것으로 상정하고, 여기에 순응하는 법을 가르치는 것이라고 할 수 있다. 그러나 지난 20여 년 간에 걸친 금융 위기의 역사가 말해 주는 것은 이들 정책 프로그램이 그리 성공적이지 못했다는 것이다. 따라서 한국의 산업화 경험이 시장주의의 새로운 세계 체제에 대단히 위험한 사례가 될 수 있다는 점은 자명해 보인다. 사회 구성원의 정치적 의지가 경제 구조에 영향을 주었고, 그 경제적 성과가 관찰자의 입장에서 나쁘지 않아 보였기 때문이다. 서구의 반시장주의자들이 주목한 것도 바로 이 점이었다. 개발 도상국의 경제 개발 전략에 있어서도 한국은 나쁜 선례가 된다. 70년대 이후 서구의 국제 개발 기구들이 우선적으로 유도하는 개발 전략은 비교 우위와 시장 활성화에 초점이 맞춰져 있다. 비교 우위를 국민 국가의 정치적 의지에 의해 바꾸어 내거나 의도적으로 창출하는 행위는 반드시 국제적 분업 관계를 교란시키며, 기존 국제 경제 질서에 대한 위협 요인이다.

그러나 시장은 결코 제도나 정치로부터 독립된 객관적인(자동적인) 조정 메카니즘이 될 수 없다. "시장이 체제의 안정성을 가져다준다면 그것은 분권적 의사결정에 대한 책임을 각 개별 주체가 기꺼이 감수하게 하는 효과 때문"(정태인, 1995: 267)일 것이다.

세계경제의 통합은 자동적으로 경제성장을 가져오지 않는다. 그토록 많은 연구에도 불구하고 투자와 교역의 자유화가 성장을 가져온다는 믿을 만한 증거는 아직도 없다(Rodrik, 2000). 더구나 개발도상국과 후발 산업화국가들에게 가해지는 의무조항으로서 강제되는 제도개혁은 발전 혹은 그 사회의 문제해결을 목표로 하기보다는 세계시장에 대한 통합을 직접적인 목적으로 하고 있다. 제도 개혁은 그 목표에 따라 대단히 상이한 내용을 가질 수 있다. 예를 들어 법제도를 수입할 것이냐 아니면 현실의 문제에 맞추어 기존의 법제도를 개선할 것이냐, 외국 투자가가 문제삼는 부패 구조 전부(부패구조 전부란 이미 경제체제를 의미한다)를 일거에 바꾸는 일을 먼저 할 것인가 아니면 일반 국민의 생활과 관련된 작은 부패를 우선적으로 제거할 것인가, 외국인 투자가의 불법행위를 과다규제의 결과로 받아들여 규제를 해제할 것인가 아니면 범법자를 국내법에 처벌할 것인가 등 상이한 목표에 따라 제도 개혁의 우선 순위와 내용이 달라질 것이고 그 결과도 달라질 것이다.

제 3 부

결 론

제3부 결론

여기 결론까지 쭉 읽은 독자라면 누구나 이 책의 단점을 지적할 수 있을 것이다. 우리는 방법론에 상당 부분 동의하면서도 각 시기마다 분석의 대상이나 기술 방법, 제시해야 할 기초 통계의 내용이라는 점에서 형식적 통일성을 유지하는 데 실패했다. 물론 각 시기마다 중요하게 다뤄야 할 제도요소가 달랐기 때문이라고 강변할 수도 있겠지만 무엇보다도 토론이 충분하지 못했기 때문이다.

그러나 또한 경제학의 지리함을 이긴 독자라면 우리가 모두 1945년 이후 현재까지의 한국자본주의사를 한 시대의 형성, 성숙, 해체로 파악하고 있다는 것도 알아차렸을 것이다. 그 시대를 '한국형 모델'이라고 부르든 '국가-재벌 동원체제'라고 호칭하든 아니면 '압축성장모델'로 명명하든 그러하다. 용어를 일부러 통일하지는 않았는데 현재로서는 '국가동원체제' 정도가 무난할 듯하다. 우리는 국가동원체제를 구성하는 제도들을 망라하고 그러한 제도들이 존립 가능한 조건을 추출하려고 노력하였다. 여기서는 전후 한국의 경제체제의 흥망성쇠를 분석할 때 생기는 쟁점들을 정리함으로써 후속 작업을 준비하려고 한다.

제8장

방법론의 정립과 가설의 제기

1. 시기구분의 문제

역사기술에서 시기 구분은 언제나 논란의 대상이 된다. 우리 역시 처음에 시기구분을 놓고 토론을 했지만 그것을 1차 작업의 결론으로 미루고 50년대, 70년대… 식으로 가장 손쉬운 방법을 택했으며, 약 10년에 한번씩 산업순환 상의 위기가 온다는 점을 생각해 보면 그리 터무니없는 방식은 아닐 것이다.

문제는 어느 시점을 결정적인 전환점으로 보느냐에 있을텐데 우리는 1973년, 1979~80년, 그리고 1987년경의 세 시점을 중요한 전환점으로 보았다. 1973년은 중화학공업화를 시작한 해이다. 우리는 1부와 2부 5,6장에서 우리경제의 성장에서 '국가주도' 라는 말의 핵심은 국가에 의한 지속적인 투자 확대에 있다고 강조했다. 산업의 특성상 국가 총동원식의 투자는 중화학공업화와 맞아떨어진다. 따라서 1973년 이래 국가동원체제의 요소제도들, 특히 투자를 위해 자금을 총동원하는 제도들이 본격적으로 형성되며 동시에 노동에 대한 통제도 군사적 성격을 띠게 된다.

1980년경을 한국경제의 가장 중요한 전환점이라고 보는 것은 현재 학계의 일반적 견해이다. 무엇보다도 박정희 시대의 마감이라는 점에서 그 중요성은 결코 과소 평가될 수 없으며 또한 경제 이데올로기상으로도 물가안정이라든가, 개방이 처음으로 등장한 시기이기도 했다. 그러나 우리는 1987년이 더 중요한 시점이라고 판단한다. 그것은 제도주의적 사고의 귀결이다. 국가에 의한 신용할당이라는 중요한 금융제도와, 역시 국가에 의한 통제라고 하는 노동제도가 한계에 이른 시점이 바로 80년대 후반이기 때문이다. 또한 87년의 6월 대투쟁과 노동자 대투쟁, 그리고 일반인들의 삶에 극적인 변화가 온 것도 이 즈음이었다.

이러한 인식에 따라 우리는 새로운 시대구분의 가설을 여기에 제시한다. 1945년부터 1972년경까지를 국가동원체제의 형성기로, 1972년경부터 1987년경까지를 국가동원체제의 성숙기, 그리고 1987년 이후 현재까지를 국가동원체제의 해체기로 설정한다.

각각의 시기는 다시 둘로 나눌 수 있다. 첫 번째 시기에서 우리는 1965년경에 주목한다. 1965년경은 한국경제에서 수출이 차지하는 비중이 높아지면서 '국가동원체제'의 한 요소로 수출드라이브가 자리잡은 시점이다. 5장에서 기술했듯이 제1차 5개년계획에서 수출은 그리 큰 역할을 부여받지 못했으며 수출이 급증한 것은 의도하지 않은 결과였다. 수출이 기존 경제계획에 되먹여지면서(feed back) 다른 제도들도 자리를 잡아갔다. 예컨대 수출 실적이라는 명확한 수치는 투자의 사후 검증에 확실한 근거를 제공하게 되었다. 또 1965년은 금리자유화의 실패로 위기가 닥치자 신용통제로 돌아서면서 신용할당제의 효과에 대해 확신을 가지는 계기를 제공한 시기이기도 하다. 1945년 이후 해방공간에서 1965년까지는 국가형성기로 설정하고, 1965년부터 1972년경까지는 국가동원체제의 기본틀이 마련되는 시기로 자리매김하였다. 특히 우리는 이 시기에 국가가 국민의 생존의지를 성장이데올로기로 동원하는 데 성공했다는 점에 주목한다.

국가동원의 성숙기 가운데 중요한 시점은 두말할 나위 없이 1979~80년도이다. 대규모의 설비투자가 이뤄진 가운데 제2차 오일쇼크가 닥쳐

와서 중화학공업은 당장 위기에 빠졌고 국내적으로도 1976~78년의 호황으로 실질임금이 최초로 상승한 뒤끝이었다. 오랜 기간동안 억눌려 있던 노동계가 처음으로 반기를 든 것도 이 시기였다. 그러나 국가는 과거와 똑같은 방식으로 위기를 벗어나게 된다. 전반기는 본격적인 중화학공업투자를 위해 각종 자금동원 및 신용할당제도가 자리를 잡은 시기였고 후반기는 투자의 사후 조정을 본격적으로 시험한 시기였다. 우리가 1980년대 중후반까지를 박정희 시대와 연속적인 시기로 보는 것은 여전히 국가가 우위를 차지하는 국가-재벌체제였기 때문이다.

그러한 체제가 붕괴되기 시작한 것은 1987~88년경부터였다. 6장과 7장에서 자세하게 기술한대로 국가동원체제의 각 요소제도들이 각각 붕괴되었다. 특히 국가가 투자의 조정자로서의 역할을 포기한 채 자본시장을 개방한 것이 결정적이었다. 국가동원체제는 그 성격상 과잉투자와 국제 평균을 훨씬 넘는 기업의 과잉부채를 체제내에 구조화하고 있다. 김영삼정부시기 민간의 해외 자본 차입을 허용한 것은 한국의 축적체제에 외국 금융자본이 끼어들었다는 것을 의미한다. 결국 1994~1996년 사이에 외국의 민간자본을 한국의 은행과 종금사가 들여와서 장기투자를 했기 때문에 과거의 조정방식이 통하지 않게 된 것이다. 과거 거의 비슷한 상태에서는 외환위기로 이어지지 않았는데, 왜 이 시기에 거시 지표가 과거에 비해, 또 다른 외환위기를 겪은 다른 나라에 비해 그다지 나쁘지 않은 상태에서 위기가 촉발되었는가를 설명하는데 무리가 없을 것이다. 즉, 과거에는 폐쇄된 울타리 속에서 가치를 잃고 만 돈(인플레이션에 의한 감가)이 이번에는 빠져나가 버린 것이다(평가 절하). 체제 내화해 있는 담보대출관행 역시 급속한 기업-은행 도산을 부채질했다. 결국 기본적으로는 기존 체제 자체의 모순이 폭발하면서 외환위기의 형태를 띠게 된 것으로 보아야 할 것이다. 그것은 체제위기를 해외시장 개방으로 해결할 수 있다는 시장주의의 믿음이 어떤 결과를 가져오는가를 여실히 보여주었다.

　우리의 후속 연구는 이러한 시기구분의 타당성을 검증하고 각 시기의 제도배열과 그것이 가져오는 동학을 추출하는데 집중할 것이다.

2. 제도주의 연구의 발전 방향

　제도주의 연구란 단순히 제도를 중요하게 여기고 특정 시기의 제도를 나열하는 데 그쳐서는 안 된다. 그러한 정태적 분석의 경우 특정 현상을 제도들의 효과로 설명할 수는 있지만 동학, 즉 위기와 모순을 설명할 수 없다. '동아시아의 기적'(World Bank, 1993)이 동아시경제의 효율성을 설명하는 데 성공하면서도 위기를 설명할 수 없었던 이유가 바로 여기에 있다. 또 흔히 제도주의가 현 상황을 합리화하는 경향이 있는 것도 그 때문이다.

　우리는 각 제도들로 이루어진 특정 경제체제가 효율적으로 기능할 수 있는 조건에 대해서도 의도적으로 관심을 기울였다. 그 결과에 만족할 수는 없지만 몇 가지 가설이 제기되었다. 첫째는, 3장에서 제기된 '공통의지'(common will)의 중요성이다. 유철규 · 이경미는 국가가 자본을 동원하고 노동을 억제할 수 있는 다른 여러 나라들이 동아시아와 같은 경제성장을 이루지 못한 이유를 찾다가 공통의지, 또는 '동원' 내지 합의에 주목한다. 이 요소는 흔히 경제학에서 간과하는 요소이다. 이러한 공통의지는 사회정치적 조건의 영향을 많이 받으며 따라서 '강성국가'의 조건이기도 하다. 특히 한국의 경우에 이 공통의지는 반공규율사회와도 밀접한 연관을 가지고 있다. 다소 조작적이기는 하지만 단기간 내에 희망을 걸 수 없는 민주주의나 분배 대신 성장에, '잘살아보세'라는 구호에 동의해서 물리적 노동통제나 사회통제에 순응하게 되었다는 것이다. 2장에서 강조한 교육열도 마찬가지 차원에서 이해할 수 있을 것이다. 우리는 앞으로의 과제에서 이러한 측면을 '동원' (mobilization)이라는 개념으로 다루고자 한다.

그러나 이러한 경제외적 조건이 대단히 중요하고 특히 세계적 요인이 외생변수로서 이러한 조건에 직접적인 변화를 줄 수 있다는 점에서 특별히 관심을 기울여야 하지만 경제체제의 내적 동학에서 나오는 모순을 간과해서는 안 된다. 우리는 국가동원체제가 과잉부채모델을 가져오는 경향에 주목하고 국가의 미시적 조정과 인플레이션이라는 거시적 조정이 이 체제의 유지에 필수적이라는 사실을 중요하게 여긴다. 국가가 성장 자체에 의해서 미시적 조정 능력을 상실하고[1] 인플레이션이 일반 국민들의 반발에 부딪쳐 더 이상 기능하지 못하게 된다면 이 체제는 위기에 빠질 수밖에 없다. 더구나 현재의 세계경제가 보여주듯이 세계화에 따른 개방경제에서 인플레이션은 더 이상 효과적인 조정수단이 될 수 없다.

셋째, 그러나 우리가 각 시기마다 특유한 축적 메커니즘, 체제동학을 구체화하는 과제에 성공했다고 보기는 어렵다. 그것은 각 제도를 둘러싼 계층, 계급의 행동양식을 정형화하는데서 시작될 것이다. 또 이들의 대립을 각 제도가 어떠한 유인-처벌 시스템으로 조정하는가도 구체적으로 보여주지 못했다. 앞으로 특히 신경 써야 될 과제이다.

넷째, 4장에서 다룬 지주계급의 몰락, 5장에서 다룬 수출의 급격한 신장, 금리자유화 이후 신용통제의 효과, 또 8.3조치 이후의 상황은 정부의 정책이 의도하지 않았던 결과로 보인다. 이러한 의도하지 않았던 결과들은 기존의 제도배열에 변화를 가져와서[2] 체제는 '진화' 해 나간다. 이런

---

1) 자본축적이 진행됨에 따라 재벌이 충분한 내부유보를 가지게 된다면 국가의 자본통제력은 약화될 수 밖에 없다. 마찬가지로 자본축적은 노동자의 조직력 또한 성장시킬 수 있다. 이렇게 되면 국가가 새로운 조정양식을 발견해 내지 못한다면 과거의 조정양식은 마비되고 만다는 것을 상기하라. 5장, 6장, 7장에 자세한 내용이 있다.
2) 예컨대 다음 시기부터는 의도적으로 수출을 촉진하는 제도를 도입할 수 있으며 8.3조

'진화'가 자연스러운 과정이 아님은 물론이다. 그것은 끝없는 갈등 속에서 나타나며 오히려 국가의 능력은 그러한 갈등을 직접적인 사회적 비용을 최소로 줄이면서 처리하는 데 있다. 그러한 능력은 저항에 대한 군사적 탄압으로 나타날 수도 있고 국민의 자발적 동원에 의할 수도 있다. 전자는 단기적 비용을 줄일 수 있을지는 모르지만 장차 더 큰 사회적 비용을 치르게 할 가능성이 많다는 점에서 앞에서 이야기 한 동원은 매우 중요한 능력이다. 다섯째, 공식 통계로 충분하지 않다면 우리 나름의 일관 통계를 작성할 필요가 있다.[3]

여섯째, 제도 자체에 관한 이론도 개발해야 할 것이다. 예컨대 사회학의 조직이론이나 네트워크이론, 경제학의 거래비용이론 등을 체계적으로 이해해서 제도이론을 풍부하게 만들 수 있을 것이다. 이러한 이론적 세련화는 예컨대 우리 사회의 고질적인 문제로 손꼽히고 있는 각종 '인맥'의 분석에도 이용될 수 있을 것이고 나아가서 우리의 축적체제와 어떠한 연관을 가지고 있는지 밝힘으로써 더 세밀하게 사회상을 그려낼 수 있을 것이다.

일곱째, 우리의 역사제도주의는 이론의 구성상 사회학이나 정치학과 같은 인접학문과 쉽게 교류할 수 있다는 점을 충분히 활용할 수 있을 것이다. 특히 이 프로젝트가 학제간 연구이므로 이러한 장점은 충분히 발휘될 수 있을 것이다.

치 이후에 기업에 대한 사전 감시가 도입된 것도 예가 될 수 있을 것이다.

3) 예컨대 이윤율을 각 요소로 분해하여 공식통계를 다시 가공한 정성진이나 장하원의 작업을 들 수 있을 것이다. 국제적으로는 암스트롱-글린의 통계, 미국 SSA의 통계를 참고할 수 있다.

3. 신자유주의와 개혁의 방향

이 연구가 사회과학인 이상 우리 사회의 전망으로부터 자유로울 수 없다. 아니 그러한 전망은 연구의 방향을 결정하는 데 아주 중요한 역할을 한다. 연구과정에서 제기된 경제개혁의 방향은 후속연구에 영향을 미치게 될 것이다.

미국식, 일본식, 라인형 자본주의 등 자본주의 체제간의 차이를 비교연구한 성과들에서 잘 드러나듯이 모든 구체적 자본주의 체제는 자본주의적 일반성과 그 체제에 고유한 특수성을 갖는다. IMF 위기를 계기로 국내외의 대다수 주류 연구자들은 한국자본주의의 문제점을 다루는데 있어서 한국자본주의 체제의 일반성과 특수성을 무차별적으로 혼동하는 경향이 있었다. 특히 IMF를 대표로 하는 특정 견해는 자본주의 체제의 일반적 문제까지도 아무런 매개 없이 직접 한국 경제의 고유한 문제라고 강변하는 경향이 있었다.[4] 미국과 달라 보이는 한국 경제의 모든 부분들은 자본주의 자체의 문제인 경우에도 제대로 되지 못한 한국의 '고유' 문제('낙후성')로 평가받았다. 한국의 경제 체제를 '제대로 된' 자본주의가 되지 못하게 만들었거나 혹은 특수하게 만드는 가장 중요한 요인으로는 경제에 대한 정치의 개입과 사적 소유권 및 개인주의의 미발달 등이 제시되고 있다(유철규, 1999). 이 문제들과 관련해서 한국의 산업화 과정을 잘 나타내 주는 것이 '국가 주도에 의한 압축 산업화'라는 표현이다.

---

4) IMF의 구조 조정 이념은 신자유주의(neo-liberalism)라고 불리워도 무방할 것이다(이병천·김균 편, 1998). 특히 위기 초기에, IMF에 동조하여 아시아 경제 위기를 자본주의의 고유한 문제와 무관한 것으로 취급하고, 아시아 각국 경제의 개별적인 결함에 기인한 것으로 보려는 견해가 지배적이었다(Krugman, 1998; Brittan, 1997; Mckinnon and Pill, 1998).

우선, 한국의 산업 구조는 상당 부분 국가 주도에 의해 이루어졌다. 이것이 의미하는 것은 한국의 경제 구조가 '자연 질서'로서의 시장의 힘 (혹은 자본의 논리)에 의해서라기 보다는 정치적 의사 결정에 의해 '창출'된 결과라는 것이다. 다음으로, 산업화가 압축적으로 일어나는 과정에서 경제 주체의 행동 방식과 제도가 비(非)개인주의적인 방식으로 형성되었고, 그 이면에는 비개인주의적인 이념적 성향이 존재하고 있었다.

이들 특징은 동아시아의 고도 성장을 둘러싼 서구의 논쟁에서 가장 첨예한 대립이 있었던 부분이다. 친시장주의 입장에서는 고도 성장을 설명하기 위해서 국가 개입 자체를 부정하거나, 개입의 효과가 극히 제한적이었음을 보여 주고자 했다. 그러나 현실적으로 존재했던 국가 개입이라는 현상을 부정할 수 없게 됨에 따라 최대한 양보한 결과가 '시장 친화적 (market-friendly) 국가 개입'이라는 절충적 용어로 정리되었다(World bank, 1993). 친시장주의는 금번 IMF 위기의 원인을 국가 개입에서 찾았는데, 이는 한국의 산업화에 국가가 강하게 개입했다는 사실을 스스로 그것도 매우 적극적으로 인정한다는 것을 의미하기 때문에 자기 모순적이다. 세계경제의 압력 특히, IMF 등을 통한 미국의 압력을 한국경제가 거부하기는 대단히 어려운 것이 사실이다. 그러나 미국의 압력은 개별 경제 현안에 대해서는 매우 구체적이지만, 경제 체제 문제에 대해서는 때때로 상당히 추상적이며 가변적이기도 하다.[5] 개별 경제 현안에 있어서도 국가 개입 자체가 부정되는 것은 아니고, 때에 따라 국가 개입을 거꾸로 강요하기도 한다. 따라서 신자유주의적 외압이 주권 국가 내부에서 구체적인 정책 형태로 실현되기 위해서는 반드시 국내적 통로와 파트너

---

5) 일본의 전 대장성 재무관이었던 榊原英資(사카기바라 에이스케)가 회고했듯이, 작년 9월 브라질의 외환 위기가 현실화될 가능성이 짙어지자 미국은 일본에 대해 부실 은행의 파탄을 강요하던 종래의 입장에서 선회하여 공적 자금을 투입해 구제하도록 요구했다(동아일보. 1999.8.9).

를 그 매개체로 확보해야 한다.

한국 내부에서 신자유주의를 가장 적극적으로 도입한 세력 분파는 재벌이다. 왜 기존 체제의 최대 기득권자가 기존 체제를 바꿀 개혁을 앞장서 요구한 것일까? 김상조(1998)는 이번 경제 위기의 원인으로 계급 구조의 교착 상태에 주목한 바 있다. 이는 정확한 지적이며, 특정한 계급 관계를 전제로 형성된 기존 체제의 안정화 요소(예를 들어 국가 주도의 사전적·사후적 투자 조정)가 해체되었으면서도, 그것을 대체할 수 있는 구심적 체제가 형성되지 못했기 때문에 위기 직전 정책 결정 기구가 사실상 전면적으로 마비되었던(유철규, 1998) 배경을 설명해 주고 있다.

'독점 재벌'과 '노동 대중'의 이해 관계가 어떻게 달랐던가를 검토해 보는 것이 한국의 신자유주의가 갖는 특수성을 찾아내는 데 실마리가 될 것이다. 개발 독재기의 국민 동원 기제 중 이데올로기 측면에서 중요한 역할을 했던 것 가운데 '선(先) 성장 후(後) 분배의 논리'가 있었다(이 연구서의 제5장 참조). 이 정치적 약속(political commitment)은 노동 대중의 분배 요구에 대한 지배 계급의 대응 논리였으며, 더구나 경제에 대한 국가 개입을 정당화하는 역할을 했다. '훗날' 어느 시점에선가 정치적으로 후분배를 실현하기 위해서는 선 성장의 과실에 대한 (혹은 자본의 사적 소유에 대한) 정치적 통제가 유지되어야 하기 때문이다.

후 분배의 시점은 사전적으로 설정될 수 없는 것이며, 이 때문에 단순히 정치적 홍보 효과를 갖는 것뿐이라고 할 수도 있으나, 현재의 시점에서 뒤돌아보면 3저 호황기가 노동 대중이 분배의 실현을 요구할 수 있는 조건을 갖춘 시기였던 것으로 보인다. 즉, 산업 구조 및 수출 구조상 중화학 공업화의 비중을 볼 때, 70년대 중화학 공업화가 최종적으로 그 성과를 실현한 시기였으며, 한국 경제가 최소한 외형상으로 산업 국가(industrialized country)의 면모를 갖춘 시기였다. 노동 운동의 활성화로 표현되었던 계급 역관계의 변화 또한 조건을 갖춘다.

그러나 1980년대 후반의 분배 욕구에 대해 국가의 정치적 대응 논리는 대단히 빈약했다. 개발 독재의 유산으로서 정치적 부담은 국가의 행동 범위를 제약했으며, 이는 독점 재벌의 불만을 사기에 충분했다. 이런 시각에서 보자면, 결국 국가와 독점 재벌의 표면적인 대립 관계는 노동 대중에 대한 정치적 부담의 정도와 거리감 차이로 이해할 수 있다.

1989년, 1992년, 1996년 등 얼추 3번의 시기에 독점 재벌이 경제 위기론을 제기했으나, 국가의 대(對)노동 정책은 과거와 같이 독점 재벌의 축적 욕구를 채워 줄 수 없었다. 이에 따라 위기론이 반복되면 될수록 국가와 독점 재벌 간 내부 갈등은 증폭되어 갔다.[6]

비록 해외 차입 의존과 불균형 성장에 따르는 구조적 취약성을 갖는 체제였지만, 산업 국가의 실현은 바로 구체제에서 지연되었던 실질적 민주주의와 보다 평등한 분배를 실현하도록 요구할 수 있는 정치적·경제적 조건으로 작용하기에는 충분했고, 이 조건으로 인해 이에 대한 대응 논리가 극도로 제약받았다. 적절한 대응 논리 없이 폭발적으로 활성화된 노동 운동을 만난 결과는 1986~1989년간에 연 평균 15~20%를 넘어서는 실질 임금률의 급상승으로 나타났다. 3~4년이 채 안 되는 기간에 실질 임금의 2배 상승을 허용할 수밖에 없었던[7] 지배 계급은 새로운 이데올로기의 '창조적 수입'으로 대응했고, 이는 민간 정부의 등장과 함께 구체화된다.

이러한 역사적 맥락에서 보아 한국에서 신자유주의는 두 가지 의미를 갖는다. 하나는 경제 개발의 유산으로 인해 노동 계급에 대한 정치적 대응 능력이 약화된 국가의 후퇴이고, 다른 하나는 동전의 양면이지만 그

---

6) 1996년 위기론에 대해서는 정건화·김상조(1996), 그 이전의 위기론에 대해서는 한국 사회과학연구소, 『동향과 전망』에 실린 각 해당 년월호 참조.

7) 이 정도 규모의 실질 임금률 상승을 견딜 수 있었다는 자체가 역설적으로 분배 욕구의 실현 가능성을 확인해 준다.

탄생의 원죄로 인해 국가와 함께 사회적 책임을 분담해야 했던 사적 대기업에 대한 면죄부 부여이다. 이렇게 보면 미국식 사적 소유권의 확립이란 그 자체의 순수한 의미로 다가오는 것이 아니라 조세와 강제 저축에 의해 육성된 사적 대기업의 출생에 대한 기억을 지운다는 의미로 받아들여진다. 제도적 차원에서 구체제의 해체가 시작된 80년대 후반이래 모든 제도 개편의 밑바닥에 깔렸던 문제는 바로 이 재벌의 사적 소유권의 범위와 근거에 관한 문제였다. 독점 재벌의 입장에서 보면 단순히 축적률을 몇 % 더 올리는 문제보다는 자신의 존재 자체의 정당성을 확보하는 문제가 훨씬 더 중요했을 수 있다.

축적 체제의 관점에서 볼 때 국가의 후퇴는 또 다른 문제를 초래한다. 바로 노동을 규율해 왔던 핵심 기제가 상실된다는 것이다. 구체제의 노동 규율은 정치적 권력에 의해 지탱되어 왔기 때문이다. "국가의 표면적 후퇴를 통해 지배 계급의 정치적 부담을 완화"하고, "역사로부터 단절된 사적 소유권을 확립"하면서, 동시에 "노동 규율을 유지한다." 이 세 가지가 한국 신자유주의의 과제라고 할 수 있다.

독점 재벌과 노동 대중의 상이한 지향과 이해 관계는 1996년 노동법 파동을 중심으로 정면 충돌했고, 그 결과는 단기적으로 지배 연합의 패배였으며 뒤이은 지배 연합의 해체와 정치적 의사 결정의 일시적 마비였다. 이렇게 본다면 시스템의 총체적 부정을 수반한 이번의 경제 위기는 구 시스템의 지연된 정치적 약속이었던 실질적 민주주의와 성장 과실의 공평 분배에 대한 자본의 계급적 배신에 기인한 것이다. 독점 재벌은 정치적 제약 때문에 국가를 통한 계급적 이익의 관철이 곤란해지자 국가 자체의 해체와 후퇴를 도모한 것이고, 경제 위기는 그 해체 과정에서 의도와 다르게 체제 자체가 통제 불능의 상태에 빠졌다는 것을 의미한다. 반면, 노동 대중의 이해는 국가의 해체 자체에 있는 것이 아니라 어떻게 정치 민주화를 달성하고, 이에 근거한 비시장적 권력을 통해 경제 민주화를 관철시키느냐에 달려 있다.

이제 오랫동안 한국 경제의 취약점으로 지적되어 왔던 대외 의존의 문제나 수입 유발적 수출 구조와 그 이면의 불균등 성장, 그리고 형평의 문제 등은 더 이상 문제로 제기되지 않고 있다. 그러나 여전히 한국 경제의 체제 약점은 이러한 문제들과 밀접하게 연관되어 있다. 다시 말해 자본주의의 발전에 따라 필연적으로 일어날 계급 갈등을 견뎌내지 못하고 직접 위기로 들어가 버리는 경제 구조의 취약성은 노동 대중의 이해 관철에 여전히 심대한 장애로 남아 있으며, 이러한 문제는 의식적인 사회적 노력으로만 보완이 가능하다.

따라서 '자본주의 체제' 로서 한국 경제의 약점은 소유권의 불투명성이나 국가 개입 자체에 있는 것이 아니라, 사적 소유권의 범위와 한계, 그리고 국가 개입으로 표현되는 자본에 대한 사회적 · 정치적 통제의 범위와 내용을 둘러싼 계급 · 계층적 갈등을 처리하는 사회적 합의 기제(mechanism)가 형성되지 않았다는 점에 있다.

이런 면에서 우리는 현재 정부가 추구하고 있는 앵글로색슨형 자본주의의 대안을 더 적극적으로 고려해 봐야 한다. 앵글로색슨형 자본주의는 나름의 독특한 역사 속에서 형성된 하나의 경제시스템이며 지고지선의 체제도 아니다. 오히려 경제성과와 관련된 각종 지표는 안정성까지 고려해 볼 때 흔히 라인형이라고 부르는 시스템이 더 우월한 것으로 해석될 수 있다(Hutton, 1995; Allbert, 1993; Gordon, 1995).[8] 앵글로색슨형 자본주의가 부분적으로 개혁적일 수 있는 것은 그것이 국가재벌체제의 일각을 무너뜨릴 수 있으며 재벌 내부의 투명성을 높일 수 있기 때문이다. 그러나 현재의 미국경제에서 보듯이 그것은 국내적으로도, 국제적으로도 안정적인 체제일 수 없다. 금융자본과 정보통신산업의 독점력과 시장에

---

8) 앵글로색슨 자본주의의 단점이 무엇이고 한국경제에 왜 어울리지 않는가는 정태인
(1998a) 참조.

의한 노동지배를 통해 현재로는 높은 성과를 누리고 있지만 국내의 계급 갈등과 국제적 마찰을 나날이 증폭시키는 이러한 체제는 과거 포드주의 와 달리 안정적일 수 없다.

순수재벌체제는 국가재벌체제에서 '시장의 이름으로' 국가의 조절기 능만 삭제한, 최악의 변형이다. 앵글로색슨형 체제로의 개조는 재벌의 일정한 합리화를 가져오겠지만 여전히 시장에 의한 국민동원을 고수함 으로써 체제의 안정성을 위협할 것이다. 국제적으로도 앵글로색슨형/신 자유주의형 자유화는 불안정성을 심화시키고 있다. 앵글로색슨형으로 의 개조는 사회불안의 심화를 통해 다시 한번 체제를 바꿔야 하는 운명 에 처할 수밖에 없다. 그것은 곧 고통스러운 우회로이다. 이에 대해 현재 로서는 '이해당사자사회(stakeholding society)', 또는 '국민참여경제' 라 는 체제를 대안으로 제시할 수 있을 것이다. 이러한 체제의 미시단위의 구성과 거시적 조절 메커니즘은 아직 정립되지 못했지만 미시적 단위에 서는 효율적인 노동자참여기업과 거시 정책으로 생산성을 제고하는 자 산재분배 정책(Bowles & Gintis, 1995)을 고려할 수 있으며 은행과 기업 의 관계에 관해서는 관계지향형 금융(Aoki, 1998; Hutton, 1995; Stiglitz, 1994)을 참조하여 재구성할 수 있을 것이다.[9] 실제의 작동은 일본과 독 일의 서구 사민주의 국가들이 역사적 사례가 될 수 있다.

1부에서 이야기했지만 이론상의 효율성과 현실의 효율성은 다르다. 우

---

9) 또한 우리는 정치경제학적인 소유/생산양식의 틀에서도 이러한 사회의 진보성을 입증 할 수 있다고 생각한다. 사회화라는 원칙만을 내세운 채 사실상 과거의 국가사회주의체 제를 제시하면서 단지 민주주의를 강조하는 것으로는 구체적인 경제체제가 구성되기 어 려울 것이다. 마르크스의 생산수단의 소유-통제-생산물의 소유(민정우·정태인, 1986)론 을 원용해서 우리는 노동자 통제와 노동자 소유의 다양한 형태를 구성할 수 있으며 또한 그것이 글로벌 시대의 국제환경에서 국민경제의 생존을 보증할 수 있음도 증명할 수 있 으리라 믿는다. 이러한 체제론의 정립은 물론 현재의 우리의 능력으로는 어림도 없다. 다만 이 방향에서 우리의 연구를 진전시킬 것이라는 점은 약속할 수 있을 것이다.

리는 과거와 같은 위로부터의 동원이 아니라 민주적 동원에 의해서 국민의 힘이 끌어올려질 때 이번의 위기도 극복하는 동시에 글로벌 시대에도 탄탄한 성과를 거둘 수 있다고 생각한다. 그리고 민주적 동원은 주요 시스템의 가시적 변화와 함께 비로소 가능해진다. 과거의 국가동원을 민주적 동원으로 대체하기 위한 제도개혁을 모색해야 할 때인 것이다. 노동자 등 국민이 미시적 결정단위와 거시 결정단위에 모두 참여하고 그 결과에 책임을 지는 제도를 구축하는 것이 글로벌 시대의 시장화가 가져오는 불안정화 속에서 살아남는, 효율과 형평의 조화를 이루는 체제일 것이다.

| 참고문헌 |

1. 국내자료

각 시도, 상주인구조사.

경제기획원(1960), 『인구주택국·세조사보고』, 제2권.

_____ (1963), 『1960년 한국인구조사』.

_____ (1963), 『농림통계분석요람』.

_____ , 『한국통계연감』, 각 년도.

_____ (1962), 『경제백서』.

과학기술처(1968), 『인구추세의 자연동태와 지역 이동량에 관한 사회조사』.

농림부(1955), 『농림통계연보』.

농협중앙회(1965), 『한국농정 20년사』.

동아일보(1999. 8. 9).

삼성경제연구소(2000. 9. 27), 『외자와 한국경제』, CEO Information 264.

서울특별시 도시계획위원회(1962), 『도시계획기본자료조사서』.

서울특별시(1960), 『서울도시요람』.

_____ (1961), 『서울통계연보』.

재무부(1958), 『재정금융의 회고』.

전경련(1975), 『한국경제정책 30년사』, 사회사상사.

조선은행조사부(1949), 『조선경제통계요람』.

조선은행조사부(1949), 『경제연감』.

통계청, www.nso.go.kr.

한국농촌경제연구원 편(1984), 『농지개혁사 관계 자료집』, 제4권.

한국산업은행조사부(1955), 『한국산업은행 10년사』.

한국신문협회(1958), 『한국신문연감』.

한국은행(1960), 『경제통계연보』.

_____ (1964), 『가계조사종합보고』.

_____ (1973), 『한국의 국민소득』.

_____ (1984), 『국민소득계정』.

_____ (2000), 『최근의 금융기관 대출행태(2000년 2/4분기 및 3/4분기 전망)』.

_____ (2000. 10. 31), 『외환위기이후의 저축률 추이와 시사점』.

_____ (2000. 11), 『최근의 금융시장 동향과 전망』.

_____ (2000. 11. 14), 『2000年 上半期 企業經營分析 結果』.

_____ , 『금융분석』, 해당 년도.

_____ , 『산업연관표』, 각 년도.

한국은행조사부(1956), 『경제개발계획작성에 관한 제문제와 제기술』.

한국일보사(1981), 『재계회고』, 7, 8, 9.

현대교육사(1969), 『교육연감』.

2. 국내 저서 단행본 및 논문

강만길(1984), 『한국현대사』, 창작과비평사.

강만길 외(1985), 『4월 혁명론』, 한길사.

고승제(1979), 『경제학자의 회고』, 경연사.

공제욱 · 최봉대 · 오유석(1998), 『1950년대 서울의 자본가』, 서울학 연구소.

권태환 · 김두섭(1988), 『인구의 이해』, 서울대학교 출판부.

김경동(1979), 「근대화를 둘러싼 쟁점들」, 『근대화, 그 현실과 미래』, 서울대학교 출판부.

김기원(1990), 『미군정기의 경제구조』, 푸른산.

_____(1998), 「한국 재벌체제의 지양에 관한 일고찰」, 『서울사회경제연구소 연구 논문집』.

김광석 & Westphal(1976), 『한국의 외환 · 무역 정책 : 산업개발전략적 접근』, KDI.

김낙년(1999), 「1960년대 한국의 공업화와 그 특징」, 정신문화연구원 편, 『1960년 대 한국의 공업화와 경제구조』, 백산서당.

김낙중(1988), 『민족통일을 위한 설계』, 고려서당.

김대환(1976), 「1950년대 한국의 공업화에 관한 연구」, 서울대학교 대학원 경제학과 석사학위논문.

_____(1998), 「1950년대 후반기의 경제상황과 경제정책」, 『한국현대사의 재인식 4』, 오름.

김동욱(1994), 「1950년대 한국의 인플레이션과 안정화 정책」, 연세대학교 대학원 경제학과 박사학위논문.

김상조(1991), 「금융부문의 구조와 변화」, 『한국자본주의 분석』, 일빛.

_____(1998), 「경제위기의 진정한 극복, 진정한 대안은 무엇인가?」, 『민주노총 정책 토론회 자료집』.

김성보(2001), 「입법과 실행과정을 통해 본 남한 농지개혁의 성격」, 홍성찬 편, 『농지개혁 연구』, 연세대학교 출판부.

김성호 외(1989), 『농지개혁사연구』, 한국농촌경제연구원.

김성환 외(1984), 『1960년대의 인식』, 거름.

김세원(1993), 『어느 통일운동가의 육필수기-비트(상, 하)』, 일과 놀이.

김양화(1990), 「1950년대 제조업 대자본의 자본축적에 관한 연구」, 서울대학교 대학원 경제학과 박사학위논문.

_____(1996), 「1950년대 한국의 공업화과정」, 『공업화의 제유형 II』, 담사 김종현 교수 정년기념 논문집.

김영수(1993), 『옥중기-붉은 담안의 4년 7개월』, 자유시대사.

김용태(1990), 『김용태 자서전』, 집문당.

김정렴(1995), 『한국경제정책 50년사』, 중앙일보사.

김준경(1993), 「정책금융의 재원조성방안」, 『국가예산과 정책목표』, 한국개발연구원.

김중웅 외(1986), 『전환기의 한국경제와 금융정책』, 한국개발연구원.

김천영 편저(1985), 『연표 한국현대사』, 한울림.

金哲(1965), 『韓國の人口と經濟』.

나익진(1961), 『한국경제의 이론과 실제』, 동아출판사.

노중기(1988), 「1950년대 한국사회에 미친 원조의 영향에 관한 연구」, 서울대학교 대학원 석사학위논문.

도진순 · 정창현(1990), 「1950-70년대 한국사회운동에 대한 연구동향과 과제」, 한국역사연구회, 『역사와 현실』, 제4호.

木官正史(1991), 「한국의 내포적 공업화전략의 좌절-5. 16군사정부의 국가자율화의 구조적 한계」, 고려대학교 대학원 정치외교학과 박사학위논문.

E. S. 메이슨 외(1981), 『한국경제 · 사회의 근대화』, 한국개발연구원.

민정우 · 정태인(1986), 『식민지사회의 성격 구명을 위한 일시론(1)』, 녹두서평.

박기혁 외(1966), 『한국농지제도연구보고서』, 한국토지경제연구소.

박병윤(1980), 「중화학공업의 내막」, 『신동아』, 189호.

박영철(1988), 『금융발전의 과제와 정책』, 고려대학교 출판부.

박우희(1984), 『한국의 경제사상, 이론, 현실』, 유풍출판사.

박찬일(1981), 「미국의 경제원조의 성격과 그 경제적 귀결」, 『한국경제의 전개과정』, 돌베개.

박태균(2000a), 「1956-1964년 한국경제개발계획의 성립과정-경제개발론의 확산과 미국의 대한정책 변화를 중심으로」, 2000년 서울대학교 대학원 국사학과 박사학위논문.

_____ (2000b), 「1961-1964년 군사정부의 경제개발계획 수정」, 한국사회사학회 제94회 월례발표회 발표논문, 2000. 3. 25.

박태순 외(1991), 『1960년대의 사회운동』, 까치.

박현채(1978), 『민족경제론』, 한길사.

_____ (1983), 『한국경제와 농업』, 까치.

_____ (1984), 「한국자본주의의 제단계와 그 구조적 특징」, 『한국사회의 재인식 1』, 한울.

_____ (1992), 『청년을 위한 한국현대사』, 소나무.

박현채 외(1985), 『해방 40년의 재인식 1』, 돌베개.

박희범(1968), 『한국경제성장론』, 고려대아시아문제연구소.

박희범 외(1958), 『경제개발의 설계론』, 동아출판사.

방기중(1993), 「해방정국기 중간파 노선의 경제사상」, 『최호진 박사 강단 50주년 기념논문집』, 박영사.

사월혁명연구소(1990), 『한국사회변혁운동과 4월 혁명(1, 2)』, 한길사.

서광운(1972), 『한국금융 백년사』, 창조사.

서울대학교 출판부(1976), 『최문환 전집』.

서중석 외(1998), 『1950년대 남북한의 선택과 굴절』, 역사비평사.

송인상(1996), 『성장과 부흥』, 21세기 북스사.

신상기(1996), 「금융자율화와 증권산업」, 『서울사회경제연구소 심포지움 시리즈 III』.

신성순 외(1979), 『한국의 경제관료』, 다락원.

안림(1954), 『동란후의 한국경제』, 백영사.

양대현(1993), 『역사의 증언』, 형설출판사.

양우진(1994), 「현대 한국자본주의 발전과정 연구: 국가자본주의 국면의 형성과 해체의 관점에서」, 서울대학교 대학원 경제학과 박사학위논문.

오원철(1995), 『한국형 경제건설 1』, 기아경제연구소.

오유석(1990), 『진보당사건 분석을 통한 1950년대 사회운동연구』, 한국산업사회 학회, 『경제와 사회』, 1990년 여름호, 한울.

원희복(1995), 『민족일보 사장 조용수 평전』, 전국언론노동조합연맹.

유원식(1983), 「유원식, 혁명정부와 결별하다」, 『정경문화』, 1983년 10월호.

_____(1987), 『혁명은 어디로 갔나』, 인물연구소.

유재일(1988), 「4. 19시기 혁신정당운동의 전개과정과 그 성격에 관한 연구」, 고려 대학교 대학원 석사학위논문.

유철규(1992), 「80년대 후반 내수 확장의 성격」, 한국사회과학연구소, 『동향과 전 망』, 제18호, 백산서당.

_____(1997), 「한국의 금융자유화와 금융개혁의 성격」, 『한국경제의 위기와 개혁 과제』, 풀빛.

_____(1998), 「금융공황과 IMF 금융개혁의 문제점」, 한국사회과학연구소, 『동향 과 전망』, 제37호, 한울.

_____ (1998), 「금융자유화와 외환위기, 그리고 IMF 금융개혁」, 『위기, 그리고 대전환 : 새로운 한국경제 패러다임을 찾아서』, 당대.

_____ (1998), 「한국의 금융 위기와 IMF 경제 개혁」, 사회경제학회 심포지엄 발표문.

_____ (1999), 「98-99 구조조정의 정치경제학」, 한국사회경제학회 동계 학술대회, 『구조조정의 정치경제학과 21세기 한국경제』, 풀빛.

은기수(1997), 『한국인구의 변동』, 『한국현대사와 사회변동』, 문학과지성사.

이기영(1994), 『정책금융제도의 현황, 효과분석 및 개선방향』, 한국조세 연구원.

이기준(1983), 『교육-한국경제학 발달사』, 일조각.

이기홍(1999), 『경제근대화의 숨은 이야기』, 보이스사.

이대근 외(1984), 『한국자본주의론』, 까치.

이대근(1987), 『한국전쟁과 1950년대의 자본축적』, 까치.

이병천(1998), 「한국의 발전국가 자본주의-동원형 경제발전체제와 발전딜레마」, 사회경제학회 심포지엄 발표문.

_____ (1999), 「박정희 정권과 발전국가 모형의 형성」, 『경제발전연구』, 제5권 제2호.

이병천 · 김균(1998), 『위기, 그리고 대전환: 새로운 한국경제 패러다임을 찾아서』, 당대.

이용우(1991), 「우루과이 라운드와 한국경제의 재편」, 『한국자본주의 분석』, 일빛.

이상철(1998), 「한국에 있어서 화학섬유의 수입대체와 정부의 역할(1965-1972)」, 서울대학교 대학원 경제학과 박사학위논문.

이수병선생 기념사업회(1992), 『암장』, 지리산.

이순형(1968), 『경제계획의 이론-한국경제를 중심으로』, 법문사.

이완범(1999), 「제1차 경제개발 5개년 계획의 입안과 미국의 역할」, 정신문화연구원 편, 『1960년대의 정치사회변동』, 백산서당.

이정식(1976), 『한국현대정치사-제2공화국』, 성문각.

이제민(1998), 「후발산업화의 역사적 유형과 한국의 경제발전」, 『경제사학』, 제26호.

이종건(2000), 「경제충격과 신경제적 구조변화」, 『경제분석』, 제6권 3호, 한국은행.

이종권(1996), 「1980년대 일본 금융시스템의 불안정화와 금융위기」, 고려대학교 대학원 박사학위논문.

임대식(1998), 「1950년대 미국의 교육원조와 친미 엘리트의 형성」, 역사문제연구
소 편, 『1950년대 남북한의 선택과 굴절』, 역사비평사.

임휘철(1992), 「산업구조조정의 현 단계와 'ME 산업' 화의 내실」, 한국사회과학
연구소, 『동향과 전망』, 제15호, 백산서당.

_____(1994), 「1980년대 한국자본주의의 발전과 구조」, 강만길 외 편, 『한국사
19』, 한길사.

장상환(1998), 「한국전쟁과 경제구조의 변화」, 정신문화연구원 편, 『한국전쟁과
사회구조의 변화』, 백산서당.

장세진(1996), 「금융자유화와·금융개방」, 『서울사회경제연구소 심포지움 시리즈
III』.

장시원(1995), 「지주제 해체와 자작농체제 성립의 역사적 의의」, 『광복 50주년 기
념논문집』, 3.

장하원(1999), 「1960년대 한국의 개발전략과 산업정책의 형성」, 정신문화연구원
편, 『1960년대 한국의 공업화와 경제구조』, 백산서당.

정건화·김상조(1996), 「신경제정책하 한국경제와 경제위기론」, 한국사회과학연
구소, 『동향과 전망』, 제32호, 한울.

전기호(1990), 「4월 혁명과 노동운동」, 『한국사회변혁운동과 4월 혁명(2)』, 한길사.

전병유(1998), 「동아시아에서의 성장, 조절, 위기의 메커니즘에 관한 일시론」, 한
국사회경제학회 발표문.

정영진(1998), 『청년 박정희』, 1·2·3, 리브로.

정용욱(1996), 「1942-47년 미국의 대한정책과 과도정부형태 구상」, 서울대학교대
학원 국사학과 박사학위논문.

정운찬(1991), 『금융개혁론』, 법문사.

_____(1998), 「한국자본주의의 전환을 위한 제언」, 『당대비평』, 15호, 삼인.

정유성·윤재호(2000. 8), 『경기순환과 은행부실화 관계 분석』, 한국은행 은행국.

정윤형 외(1984), 『한국독점자본과 재벌』, 풀빛.

정정길(1992), 「역대 대통령의 경제정책 1: 박정희」, 『신동아』, 9월호.

정종면(1964), 『한국농촌사회학 원리』, 부민문화사.

정진아(1998), 「제1공화국 초기(1948-50)의 경제정책 연구」, 연세대학교대학원 사학과 석사학위논문.

정창현(1991), 「5. 16 군사 쿠데타의 배경과 성격」, 『한국현대사 3』, 풀빛.

정태인(1994), 「세계경제의 변화와 국제화」, 『한국사회의 변동-민주주의, 자본주의, 이데올로기』, 한국산업사회연구회 창립 10주년 기념논문집 I, 한울아카데미.

_____(1995), 「글로벌라이제이션과 국민경제」, 『민족경제론과 한국경제』, 박현채선생 회갑기념논문집, 창작과비평사.

_____(1997), 「1월 총파업이 한국경제를 살렸다?」, 『말』, 1997년 3월호.

_____(1998), 『한국경제의 위기와 개혁에 관한 일시론』, 한국사회과학연구소.

_____(1998a), 「한국경제위기와 개혁과제」, 한국사회과학연구소, 『동향과 전망』, 제38호, 한울.

_____(1998b), 『재벌체제의 역사적 한계』, mimeo.

_____(1998c), 「재벌체제의 개혁을 위하여」, 『한국사회과학연구소 제11회 사회과학포럼 자료집』.

정화암(1992), 『어느 아나키스트가 몸으로 쓴 근세사』, 자유문고.

조갑제(1995), 『박정희 1: 불만과 불운의 세월 1917-1960』, 까치.

조석곤(2001a), 「민족경제론 형성의 사회경제적 배경과 그 이론화 과정」, 한국사회과학연구소, 『동향과 전망』, 제48호, 한울.

_____(2001b), 『20세기 한국토지제도의 변화와 경자유전 이데올로기』, 경제사학회 월례발표문.

조영철(1998), 「국가 후퇴와 한국 경제성장 모델의 전환」, 사회경제학회 심포지엄 발표문.

조윤제(1995), 『재정정책 기조의 측정 및 운용에 관한 연구』, 한국조세연구원.

조희연(1993), 『현대한국사회운동과 조직』, 한울.

_____(1997), 「동아시아 성장론의 검토-발전국가론을 중심으로」, 한국산업사회학회, 『경제와 사회』, 제36호, 한울.

_____ (1998), 『한국의 민주주의와 사회운동』, 당대.

주락원(1965), 「농촌사회문제」, 한국농촌사회학회 편, 『농촌사회학』, 민조사.

진덕규 외(1981), 『1950년대의 인식』, 한길사.

최배근(1997), 「한국경제성장의 역사적 인식」, 『경제사학』, 22호.

최상오(1998), 「경제안정의 지향과 한미간 환율논쟁-유엔군 대여금의 상환문제를
중심으로」, 『경제사학』, 26호.

최주철 외(1969), 『한국경제발전의 이론과 현실-이론, 정책 편』, 내각기획조정실.

최호진(1962), 『한국경제의 제문제』, 삼중당.

한국개발연구원(1995), 『한국경제 반세기』, 한국개발연구원.

한국사회과학연구소(1993), 『다이어그램 한국경제』, 의암출판.

한국교회사회선교협의회(1985), 『노동자의 살림살이』, 풀빛.

한국역사연구회 현대사연구반 편(1991), 『한국현대사 2-1950년대 한국사회와 4월
민중항쟁』, 풀빛.

한국정신문화연구원 편(1998), 『한국현대사의 재인식 4-1950년대 후반기의 한국
사회와 이승만 정부의 붕괴』, 오름.

한도현(1998), 「1950년대 후반 농촌사회와 농촌의 피폐화」, 『한국 현대사의 재인
식 4』, 오름.

한승주(1983), 『제2공화국과 한국의 민주주의』, 종로서적.

한완상 외(1983), 『4. 19 혁명론』, 일월서각.

홍경희(1979), 『한국도시연구』, 중화당인쇄.

홍석률(1997), 『1953-61년 통일논의의 전개와 성격』, 서울대학교 대학원 국사학과
박사학위논문.

홍성유(1962), 『한국경제와 미국원조』, 박영사.

_____ (1965), 『한국경제의 자본축적과정』, 고려대학교 아세아문제연구소.

홍영기(1997), 「한국기업집단의 소유지배구조현황과 개혁방안」, 『한국경제의 위
기와 개혁과제』, 풀빛.

황병준(1964), 「제2차 경제개발 5개년 계획의 기본지침」, 한국경제연구소, 『경제
발전과 경제 계획: 한국경제의 안정과 성장』.

3. 외국 단행본 및 논문

Aglietta.(1998), 전창환 역, 『금융제도와 거시경제』, 문원.

Amsden, A.(1989), *Asia's Next Giant: South Korean and Late Industrialization*, Oxford University.

————— (1991), "Diffusion of Development: The Late-Industrializing Model and Greater East Asia", *American Economic Review*, V.81, No.2, pp.282-286.

————— (1994), "Why isn't the Whole World Using the East Asian Model to Develop?: Review of the World Bank's *East Asian Miracle Report*", *World Development*, V.22, No.4.

————— and Y, D, Euh.(1990), "Republic of Korea's Financial Reform: What are the Lessons?", Discussion Paper, No. 30, United Nations Conference on Trade and Development (UNCTAD), Geneva.

————— (1993), "South Korea's 1980s Financial Reforms: Good-bye Financial Repression(maybe), Hello New Institutional Restraints", *World Development*, V.21, No.3, pp.379-390.

Aoki, M. and O. F. M. ed.(1996), 기업구조연구회 외 역(1998), 『기업시스템의 비교경제학』, 연암사.

Aoki, M et al, eds. (1997), *The Role of Governmentin East Asian Economic Development*, Clarendon Press, Oxford.

Arrow, K. J.(1991), "Returns to Scale, Information, and Economic Growth", Stanford Institute For Theoretical Economics, Technical Papers Series.

————— (1998), "Innovation and Increasing Returns to Scale", in K. j. Arrow, Yew-Kwang Ng. and Xiaokai Yang, 1998, *Increasing Returns and Economic Analysis*, Macmillan.

Azariadis, C. and A. Drazen(1990), "Threshold Externalities in Economic Development", *Quarterly Journal of Economics*, 105(2), pp. 501-526.

Banuri, T. and J. Shore, ed.(1992), *Financial Openness and National Autonomy*, Clarandon Press.

Baran, P.(1957), *The Political Economy of Growth*, Monthly Review Press.

Bardhan, P.(1994), *The Contributions of Endogenous Growth Theory to the Analysis of Development Problems: an Assessment*, U.C. Berkely Dept. of Economics Working paper

Banuri, T. & Shore, J. ed.(1992), *Financial Openness and National Autonomy*, Clarandon Press.

Beason, R. and D. E. Weinstein(1996), "Growth, Economies of Scale and Targeting in Japan(1955-1990), *Review of Economics and Statistics*, V.78(May).

Bello, W.(1998), "The End of the Asian Miracle: What Should a Program of Radical Reform— not Free Trade Nostrums—Look Like?", *Nation* V.266, No.2.

Best, M.(1986), "Strategic Planning, the New Competition and Industrial Policy", in P. Nolan and S. Paine, eds., *Rethinking Socialist Economics*, Oxford: Polity Press.

Blecker, R.(1996), "NAFTA, the Peso Crisis, and the Contradictions of the Mexican Economic Growth Strategy", CEPA Working paper 3.

Block, F.(1990), *Post Industrial Possibilities*, Univ. of California Press.

Borensztein, E. and J. W. Lee(1999), "Credit Allocation and Financial Crisis in Korea", IMF Working Paper 99/20.

Bowles, S. & H. Gintis(1995), *Macroeconomic Policy After the Conservative Era*, Cambridge Univ. Press.

Boyer, R.(1996), "States and Market: A New Engagement for the Twenty-First Century?" in Boyer. R & D. Drache, eds., *States against Markets*, Routledge.

Boyer. R & D. Drache ed.(1996), *States against Markets*, Routledge.

Bradford, C. I. Jr.(1994), "From Trade-Driven Growth to Growth-Driven Trade: Reappraising the East Asian Development Experience", OECD, Development Centre Documents.

Brittan, S.(1997), "Asian Model R. I. P.", *Financial Times,* December 1997.

Campos, J. E. and H. Root(1996), "The Key to the Asian Miracle : Making Shared Growth Work", The Brookings Institution.

Carnoy, M. ed.(1993), *The New Global Economy in the Information Age - Reflections on our Changing World,* Pensylvania State Univ. Press.

Carnoy, M.(1993), "Multinationals in Changing World Economy: Wither the Nation-State?", in Canoy, M. ed.(1993), *The New Global Economy in the Information Age - Reflections on our Changing World,* Pensylvania State Univ. Press.

Chang, H-J.(1987), "Crisis of Capital Accumulation in South Korea, 1979-1982", unpublished M. Phil. dissertation, University of Cambridge.

_____ (1993), "The Political Economy of Industrial Policy in Korea", *Cambridge Journal of Economics,* V.17, No.2, pp.131-157.

_____ (1994), *The Political Economy of Industrial Policy,* Macmillan.

_____ (1998), "Korea: The Misunderstood Crisis", *World Development,* V.26, No.8, pp.1555-61.

_____ (2000), (forthcoming). "The Hazard of Moral Hazard Untangling the Asian Crisis", *World Development*

Chang, H-J., H. J. Park and C. G. Yoo(1998), "Interpreting the Korean Crisis: Financial Liberalization, Industrial Policy, and Corporate Governance", *Cambridge Journal of Economics,* V.22, No.6, pp.735-746.

Chang, H-J and C.G.Yoo(2000), Rentiers Win in Korea, Challenge: *The Magazine of Economic Affiars,* Vol.43, No.1.

Chenery, B. Hollis, S. Robinson and M. Syrquin(1986), *Industrialization and Growth: A Comparative Study,* Oxford University Press for the World

Bank.

Cho, Y. J. & J. K. Kim(1997), *Credit Policies and the Industrialization of Korea*, KDI.

Ciccone A. and K. Matsuyama(1993), "Start-Up Costs and Pecuniary Externalities as Barriers to Economic Development", NBER Working Paper No.4363.

Collins, S. M. and B. P. Bosworth(1996), "Economic Growth in East Asia : Accumulation versus Assimilation", BPEA, 2, pp.135-203.

Corden, M.(1998), "Sense and Nonsense on the Asian Crisis, The Structure", delivered on 8 November, 1998, at the Paul H. Nitze School of Advanced International Studies, Johns Hopkins University.

Corsetti, G., P. Pesenti, N. Roubini, "What Caused the Asian Currency and Financial Crisis?", mimeo(http://www.stern.nyu.edu.roubini).

Crook(1992), "Fear of Finance", *Economist*, September.

Dalla, I. and D. Khatkhate(1995), "Regulated Deregulation of the Financial System in Korea", World Bank Discussion Papers, No.292, Washington D. C.: World Bank.

Datta-Chaudhuri, M.(1990), "Market Failure and Government Failure", *Journal of Economic Perspectives*, V.4, No.3, pp.25-29.

De Long, J. Bradford and H. S. Lawrence(1993), "How Strongly do Developing Economies Benefit from Equipment Investment?", *Journal of Monetary Economics*, 32, pp.395-415.

Diaz-Alejandro, C. F.(1985), "Good-bye Financial Repression, Hello Financial Crash", *Journal of Development Economics* 19, 1985, pp.1-24.

_____ (1988; first published in 1984), "Good-bye Repression, Hello Financial Crash", in Andres-Velasco, ed., Basil Blackwell, *Trade, Development and the World Economy*.

Dixit, A.(1996), *The Making of Economic Policy: A Transaction-Cost Politics*

Perspectives, MIT Press.

Dornbusch, R. & Y. C. Park(1987), "Korean Growth Policy", Brookings Papers on Economic Activity, No.2.

Eichengreen, B.(1996), "Institutions and Economic Growth; Europe after World War II", in Crafts, N. and Toniolo ed., *Economic Growth in Europe since 1945*, Cambridge Univ. Press.

Epstein, G. A. and H. Gintis(1995), "Macroeconomic Policy after the Conservative Era: a Dual Agency Approach to State and Market", in Epstein, Gerald A. and H. Gintis, *Macroeconomic Policy after the Conservative Era*, Cambridge Univ. Press.

Epstein, G. and H. Gintis(1992), "International Capital Market and the Limit of National Economic Policy", in Banuri, T. & Shore, J., eds.(1992).

Ethier, W.(1982), "National and International Returns to Scale in th Modern Theory of International Trade", *American Economic Review*, V.72, pp.389-405.

Evans, P.(1992), "The State as Problem and Solution: Predation, Embedded Autonomy, and Structural Change", in S.Haggard and R.Kaufman, eds. *The Politics of Adjustment*, Princeton, NJ: Priceton Univ. Press

_____ (1995), *Embedded Autonomy*. Princeton, NJ: Princeton University Press.

Evans, P. ed. (1997), *State-Society Synergy: Government Action and Social Capital in Development*, UC Berkeley, International and Area Studies Publications.

Faini. R.(1984), "Increasing Returns, Non-Traded Inputs and Regional Development", *The Economic Journal* 94, June, pp.308-323.

Feinberg, R. E. and Contributors(1987), "Between Two World: The World Banks Next Decade", Working paper.

Fields, K. J.(1995), *Enterprise and the State in Korea and Taiwan*, Cornell Univ.

Press.

Fleming, J. M.(1955), "External Economies and the Doctrine of Balanced Growth", *Economic Journal* 65, pp.241-56.

Florini, A. M.(2000), "Transparency in the Interests of the Poor", WDR on Poverty and Development 2000/01, Stiglitz Summer Research Workshop on Poverty, Washington D. C..

Frankel, J.(1998), "The Asian Model, the Miracle, the Crisis and the Fund", a speech delivered at the US International Trade Commission, 16 April.

Furman, J. and J. Stiglitz(1998), "Economic Crises: Evidence and Insights from East Asia", a paper presented at the Brookings Panel on Economic Activity, 3-4 September.

Gelb, A. and P. Honohan(1989), "Financial Sector Reforms in Adjustment Programs", Policy, Planning, and Research Working Paper no. 169, World Bank.

Gibson, H. D. and E. Tsakalotos(1994), "The Scope and Limits of Financial Liberalization in Developing Countries: a Critical Survey", *The Journal of Development Studies*, V.30, No.3, April, pp.578-628.

Gintis, H.(1992), "New Economic Rules of the Game", *Challenge* V.35, No.5, Sept-Oct.

Gordon(1995), *Growth, Distribution, and the rules of the Game, Macroeconomic Policy after the Conservative Era*, Cambridge Univ. Press.

Grabel, I.(1998), "Sepeculation-Led Development in the Third World", in dev Gupta, S. and N. K. Choudhry, eds., *Dynamics of Globalization and Development*, Kluwer Academic Publishers.

Greenspan, A.(1998), Remarks by Chairman Alan Greenspan, Before the 34th Annual Conference on Bank Structure and Competition of the Federal Reserve Bank of Chicago.

Greenwald, B. C. and E. S. Joseph(1986), "Externalities in Economies with

Imperfect Information and Incomplete Markets", *Quarterly Journal of Economics, May*, 101, 229-264.

Haggard, S.(1990), *Pathways from the Periphery : The Politics of Growth in the Newly Industrializing Countries*, Cornell Univ. Press.

─────── (1998), "Business, Politics and policy in East and Southeast Asia", in Henry S. Rowen, eds., *Behind East Asian Growth*, Routledge.

Haggard, S. and C. H. Lee, eds.(1995), *Financial Systems and Economic Policy*, Cornell Univ. Press

Haggard, S. and B. W. Steven(1993), "What Do We Know About The Political Economy Of Economic Policy Reform", *The World Bank Research Observer*, V.8, No.2, July, pp.143-168.

Haggard, S. and S. Maxfield(1993), "Political Explanation of Fianancial Policy in Developing Countries", in Haggard, S., C. H. Lee and S. Maxfield, eds., *The Politics of Finance in Developing Countries*, Cornell Univ. Press.

Hansmann, H.(1996), *The Ownership of Enterprise*, Havard Univ. Press.

Helleiner, G. K.(1992), "Trade Policy, Industrialization and Development: New Perspectives", A study prepared for the WIDER of the United Nations University, Clarendon Press. Oxford.

Hellmann, T. and K. Murdock(1997), "Financial Sector Development Policy: the Importance of Reputational Capital and Governance", in Szekely, I. P. and R. Sabot, *Development Strategy and Management of the Market Economy*, Oxford; Clarendon Press.

Hirschman(1958), *The Strategy of Economic Development*, Yale Univ. Press.

Holmstrom, B.(1979), "Moral Hazard and Observability", *Bell Journal of Economics*, 10(1), pp.74-91.

Hong, W. T.(1979), *Trade, Distortions and Employment Growth in Korea*, KDI.

Hutton, W.(1995), *The State We' re in Jonathan Cape*.

Islam, I. and A. Chowdhury(1997), *Asia-Pacific Economic Development: a Survey*, Routledge.

Ito, T.(1996), "Japan and the Asian Economies: A 'Miracle' in Transition", BPEA, 2, pp.205-272.

Itoh, K.(1982), "Development Finance and Commercial Banks in Korea", *The Developing Economy*, V.20, No.4

Jayawardena, L.(1992), Comment On "Toward a Counter-Counterrevolution in Development Theory" By Krugman, Proceedings of the World Bank, Annual Conference on Development, pp.50-56.

Jenkins, R.(1991), "The Political Economy of Industrialization: a Comparison of Latin American and East Asian Newly Industrializing Countries", *Development and Change*, V.22, pp.197-231.

Johnson, C.(1982), *MITI and the Japanese Miracle: The Growth of Industrial Policy, 1925-1975*, Stanford University Press.

Jones, L.(1975), *Public Enterprise and Economic Development : the Korean Case*, KDI.

_____ & Sakong, I.(1980), *Government, Business and Entrepreneurship in Economic Development: the Korean Case*, Harvard Univ. Press.

Kim & Lepziger(1993), *Korea : a Case of Government-led Development*, World Bank.

Kim, P. J.(1995), *Financial System and Policy, 1961-79*, Korea Institute of Finance, Seoul.

_____(1997), "Financial Policies and Institutional Innovation", in D. S. Cha, K. S. Kim & D. H. Perkins, eds., *The Korean Economy 1945-1995*, KDI.

Kirzner, I.(1990), *Economic Policy and the Market Process : Austrian and Main Stream Economics*, North-Holland.

Kletzer and Bardhan(1987), "Credits Markets and Patterns of International

Trade", *Journal of Development Economics*, 27, 57-70.

Kregel, J.(1998), "Yes, It Did Happen Again the Minsky Crisis in Asia", a paper presented at the conference on the "Legacy of Hyman Minsky," December, Bergamo.

Krueger, A.(1974), "The Political Economy of Rent-Seeking Society", *American Economic Review*, 64(June), pp.291-303.

_____(1990a), "Government Failure in Development", *Journal of Economic Perspectives*, V.4, No.3, pp.9-23.

_____(1990b), "Asia Trade and Growth Lessons", *American Economic Review*, V.80, No.2, pp.108-110.

_____(1995a), "Policy Lessons From Development Experience Since the Second World War", in Behrman, J. and T. N. Srinivasan, eds., *Handbook of Development Economics*, VIII. Elsevier Science.

_____(1995b), "East Asian Experience and Endogenous Growth Theory," in Ito, T. and A. O. Krueger, eds., *Growth Theories in the Light of the East Asian Experience*, Univ. of Chicago Press.

_____(1998), "Why Trade Liberalization is Good for Growth", *Economic Journal*, V.108, No.450, pp.1513-1522.

Krueger, A. and A. Tornell (2000), "The Role of Bank Restructuring in Recovering From Crisis: Mexico 1995-98", NBER Working Paper Series, No.7042.

Krugman, P.(1981), "Trade, Accumulation, and Uneven Development", *Journal of Development Economics*, 8: pp.149-161.

_____ (1991), "History versus Expectations", *Quarterly Journal of Economics*, 106, pp.651-667.

_____ (1992), "Toward a Counter-Counterrevolution in Development Theory", Proceedings of the World Bank, Annual Conference on Development, World Bank, pp.15-38.

_____ (1998a), "What Happened to Asia?", mimeo., Department of Economics, Massachusetts Institute of Technology.

_____ (1998b), "Fire-Sale FDI", a paper presented at the NBER Conference on Capital Flows to Emerging Markets, pp.20-21.

Kwon T-H & Others(1975), *The Population of Korea*, The Population and Development Studies Center, Seoul National Univ.

Lau, M. I. and W. Henry(1994), "On the Mechanism of Catching Up", *European Economic Review*. Apr., V.38 No.3,4, pp.952-963.

Lee, J. W.(1995), "Government Interventions and Productivity Growth in Korean Manufacturing Industries", NBER Working paper No.5060.

Lee, C. H.(1992), "The Government, Financial System and Large Enterprises in the Economic Development of South Korea", *World Development*, Feb.

_____ and S. Haggard(1995), "Issues and Findings", in Haggard, S. and C. H. Lee, eds., *Financial Systems and Economic Policy*, Cornell Univ. Press.

Markusen, J. R.(1989), "Trade in Product Services and Other Specialized Intermediate Input", *American Economic Review* 79, pp.85-95.

Marshall, A.(1920), *Principles of Economics*, McMillan.

Marx, K.(1976), *The German Ideology*, Progress Publishers.

Matsuyama, K.(1992), "The Market Size, Entrepreneurship, and the Big Push", *Journal of the Japanese and International Economics* 6, pp.347-364.

McKinnon, R. I.(1973), *Money and Capital in Economic Development*, Washington, D.C., The Brookings Institute.

McKinnon, R. and H. Pill(1998), "International Overborrowing a Decomposition of Credit and Currency Risk", *World Development*, No.7.

Moreira, M. M.(1995), *Industrialization, Trade and Market Failure*, St. Martin's Press.

Murphy, K. M., S. Andrei and W. R. Vishny(1989), "Industrialization and the Big Push", *Journal of Political Economy*, V.95 No.5, pp.1003-1026.

Nabli, M K.(1997), "Planning: Between Mitigating Market and Government Failures", in Szekely, I. P. and R. Sabot, *Development Strategy and Management of the Market Economy*, Vol. II, Clarendon Press.

North, D. C.(1984), "Three Approaches to the Study of Institutions", in David C. Colander, ed., *Neoclassical Political Economy*, Ballinger Pub.

_____ (1955), "Location Theory and regional economic growth", *Journal of Political Economy*, V.63, pp.243-258.

Nurkse, R.(1953), *Problems of Capital Formation in Underdeveloped Countries*, Oxford University Press.

Obsfeld, M. "Risk-Taking, Global Diversification, and Growth", *American Economic Review*, V.84, No.5, pp.1310-1329.

Ohno, K. and I. Ohno, eds.(1998), *Japanese Views on Economic Development : Diverse Paths to the Market*, Routledge.

Pack, H and L. E. Westphal(1986), "Industrial Policy and Technological Change", *Journal of Development Economics*, 22: pp.87-128.

Park, Tae-Gyun(1999), "Change in U. S. Policy Toward South Korea in the Early 1960s", *Korean Studies*, V.23, Center For Korean Studies Univ. of Hawaii.

Polanyi, K.(1975), 日譯, 『經濟の文明史』. 日本經濟新聞社.

Porter, M.(1990), *The Competitive Advantage of Nations*, The Free Press.

Pyndyck, R.(1991), "Irreversibility, Uncertainty and Investment", *Journal of Economic Literature*, V.29, No.3, pp.1110-1148.

Radetet, S. and J. Sachs(1998), "The Onset of the East Asian Financial Crisis", mimeo.

_____ (1998), "The East Asian Financial Crisis: Diagnosis, Remedies and Prospects", Brookings Paper on Economic Activity,

No.1, pp.1-90.

Rodriguez-Clare A.(1997), "Positive Feedback Mechanisms in Economic Development: A Review of Recent Contributions", in Szekely, I. P. and R. Sabot, *Development Strategy and Management of the Market Economy*, Vol. II, Clarendon Press.

Rodrik, D.(1992a), "Closing the Productivity Gap: Does Trade Liberalization Really Help?", in G. Helleiner, ed., *Trade Policy, Industrialization and Development: New Perspectives*, Clarendon Press.

_____ (1992b), "Political Economy and Development Policy", *European Economic Review*, 36: pp.329-336.

_____ (1995a), "Trade and Industrial Policy Reform", in Behrman, J. and T.N. Srinivasan, eds., *Handbook of Development Economics*, V.III, Elsevier Science.

_____ (1995b), "Taking Trade Policy Seriously: Export Subsidization As a Case in Policy Effectiveness", in Levinsolm, J. A. V. Deardorff and R. M. Stern, eds., *New Directions in Trade Policy*, University of Michigan Press.

_____ (1995c), "Trade Strategy, Investment and Exports: Another Look at East Asia", NBER Working Paper, No.5339.

_____ (1996), "Coordination Failures and Government Policy: a Model with Applications to East Asia and Eastern Europe", *Journal of International Economics*, 40 : pp.1-22.

_____ (1997a), "TFPG Controversies, Institutions, and Economic Performance in East Asia", NBER Working Paper, No. 5914.

_____ (1997b), "The Paradoxes of the Successful State", *European Economic Review* 41, pp. 411-442.

_____ (2000), "Can Integration into the World Economy Substitute for a Development Strategy?", *ABCDE-Europe Conference* in Paris, June 26-

28, World Bank.

Rosenstein-Rodan, P. N.(1943), "Problems of Industrialization of Eastern and South-Eastern Europe", *Economic Journal* 53(Jun-Sep): pp.202-211.

Sachs, J. D.(1984), Comments on C. Diaz-Alejandro, "Latin American Debt: I Don't Think We Are in Kansas Anymore?", Brookings Papers on Economic Activity, No.2.

_____(1985), "External Debt and Macroeconomic Performance in Latin America and East Asia", *Brookings Papers on Economic Activity*, 2: pp.65-573.

_____ and A. Warner(1995), "Economic Reform and the Process of Global Integration", BPEA, 1, pp.1-95.

Sakong(1993), *Korea in the World Economy*, Institute for International Economics.

Samuels, W. J. and N. Mercuro(1984), "A Critique of Rent-Seeking Theory", Colander, D. C. ed., *Neoclassical Political Economy*, Ballinger Pub.

Scitovsky, T.(1954), "Two Concepts of External Economies", *Journal of Political Economy*, V.62, April 1954, pp.143-151.

Serven, L. and A. Solimano(1993), "Debt Crisis, Adjustment Policies and Capital Formation in Developing countries: Where do We Stand?", *World Development*, V.21, No1. pp.127-140.

Shaw, E. S.(1973), *Financial Deepening in Economic Development*, Oxford University Press.

Singh, A.(1994), "Openness and the Market Friendly Approach to Development: Learning the Right Lessons from Development Experience", *World Development*, V.22, No.12, pp.1811-1823.

_____(1998), "Financial Crisis in East Asia: The End of the Asian Model?", Issues in Development Discussion Paper, No. 24, International Labour Office, Geneva.

Smith, H.(1995), "Industry Policy in East Asia", *Asian-Pacific Economic Literature*, V.9(May).

Stiglitz, J.(1981), "Potential Competition May Reduce Welfare", *American Economic Review*, V.71, No.2, pp.184-189.

_____ (1992), Comment On "Toward a Counter-Counterrevolution in Development Theory" by Krugman, Proceedings of the World Bank, Annual Conference on Development, pp.39-49.

_____ (1994), "The Role of State in Financial Markets, Proceedings of the World Bank", Annual Conference on Development, World Bank.

_____ (1994), *Wither Socialism?*, The MIT Press.

_____ (1996), "Some Lessons From the East Asian Miracle", *World Bank Research Observer*, V.11, No.2, August, pp.151-77.

_____ (1997), "The Role of Government in the Economies of Developing Countries", in Szekely, I. P. and R. Sabot, *Development Strategy and Management of the Market Economy*, V. I, Clarendon Press.

_____ (1998), "Sound Finance and Sustainable Development in Asia", Keynote Address to the Asia Development Forum, March 12, Manila, the Philippines.

_____ & A, Weiss.(1981), "Credit Rationing in Markets with Imperfect Information", *American Economic Review* 71/3, No.3, pp.393-410.

_____ and Uy, Marilou.(1996), "Financial Markets, Public Policy, and the East Asian Miracle", *The World Bank Research Observer*, V.11, No.2.

Suzumura, K.(1995), *Competition, Commitment, and Welfare*, Oxford Univ. Press.

_____ (1997), "Industrial Policy in Developing Market Economies", in Szekely, I. P. and R. Sabot, *Development Strategy and Management of the Market Economy*, V. I, Clarendon Press.

Taylor, L.(1998), "Capital Market Crises: Liberalization, Fixed Exchange Rates and

Market-driven Destabilization", *Cambridge Journal of Economics*, V.22, No.6, pp. 663-676.

Tiebout, C. M.(1956), "Exports and Regional Economic Growth", *Journal of Political Economy*, V.64, pp.160-164.

Toosie, D.(1991), "Trading in Fear? U. S. Hegemony and the Open World Economy in Perspective", in Murphy, C. & Tooze, R. ed.(1991).

Tybout, J. R.(1992), "Linking Trade and Productivity: New Research Directions", *World Bank Economic Review*, V.6, pp.189-211.

Waddell, B.(1994), "Economic Mobilization for World War II and the Transformation of the U. S. State", *Politics & Society*, June.

Wade, R.(1985), "East Asian Financial Systems as a Challenge to Economics: Lessons from Taiwan", *California Management Review*, V.27 No.4, pp.106-127.

_____(1990), *Governing the Market: Economic Theory and the Role of Government in East Asian Industrialization*, Princeton Univ. Press.

_____(1998), *The Asian Crisis: Debt Inflation, Vulnerabilities, Moral Hazard, or Panic?*

_____& F. Veneroso(1998), "The Asian Crisis: The High Debt Model versus the Wall Street-Treasury-IMF Complex", *New Left Review*, March-April.

Wade, R. & F. Veneroso(1998), The Asian Crisis: The High Debt Model Versus the Wall Steet-Treasury-IMF Complex, *New Left Review*, March-April.

Weiss, L.(1998), *The Myth of the Powerless State-Governing the Economy in a Global Era*, Polity Press.

Westpah, L. E.(1990), "Industrial Policy in an Export-Propelled Economy: Lessons from South Korea' s Experience", *Journal of Economic Perspectives*, V.4, No.3, pp.41-59.

Willamson, O. E.(1975), *Markets and Hierarchies : Analysis and Antitrust Implications*, New York : Free Press.

_____ (1985), *The Economic Institutions of Capitalism*, Free Press.

Williamson, J.(2000), "Development of the Financial System in Post-Crisis Asia", ADB Institute Working Paper 8.

Woo-Cumings, M.(1997), "Slouching toward the Market: South Korea", in Michael Loriaux, M. ed., *Capital Ungoverned: Liberalizing Finance in Interventionists Sates*, Cornell Univ. Press.

World Bank(1987), *World Development Report*, World Bank

_____ (1991), *World Development Report*.

_____ (1993), *The East Asian Miracle*, 日譯, 『東アジアの奇蹟』, 東洋經濟新報社.

_____ (1994), *East Asian Miracle*, Oxford Univ. Press.

_____ (1997), *Global Development Finance*, World Bank.

Yoo, C.G.(1999), "The National Choice of Industrial Structure, Financial Re in korea", The UNESCO Participation Programme, the Centre for Studies in December. Calcutta, India.

Young, A. A.(1928), "Increasing Returns and Economic Progress", *Economic Journal*, No.38: pp.527-542.

Young, A.(1991), "Learning By Doing and the Dynamic Effects of International Trade", *The Quarterly Journal of Economics*, May 1991, pp.368-405.

_____ (1994), "Lessons from the East Asian NICS: A Contrarian View", *European Economic Review* 38, pp.964-973.

_____ (1995), "The Tyranny of Numbers: Confrontating the Statistical Realities of the East Asian Growth Experiences", *Quarterly Journal of Economics*, PP. 641-680.

Zysman, J.(1983), *Governments, Markets and Growth: Financial Systems and the Politics of Industrial Change*, Cornell Univ. Press.

글쓴이

김진업⟨jukim@mail.skhu.ac.kr⟩

　　성공회대학교 사회과학부 조교수

　　학력 · 경력 : 철학 박사(1993. 7 독일 Münster 대학교)

　　　　　　　한국사회과학연구소 연구기획위원(현)

　　　　　　　1995. 3 ~ 1997. 2 학술단체협의회 학술위원장

　　연구분야 : 정치경제학, 사회학이론 및 방법론

　　논저:「마르크스 소외론과 이론의 소외」,『경제와 사회』, 봄호, 1996.

　　　　「독일 통일과 대학제도의 통합에 관한 연구」,『경제와 사회』, 봄

　　　　호, 1997.

신영복⟨ybshin@mail.skhu.ac.kr⟩

　　성공회대학교 사회과학부 교수(정치경제학 전공)

　　학력 · 경력 : 경제학 석사(1965)

　　　　　　　　1965~1968 숙명여대, 육군사관학교 경제학 강사

　　　　　　　　2001현재 성공회대학교 사회교육원장, 교육대학원장

　　연구분야 : 정치경제학, 한국사상사

　　저서 :『감옥으로부터의 사색』(1988),

　　　　『나무야 나무야』(1996),

　　　　『더불어 숲 1, 2』(1998).

유철규⟨yoocg@mail.skhu.ac.kr⟩

　　성공회대학교 사회과학부 조교수(경제학 전공)

　　학력 · 경력 : 경제학 박사(1996. 2. 서울대학교 대학원)

　　　　　　　1997. 4 - 1999. 4 영국 런던대학교(SOAS) 및 옥스퍼드대

　　　　　　　학교(St Antony' s Collage) 객원 연구원

1998. 1. ~ 1998. 6 장기신용은행 및 장은 경제 연구소 근무

연구분야 : 금융제도론, 기술경제학, 한국경제론

논저 : 『구조조정의 정치경제학과 21세기 한국경제』(편저), 풀빛, 2000 외.

정태인〈ctain@cbs.co.kr〉

성공회대학교 외래교수(경제학 전공)

학력 · 경력 : 경제학 박사 수료(1993. 서울대학교 대학원)

한국사회과학연구소 연구위원(현)

연구분야 : 제도주의 경제학, 한국경제론

1999. 2 ~ 2000. 7 한국학술진흥재단 전문위원

논저 : 「글로벌라이제이션과 민족경제」, 『민족경제와 한국경제』, 창작
과 비평사, 1995.

「한국경제의 위기와 개혁방안」, 한국사회과학연구소, 1998, 『동
향과 전망』, 여름호.

조석곤〈sgcho@chiak.sangji.ac.kr〉

상지대학교 조교수(경제학전공)

학력 · 경력 : 경제학 박사(1995. 2. 서울대학교 대학원)

민주사회정책연구원 기획위원장(현)

연구분야 : 한국 경제사

논저 : 「시장경제의 발전과 근대적 삶의 형성」, 1999, 『경제와 사회』,
여름호.

「식민지근대화론과 내재적 발전론 재검토」, 1998, 『동향과 전망』,
여름호.

「토지조사사업에 있어서 분쟁지 처리」, 『토지조사사업의 연
구』, 1997, 민음사.

임휘철〈hoodim@yahoo.co.kr〉
한국사회과학연구소 연구원, 성균관대 강사
학력 · 경력 : 경제학 박사(1994. 2 성균관대학교 대학원)
1993. 6 ~ 현재 교보투자신탁 운용
1987.3.~현재 성균관대 , 홍익대 강사
연구분야 : 경제발전론, 산업경제론, 한국경제론
논저 :『세상만들기』(2000),『한국경제』(공저), 한울, 1998.
『한국경제의 위기와 개혁과제』(공저), 풀빛, 1997.

오유석〈ysoh@mail.skhu.ac.kr〉
성공회대학교 연구교수(사회학 전공)
학력 · 경력 : 사회학 박사(1997. 이화여자대학교 대학원)
한국산업사회학회 운영위원(현), 역사문제연구소운영위원(현)
1992 ~ 1993 미국 메릴랜드 대학 객원 연구원
연구분야 : 정치사회학, 역사사회학(사회사), 북한사회 전공
논저 :『여성이 만드는 통일한국의 미래』(공저), 미래인력센터, 2000.
『1950년대 서울의 자본가』(공저), 서울학 연구소, 1999.
『20세기 서울 현대사』(공저), 2000.

이경미〈leek801@mail.skhu.ac.kr〉
성공회대학교 연구교수(경제학 전공)
학력 · 경력 : 경제학 박사(1999. 8. 서울대학교 대학원)
1994. 1 ~ 1996. 7 한국개발연구원 주임연구원
1999. 9 ~ 2000. 1 국토연구원 책임연구원
연구분야 : 농업경제학
논저 :『조달시장의 효율화 · 개방화 방안』(공저).
『한국식료소비패턴변화의 분석(1975~97년)』(공저),『경제논집』, 2000.

성공회대 사회문화연구소 한국사회 재인식 시리즈1

한국자본주의 발전모델의 형성과 해체

초판 1쇄 인쇄 2001년 8월 18일
초판 1쇄 발행 2001년 8월 25일

지은이 / 김진업 편
펴낸곳 / 도서출판 나눔의집
펴낸이 / 박정희
주   소 / 151-868 서울특별시 관악구 신림1동 1631-19
전   화 / 02-839-7845
팩   스 / 02-839-7846
www. Nanumpress.co.kr
Nanum@Mynanum.com

값 12,000원
ISBN 89-88662-46-6

● 잘못된 책은 바꿔 드립니다.